GOLDMANN

Lesen erleben

Buch

Warum suchen wir uns bestimmte Partner aus, warum hält die eine Ehe länger als die andere und warum gehen manche fremd, während andere ein Leben lang treu sind? Die Wirtschaftswissenschaftlerin Marina Adshade hat die Antworten auf all diese Fragen parat. Sie enthüllt die Zahlen und Fakten hinter der scheinbaren Zufälligkeit unseres Liebeslebens und ermöglicht erstaunliche Einblicke. So zeigt sie, dass die Quote der One-Night-Stands sinkt, wenn sich die Preise in den Bars einer Stadt erhöhen, oder dass Studenten weniger Sex haben als gleichaltrige Nicht-Akademiker. Adshades Ausführungen sind nicht nur unglaublich aufschlussreich, sondern auch absolut unterhaltsam zu lesen!

Autorin

Dr. Marina Adshade hat in Wirtschaftswissenschaften promoviert und ist nun Dozentin an der University of British Columbia in Vancouver, Kanada. Dort hält sie das beliebte Seminar »Die Ökonomie von Sex und Liebe« ab. Außerdem ist sie Autorin des überaus erfolgreichen Blogs »Dollars & Sex«.

Marina Adshade

Warum man weniger lernen sollte, um mehr Sex zu haben

Aus dem Amerikanischen
von Regina Schneider

GOLDMANN

Alle Ratschläge in diesem Buch wurden von der Autorin und vom Verlag sorg-
fältig erwogen und geprüft. Eine Garantie kann dennoch nicht übernommen
werden. Eine Haftung der Autorin beziehungsweise des Verlags und seiner Be-
auftragten für Personen-, Sach- und Vermögensschäden ist daher ausgeschlossen.

Hinweis: Soweit nicht anders angegeben, beziehen sich
die im Buch genannten Zahlen auf die USA.

Verlagsgruppe Random House FSC® N001967
Das für dieses Buch verwendete FSC®-zertifizierte Papier *Classic 95*
liefert Stora Enso, Finnland.

1. Auflage
Deutsche Erstausgabe Juni 2013
Wilhelm Goldmann Verlag, München,
in der Verlagsgruppe Random House GmbH
Copyright © 2013 der deutschsprachigen Ausgabe
Wilhelm Goldmann Verlag, München, in der Verlagsgruppe Random House GmbH
Text Copyright © 2013 Marina Adshade
Originaltitel: Dollars & Sex
Originalverlag: Chronicle Books, San Francisco
Umschlaggestaltung: Uno Werbeagentur, München
Umschlagillustration: FinePic®
Satz und Layout: Buch-Werkstatt GmbH, Bad Aibling / Kim Winzen
Druck und Bindung: GGP Media GmbH, Pößneck
KW · Herstellung: IH
Printed in Germany
ISBN 978-3-442-17375-4

www.goldmann-verlag.de

Inhalt

2

3

4

5

7

8

Einführung

Haben Sie sich je gefragt, ob das nationale Wohlbefinden mit der Penislänge der Einheimischen zusammenhängt – ob es also in Ländern mit stattlich bestückten Männern stärker ist als dort, wo die Männer weniger gut ausgestattet sind? Oder anders gefragt: Sind Sie überrascht, dass ein Ökonom genau diese Frage unter wissenschaftlichen Aspekten beleuchtet hat und Daten für eine »Weltkarte der Penislänge« sammelte, die eine Antwort darauf liefern sollten?

Die Ökonomie wird gemeinhin als die »düstere Wissenschaft« bezeichnet. Diesen Beinamen hat sie sich aber nicht etwa deshalb verdient, weil die ökonomische Fachwelt es nicht geschafft hat, die gegenwärtige globale Rezession (oder vielmehr keine einzige Rezession in der Geschichte) vorherzusagen. Nein, der Name geht zurück auf den britischen Nationalökonom und anglikanischen Pfarrer Thomas Malthus, der gegen Ende des 18. Jahrhunderts prophezeite, dass es für eine Gesellschaft keinerlei Hoffnung auf wirtschaftlichen Wohlstand gebe, solange das menschliche Geschlecht vom Drang nach unbegrenzter Vermehrung beherrscht sei.

Zugegeben, in Sachen Sex zählt Malthus zu den Unkenrufern. Nicht alle Ökonomen zeichnen ein derart düsteres Bild, wenn es um eine der süßesten Freuden des Lebens geht. Vor allem in den vergangenen zehn Jahren kamen die Forschungsaktivitäten auf diesem Gebiet so richtig in Schwung. Man bemühte eifrig ökonomische Theorien und Datenmaterial, um die »Angelegenheiten des Herzens« – und anderer Körperteile! – zu ergründen.

Daraus entstanden ist ein wahrer Fundus an Literatur, eine Sammlung an Theorien und Beweisen, die aus der »düsteren Ökonomie« eine, offen gestanden, »echt geile« Angelegenheit macht.

Genau diese Reaktion wollte auch ich hervorkitzeln, als ich vor vier Jahren überlegte, wie ich meine Erstsemester für das bevorstehende Studium der Ökonomie begeistern könnte, und auf die glorreiche Idee kam, es zum Einstieg mit dem Thema Sex und Liebe zu probieren.

Im Laufe der Zeit stellte ich fest, dass das, was zunächst nur eine amüsante Themensammlung gewesen war, die meinen Studenten die Funktionsmechanismen der Märkte begreiflich machen sollte, eine völlig neuartige Möglichkeit bot, den eigenen »Handelsverkehrswert« auf dem freien Markt für Sex und Liebe zu erkennen. Die Studenten lernten, wie die Ökonomie das Paarungsverhalten beeinflusst, und begannen, die ökonomischen Prinzipien, die wir im Seminar behandelten, auf ihr Privatleben anzuwenden.

Doch nicht nur die Perspektive meiner Studenten begann sich zu verändern. Nachdem ich angefangen hatte, mir Gedanken darüber zu machen, inwieweit sich die ökonomischen Theorien auch auf Fragen rund um das Thema Sex und Liebe anwenden lassen, merkte auch ich, wie sich das Bild zunehmend aufklarte, wenn ich die intimeren Dinge in meinem eigenen Leben durch die Linse des Ökonomen betrachtete.

Lassen Sie mich dazu ein kurzes, persönliches Beispiel geben: Ich hatte nie wirklich daran gedacht, mir einen Partner über eine Dating-Plattform im Internet zu suchen (aus Gründen, die ich später noch erläutern werde). Doch dann begann ich, über den Unterschied zwischen starken und schwachen Märkten zu sinnieren. Schwache Märkte haben wenige Teilhaber, was es für Käufer und Verkäufer gleichermaßen schwierig macht, sich auf einen Handelspreis zu einigen. Starke Märkte hingegen haben viele Teilhaber, was es Käufern und Verkäufern ermöglicht, sich auf einen für beide Seiten akzeptablen Handelspreis zu einigen.

Dating-Portale sind richtig starke Märkte. Wenn ich den »Preis«, zu dem ich auf einem Markt zu handeln bereit bin, auf dem ich sowohl in der Rolle des Verkäufers als auch des Käufers auftrete, als den zu zahlenden Betrag auffasse für einen Mann, der bestmöglich zu mir passt (und ich umgekehrt auch zu ihm), dann ist es durchaus sinnvoll, mich im Internet nach einer festen Beziehung umzusehen. Nicht, weil es einfacher ist (denn das ist es in vielerlei Hinsicht nicht), sondern weil es auf einem starken Markt möglich sein müsste, einen Mann zu finden, mit dem ich eine »höherwertige« Beziehung führen kann.

So zumindest lautet meine Theorie, die ich in der Praxis noch erproben muss.

Ich behaupte, dass so gut wie jede Option, jede Entscheidung und jedes Resultat in Sachen Sex und Liebe begreiflicher wird, wenn man sie in einem ökonomischen Rahmen betrachtet. Ja, ich würde sogar noch einen Schritt weiter gehen und behaupten, dass unser Verständnis von der Welt ohne die Einbeziehung der ökonomischen Kräfte unvollständig bleibt. Das gilt für wirtschaftspolitische Entscheidungen – etwa, ob die Regierung Mittel zur Empfängnisverhütung bezuschussen oder ob es staatliche Rettungsaktionen für angeschlagene Großkonzerne geben sollte –, und es gilt ebenso für private Kosten-Nutzen-Analysen und persönliche Entscheidungen – etwa, ob wir den Partner häufig wechseln oder ein weiteres Jahr unseres Lebens die Schulbank drücken wollen, ob wir uns auf eine außereheliche Affäre einlassen wollen oder nicht, oder ob wir unsere Ersparnisse im Börsenspiel riskieren wollen.

Warum man weniger lernen sollte, um mehr Sex zu haben enthält eine Sammlung verschiedener Geschichten, die anschaulich zeigen, wie ökonomische Theorien unsere Erkenntnisse über sexuelle Beziehungen in der heutigen Welt komplettieren können. Teils handelt es sich um Kurzgeschichten, die verstreut im Buch zu finden sind und die illustrieren, inwiefern ökonomische Kräfte das Sexualverhalten des Einzelnen beeinflussen können (alle Geschichten beruhen auf wahren Begebenheiten, nur die Namen wurden zum Schutz der oft mehr als unschuldigen Betroffenen geändert). Teils sind es Geschichten, die anhand wissenschaftlicher Daten erzählt werden. Statistiken sind ganz nach dem Geschmack der Ökonomie. Sie haben die Macht, die Entscheidungen von (buchstäblich) Tausenden Männern und Frauen so abzubilden, dass eine systematische Beziehung hergestellt werden kann zwischen bestimmten Entscheidungssituationen und den Entscheidungen, die die einzelnen Akteure in diesen Situationen treffen.

Das Buch gliedert sich in drei Sinnabschnitte, entsprechend der Phasen unseres Lebens. Die einzelnen Abschnitte bestehen jeweils aus drei Kapiteln.

Der erste Teil betrachtet das Leben von Menschen, die jung

sind, ungestüm und frei. Revolutionen haben oft wirtschaftliche Ursachen, und das war bei der sexuellen Revolution nicht anders; die Liberalisierung sexueller Werte in der zweiten Hälfte des 20. Jahrhunderts ist eine ökonomische Geschichte, in der die Akteure die Kosten des vorehelichen Geschlechtsverkehrs gegen den Nutzen abgewogen haben und zu neuen Antworten gelangt sind. Auf die Frage »Soll ich heute Abend Sex haben?« gab es nur eine Antwort: »Warum nicht?« Diese neue, liberalisierte Einstellung zur Sexualität stößt bis heute vor allem bei einer gesellschaftlichen Gruppe auf große Begeisterung, und zwar bei den Studenten. Doch der studentische Markt ist in Sachen Sex und Liebe nicht unbedingt im Gleichgewicht. Da die Zahl der weiblichen Studenten die der männlichen mittlerweile übersteigt, kommt es öfter zu beiläufigen Sexualkontakten, und die traditionelle Partnersuche ist längst überholt. Apropos: Das abschließende Kapitel in diesem Teil befasst sich mit dem Online-Markt für Sex und Liebe. Ich möchte im Namen der ökonomischen Zunft die Gelegenheit nutzen, um allen Teilnehmern zu danken, die zu dieser umfangreichen Datensammlung beigetragen haben. Sie hilft uns, das Verhalten von Männern und Frauen auf der Suche nach Liebe (wo auch immer auf der Welt) besser zu verstehen.

Irgendwann im Leben erreichen wir fast alle eine Phase, in der wir der Person, die zu der Zahnbürste gehört, die seit Monaten einen festen Platz im Badezimmer hat, nun einen ebenso festen Platz in unserem Leben einräumen wollen. Und das führt uns zum zweiten Teil des Buches. In der Ehe ist es wie mit allem im Leben: Wir bekommen nicht immer, was wir wollen. Hoffen wir also, dass wir die Rechnungswerte für einen Partner hoch genug angesetzt haben und sich ausreichend Möglichkeiten bieten, die Effizienzgewinne aus dem Ehegeschäft bestmöglich auszuschöpfen, damit wir bekommen, was wir brauchen (romantische Gefühle, ja, ich weiß, aber warten Sie, bis Sie meine Meinung zum ökonomischen Ehegelübde kennen!). Die Ehe ist nicht immer die Vereinigung zwischen *einem* Mann und *einer* Frau. Es gibt zu diesem privaten Abkommen auch Alternativen, und unsere Entscheidung darüber, welche Arrangements rechtlich und gesellschaftlich akzeptabel sind, werden von vielen ökonomischen Faktoren stark beeinflusst. Im letzten Abschnitt von Teil II geht es darum, wie Ehepaare darüber entscheiden, wer in welcher Situation der Stärkere ist. Sehr vereinfacht formuliert, zugegeben, aber wir werden die innerehelichen Verhandlungen erörtern, denn wie jeder Betroffene weiß, sind die Verhandlungen ja nicht zu Ende, nur weil man einen Ehevertrag unterzeichnet hat.

Schließlich kommen wir zum dritten Teil. In dieser Phase unseres Lebens wachsen unsere Kinder heran und entwickeln ein eigenes Sexleben. In manchen Schulen wird die Sexualerziehung fächerübergreifend behandelt. Nachdem Sie das erste Kapitel dieses Teils gelesen haben, werden Sie mir zustimmen, dass die Wirtschaftslehre zu den Fächern gehören sollte, bei denen das Thema Sexualkunde auf dem Lehrplan steht. Ich werde Ihnen darüber hinaus die ökonomische Geschichte von Menschen erzählen, die die Kosten einer außerehelichen Sexaffäre gegen ihren Nutzen abwägen und mal mit und mal ohne Wissen des Partners für sich eine Entscheidung treffen. Auch für diese Akteure lautet die Antwort auf die Frage »Soll ich mich auf ein außereheliches Sexabenteuer einlassen?« »Warum nicht?« – selbst wenn sie diese Entscheidung später bereuen. Und schließlich sprechen wir über den am schnellsten wachsenden Markt in Sachen Sex und Liebe: den Markt, auf dem sich Männer und Frauen – in der Phase, in der sich die Sonne ihres Lebens dem Horizont nähert – zu sexuellen Abenteuern zusammenfinden … und manchmal auch binden.

Ein paar Dinge sollten Sie beim Lesen dieses Buches im Hinterkopf behalten.

Erstens: Die empirischen Ergebnisse, die Geschichten, die uns die Daten erzählen, sowie die ökonomischen Theorien sollen nicht das Verhalten aller in der Gesellschaft beschreiben, sondern das durchschnittliche Verhalten. Das menschliche Verhalten ist komplex, und letztlich sind die Entscheidungen, die wir für uns treffen, eine veränderliche Größe (Funktion) unserer persönlichen Vorlieben.

Zweitens: Keines der Ergebnisse in diesem Buch stammt aus Meinungsumfragen. Ökonomen sind interessiert an Entscheidungen, die ein einzelner Akteur tatsächlich trifft, nicht an Entscheidungen, von denen er sagt, dass er sie in einer speziellen Entscheidungssituation vielleicht treffen würde. Unser Ansatz, die persönlichen Geschichten zu erzählen, beruht auf der Theorie der sogenannten *Revealed Preferences* (auf Deutsch etwa: »offenbarte Präferenz«), das heißt, wir beobachten die Entscheidungen, die einzelne Akteure treffen, und leiten aus diesen Informationen das allgemeine Präferenzverhalten ab.

Drittens: Unsere Diskussion wird sich ausschließlich darauf konzentrieren, wie sich Menschen tatsächlich verhalten, und nicht darauf, wie sie sich verhalten sollten. Ich möchte von Anfang an klar herausstellen, dass ich nicht daran interessiert bin, von einem »guten« oder »schlechten«, von einem »richtigen«

oder »falschen« Verhalten zu sprechen, sei es aus der Perspektive eines Einzelnen oder der Gesellschaft insgesamt. Das heißt nicht, dass ich derlei Diskussionen nicht für wichtig halte, aber als Ökonomin ist es nicht meine Aufgabe, das Verhalten der Menschen moralisch zu bewerten.

Oh, und noch etwas: Bevor wir beginnen, schulde ich Ihnen ja noch eine Antwort auf die Frage, die ich anfangs gestellt hatte. Die Antwort lautet Ja und Nein. Wenn es um den Zusammenhang zwischen Penisgröße und nationalem Wohlbefinden geht, kommt es, um es mal so zu sagen, auf die »Extremwertverteilung« an. Länder, in denen die durchschnittliche Penislänge vergleichsweise kurz ausfällt, schneiden tendenziell schlechter ab. Nun steigt das Nationaleinkommen mit zunehmender Penislänge zwar an, aber nur bis zu einem gewissen Punkt. Überdurchschnittliche Penislängen gehen wiederum mit einem geringeren Nationaleinkommen einher. Länder, in denen die durchschnittliche Penislänge vergleichsweise groß ausfällt, schneiden also tendenziell ebenfalls schlechter ab, wenn auch nicht unbedingt in jeder Hinsicht (klar!). Ich nenne diesen Zusammenhang die »Phallus-Kurve«. Allerdings würde ich mir von den Ergebnissen, soweit sie auf (ökonomischen) Modellen basieren, nicht allzu viel versprechen – es ist recht einfach, darin immer genau das zu finden, wonach man sucht.[1]

---

1 Diese Ergebnisse basieren auf der Arbeit eines couragierten Promotionsstudenten an der Universität in Helsinki, Tatu Westling.

1

»Love the One You're With«

Casanova und die Zitronen

Wir schreiben das Jahr 2003. Der Festredner, ein berühmter Makroökonom der University of Pennsylvania, hat gerade Folgendes gesagt: »Casanova verwendete Zitronen als Verhütungsmittel.« Die versammelte Zuhörerschaft, allesamt andächtig lauschende Ökonomen, staunt nicht schlecht. Während sich 95 Prozent (Männer) im Saal wundern »Wie zum Teufel funktioniert das denn?«, denken die übrigen 5 Prozent (Frauen) nur »Autsch!« Ich, die ich zur letzteren Gruppe gehöre, werde mir für künftige Anlässe merken, dass man sein Publikum mit solch bizarren sexuellen Fakten beeindrucken kann.

Von Casanovas Rolle als Verführer einmal abgesehen stellt der Festredner einen interessanten Punkt heraus und zeichnet die Liberalisierung der sexuellen Werte im 20. Jahrhundert als ökonomische Geschichte. Neue Technologien in Form von effektiven Verhütungsmitteln, so der Ökonom aus Pennsylvania, hätten die große Kosten-Nutzen-Analyse des Geschlechtsakts regelrecht erschüttert. Diese Analyse, tagtäglich von Millionen

Frauen und Männern durchgeführt, basiert auf der einfachen Frage: »Soll ich heute Abend Sex haben oder nicht?«

Diese »neuen Technologien«, die einhergingen mit Veränderungen in der Bildungspolitik und der Gleichstellung der Geschlechter, haben die sexuelle Landschaft komplett gewandelt. Sollten Sie Zweifel hegen, dass ökonomische Faktoren eine Rolle beim Übergang in eine sexuell aktivere Gesellschaft gespielt haben, so sehen Sie sich folgende statistische Daten an:

- Im Jahr 1900 waren lediglich 6 Prozent der unverheirateten neunzehnjährigen Frauen sexuell aktiv, ein Jahrhundert später waren es 75 Prozent der unverheirateten neunzehnjährigen Frauen.
- Im Laufe des vergangenen Jahrhunderts konnten die Verhütungsmethoden immer weiter verbessert werden, um Schwangerschaften effektiv zu verhindern. Dennoch ist die Zahl der Geburten bei unverheirateten Frauen im gleichen Zeitraum von 5 Prozent auf 41 Prozent angestiegen.
- Trotz dieser Entwicklung, die einen höheren Anteil an unehelichen Geburten aufweist, sind 66 Prozent der US-Amerikaner nach wie vor der Ansicht, dass es schlecht für die Gesellschaft sei, wenn Kinder außerehelich geboren werden.
- Vorehelicher Geschlechtsverkehr hängt stark mit dem Familieneinkommen zusammen: Mädchen, die aus sehr armen Verhältnissen stammen, haben eine 50 Prozent höhere Wahrscheinlichkeit, sexuell aktiv zu sein, als Mädchen aus sehr reichen Elternhäusern.
- Vorehelicher Geschlechtsverkehr mag inzwischen die Norm sein, ist aber nicht gänzlich entstigmatisiert: Lediglich 48 Pro-

zent der US-amerikanischen Frauen und 55 Prozent der Männer unter fünfunddreißig halten ihn moralisch nicht für falsch.

* Die Einstellung zu Schwangerschaften im Teenageralter hängt stark mit dem Familieneinkommen zusammen: 68 Prozent der Mädchen aus finanziell besser gestellten Elternhäusern wären nach eigenen Angaben »sehr bestürzt« über eine plötzliche Schwangerschaft, aber nur 46 Prozent der Mädchen aus finanziell schlechter gestellten Elternhäusern.

* Die Ehe wird zunehmend zu einem Privileg für die Reichen: In den 1960er-Jahren war die Zahl der verheirateten Männer und Frauen mit College-Abschluss etwa genauso hoch wie die, die nur einen Highschool-Abschluss besaßen (76 Prozent und 72 Prozent). Heute ist die Heiratsquote bei Paaren mit einem niedrigeren Bildungsabschluss auf 48 Prozent gefallen, bei denen mit einem höheren Bildungsabschluss liegt sie mit 64 Prozent nach wie vor relativ hoch.

* Laut einer Studie des Pew Research Center sehen junge Erwachsene in der Altersgruppe zwischen neunzehn und neunundzwanzig Jahren weniger denn je einen Sinn in der Ehe. 44 Prozent halten die Institution Ehe für überflüssig und nur 30 Prozent stimmen der Aussage zu »Eine glückliche Ehe gehört zu den wichtigsten Dingen im Leben«.

Um zu illustrieren, wie das Sexualverhalten und die gesellschaftliche Einstellung die sexuelle Landschaft grundlegend veränderten, will ich zunächst von einer Frau erzählen, die ihr Leben in drei Abschnitten gelebt hat.

Es ist die Geschichte von Jane, die mit siebzehn von zu Hause auszog. Bis dahin war Jane eine gute Schülerin in einem gehobenen Mädcheninternat gewesen. Von einer solchen Schule geht man normalerweise nicht ab, um als Zimmermädchen in einem Hotel zu arbeiten und in einem verwahrlosten Haus in einem heruntergekommenen Viertel zu wohnen. Während sich alle anderen Mädchen aus ihrer Klasse an den Universitäten einschrieben (um an einen akademischen Abschluss und einen Ehemann zu kommen), wählte Jane einen anderen Weg.

In jenem Jahr nach der Schule verbrachte Jane viel Zeit in Gesellschaft von Frauen, die eine völlig andere Lebensperspektive hatten als sie selbst. Diese Frauen kamen im Gegensatz zu ihr aus sozial schwachen Verhältnissen. Einige arbeiteten bereits seit Jahren als Prostituierte und traten damit in die Fußstapfen ihrer Mütter. Andere waren aus verschiedenen Teilen des Landes zugezogen, um ihrem jeweiligen Liebsten nahe zu sein, der im örtlichen Gefängnis einsaß. Wieder andere waren in sehr jungen Jahren auf die schiefe Bahn geraten und hatten sich nie wieder gefangen.

Wie sich herausstellte, waren Janes Freundinnen sexuell allesamt äußerst aktiv (auch die, die nicht als Prostituierte arbeiteten). Sie unterhielten sexuelle Beziehungen mit allen möglichen Männern, von denen manche sie gut behandelten und andere nicht. Doch ihr reges Sexualleben war nicht etwa die Folge mangelnder moralischer Standhaftigkeit. Nein, es waren ökonomischen Kräfte, die hier wirkten und ihnen auf die Frage »Soll ich heute Abend mit ihm schlafen?« die fast immer gleiche Antwort lieferten: »Warum nicht?«

Um welche ökonomischen Kräfte handelte es sich dabei?

Nun, zuallererst war es die Bildung. Seit Beginn der 1980er-Jahre heißt es: Wer als Arbeitnehmer wirtschaftlich Erfolg haben will, braucht einen höheren Bildungsabschluss. Und das gilt nicht nur, weil die Gehälter gebildeter Arbeitnehmer kontinuierlich steigen, sondern auch, weil die Löhne der Arbeitnehmer mit dem niedrigsten Bildungsgrad kontinuierlich fallen. Janes Jahr im sozialen Problemviertel fiel in eine Zeit, in der sich eine rückläufige Entwicklung der Reallöhne für Arbeitnehmer mit geringer Schulbildung abzeichnete, eine Entwicklung, die auch heute, dreißig Jahre später, noch andauert und die zwischen den Löhnen der gebildeten und der nicht gebildeten Arbeitnehmerschaft bittere Gräben reißt.

Es mag den Frauen in Janes Umfeld gar nicht bewusst gewesen sein, dass es aufgrund ihrer mangelnden Bildung mit ihren Erwerbschancen zunehmend düster aussehen würde. Es gab aber damals noch einen anderen ökonomischen Faktor, und dessen waren sie sich sehr wohl und schmerzlich bewusst: Auf dem Heiratsmarkt sah es für unterprivilegierte Frauen nicht nur düster, sondern rabenschwarz aus. Die Inhaftierungsraten kletterten in dieser Zeit rasant nach oben, und mindestens drei von Janes Freundinnen hatten Beziehungen zu Männern, die im Knast saßen. Doch auch ohne Einträge ins Strafregister reichten die Verdienste für Männer mit niedrigen Einkommen auf lange Sicht kaum aus, um eine Familie unterhalten zu können. In einer Zeit, da erfolgreiche Männer nach Frauen suchten, die zum Familieneinkommen gleich viel beisteuerten, rückten gut verdienende Männer als potenzielle Ehepartner für ungebildete und unterbeschäftigte Frauen in unerreichbare Ferne.

Während die meisten Frauen vielleicht Bedenken hatten, dass ein häufiger Partnerwechsel ihr zu erwartendes Lebenseinkommen und ihre Heiratschancen beeinträchtigen könnte, war Janes neuen Freundinnen schnell klar, dass es herzlich wenig gab, worauf sie sich (abgesehen von ihren sexuellen Abenteuern) freuen konnten. Sie fristeten ihr Leben in einer Kultur der Verzweiflung, in der eine Schwangerschaft zum falschen Zeitpunkt oder der Ruf, »leicht zu haben« zu sein, kaum Einfluss auf ihren Lebensstandard hatte – weder auf ihren momentanen, noch auf ihren künftigen.

Insofern wurde die Antwort auf die Frage »Soll ich heute Nacht mit ihm schlafen?« vom Schicksal bestimmt: »Ja, warum nicht?« Diese Mädchen hatten nichts zu verlieren.

Abschnitt zwei von Janes Geschichte beginnt mit einer für sie besonders erschreckenden Konfrontation mit einem örtlichen Zuhälter, der versucht hatte, sie anzuwerben. Etwa zur gleichen Zeit kam Jane der Gedanke, dass die Entscheidung, vom traditionellen Pfad abzuweichen, ernste Folgen haben könnte. Und so schnappte sich Jane ihre Geldbörse (und sonst nichts) und machte sich Hals über Kopf auf zum Flughafen, wo ein netter Angestellter einer Fluggesellschaft Mitleid mit ihr hatte und ihr ein Ticket aushändigte. Sie flog damit ans andere Ende des Landes zu ihrer Schwester, die ihr einen Unterschlupf und eine zweite Chance bot.

In Kapitel 6 (siehe S. 195) werden wir noch einmal auf die Einzelheiten dieser Station in Janes Leben zurückkommen, die ich jetzt überspringen will, um direkt zum dritten Abschnitt zu kommen. Es ist die Lebensphase, in der sie zufällig in derselben Veranstaltung saß wie ich und sich wie alle anderen darüber wunderte, dass Zitronen als Verhütungsmittel taugen sollen.

Janes wilde Zeiten, in denen sie morgens aufwachte und die neueste Eroberung ihrer Mitbewohnerin zugedröhnt auf dem

Wohnzimmerboden fand, waren längst vorbei. Als ich sie traf, war sie unverheiratet, genauer gesagt geschieden, alleinerziehend und schwanger mit ihrem zweiten Kind. Eine gebildete, unabhängige Frau, die soeben ihr Promotionsstudium an einer renommierten Universität begonnen hatte.[2] Die gleiche Jane, die einst mit sozial benachteiligten und sexuell freizügigen Frauen abgehangen hatte, kletterte nun mit einer Generation hochgebildeter und (wie sich herausstellte) sexuell ebenfalls recht freizügiger Frauen jenseits der Zwanzig die wirtschaftliche Karriereleiter steil bergauf.

Janes neue akademische Freundinnen gehören zu denen, die von der immer weiter auseinanderklaffenden Einkommensschere profitiert haben und die heute weit mehr verdienen als gut gebildete Frauen (und Männer) in früheren Zeiten. Sie gehören nicht nur zu einer neuen Generation hochgebildeter Frauen, sie gehören zur ersten Generation von Frauen überhaupt, die im Schnitt besser ausgebildet sind als Männer. Einen Ehemann zu finden, der die gleiche – oder eine höhere – Bildung hat, ist für Frauen heute schwieriger geworden, da sie um relativ wenige gut gebildete Männer konkurrieren.

Janes neue Freundinnen, die ständig auf der Pirsch sind nach dem perfekten (will heißen gebildeten und einkommensstarken) Mann, sind – wie schon erwähnt – sexuell ebenfalls sehr

---

2 In meiner Zeit als Forschungsassistentin (zufällig bei eben jenem berühmten Ökonomen mit dem Casanova-Beispiel) hatte ich Gelegenheit, mir die Daten vom Census Bureau anzusehen. Ich wollte herausfinden, wie viele Single-Frauen sowohl ein Kind geboren als auch ihr Studium mit einem Doktortitel abgeschlossen hatten. Sie haben das Ergebnis wohl schon erraten … Keine!

aktiv. Vielleicht nicht ganz so sehr wie die Frauen im ersten Abschnitt von Janes Geschichte, aber doch weitaus aktiver als die Frauen früherer Generationen. Ihr reges Sexualleben ist wiederum nicht die Folge einer mangelnden moralischen Standhaftigkeit, sondern rührt vielmehr daher, dass es in der großen Kosten-Nutzen-Analyse nur wenige zwingende Gründe gibt, Nein zu sagen.

Der Grund für dieses Verhalten ist einfach: Ein häufiger Partnerwechsel muss für diese Frauen keine negativen Folgen haben. Janes Geschlechtsgenossinnen wissen, wie sie Schwangerschaften verhüten und sich vor sexuell übertragbaren Krankheiten schützen, und sind emanzipiert genug, um dies innerhalb ihrer Beziehungen konsequent einzufordern. Und sollte es dennoch zu einer ungeplanten Schwangerschaft kommen, nun, dann verfügen sie über die Mittel, das Kind alleine großzuziehen oder die Schwangerschaft abzubrechen.

Vor allem jedoch droht ihnen nicht mehr Schimpf und Schande, wie es seinerzeit gewesen wäre, wenn ihre Mütter und Großmütter ein uneheliches Kind zur Welt gebracht hätten. Alles in allem also haben sie in dieser Hinsicht keine Kosten zu fürchten.

Verhütungsmittel für den Mann

Eine Milliarde Spermien sind sehr viel schwieriger zu kontrollieren als ein einzelnes Ei – so lautet häufig die Begründung der Wissenschaftler dafür, dass die Welt so lange auf Verhütungsmittel für den Mann warten musste. Doch es gibt auch einen ökonomischen Grund, und der kann in zwei Worten zusammengefasst werden: Angebot und Nachfrage.

Die Kosten einer ungeplanten Schwangerschaft sind für einen Mann viel geringer als für eine Frau, selbst wenn wir die »biologischen Kosten« außer Acht lassen. Eine Schwangerschaft zum falschen Zeitpunkt führt oft zu unzureichenden Investitionen in die Ausbildung der Frau sowie zu Lohnabstrichen, die ihr reales Lebenseinkommen mindern können. Einige Männer haben vielleicht ähnliche Erfahrungen gemacht, aber ein Karriereeinbruch ist für einen Mann, der unerwartet Vater wird, im Großen und Ganzen weit weniger kostspielig als für eine Frau.

Im Laufe der Zeit haben zwei Ereignisse dafür gesorgt, dass die Nachfrage nach Verhütungsmitteln zum Schutz vor ungewollten Schwangerschaften gestiegen ist (und der Preis, den Männer bereit sind, dafür zu bezahlen).

Erstens: Männer, die sich nach der Empfängnis am liebsten aus dem Staub machen würden, haben es heutzutage schwer, da der Staat über sehr effektive Mittel verfügt, ihnen einen Teil der wirtschaftlichen Kosten für das Kind aufzuzwingen.

Zweitens: Frauen sind heute vermehrt erwerbstätig, und Paare wollen weniger Kinder. Nicht nur, dass die Zeit, die Frauen in das Erwerbsleben investieren, die Gesamtnachfrage nach Verhütungsmethoden erhöht, es versetzt sie zudem in eine bessere Verhandlungsposition, in Sachen Verhütung auch ihre Ehemänner in die Pflicht zu nehmen.

Doch werden Männer Verhütungsmittel auch tatsächlich anwenden? Eine Reihe von Studien haben sich an der Beantwortung dieser Frage versucht, doch die Antworten fallen höchst unterschiedlich aus, je nachdem, wie die Frage formuliert war.

Es ist ein himmelweiter Unterschied, ob ich frage »Würden Sie Verhütungsmittel für den Mann verwenden, wenn sie verfügbar wären?« oder ob ich frage »Wären Sie bereit, sich alle drei Monate 300 Dollar teure Medikamente in die Hoden spritzen zu lassen?«. Ich würde sagen, hier ist das letzte Wort noch nicht gesprochen.

Da es ganz danach aussieht, dass die Pharmakonzerne heute in Verhütungsmittel für den Mann investieren, müssen ihnen folglich auch genügend Beweise für eine ausreichend große Nachfrage vorliegen. Ich als alte Zynikerin frage mich nur, ob sich eben diese Pharmakonzerne nicht auch eine Rendite aus den Verkäufen von Arzneien gegen sexuell übertragbare Krankheiten versprechen. Da zu erwarten steht, dass Frauen weniger auf den Gebrauch von Kondomen beharren, wenn es Verhütungsmittel für den Mann gibt, könnte dies nämlich eine gewinnbringende Strategie sein. In diesem Falle sind auf beiden Seiten des Marktes Gewinne zu erzielen, um es einmal so auszudrücken.

Und das bringt uns wieder zurück zu Casanova und seinen Zitronen.

Kleine Geschichte der Verhütungsmethoden

Es ist ein weit verbreiteter Irrglaube, dass die Geburtenraten innerhalb der Ehe erst mit der Einführung der Antibabypille in den 1960er-Jahren zu sinken begannen. In Wahrheit nahm diese Entwicklung vor zweihundert Jahren ihren Anfang, unmittelbar nach dem Anbruch der Industriellen Revolution, als Paare sich als Reaktion auf höhere Löhne für Facharbeiter (wir kommen später noch einmal darauf zurück) entschieden, weniger Kinder zu bekommen. Die oralen Kontrazeptiva machten es den Frauen ab den 1960er-Jahren zwar leichter, auf den richtigen Zeitpunkt für ein Kind zu warten, aber man darf darüber nicht vergessen, dass Frauen seit Jahrhunderten Mittel und Wege gefunden haben, ihre Fruchtbarkeit zu kontrollieren.

In den USA beispielsweise gebar eine Frau im Jahr 1800 bis zu ihrem vierzigsten Lebensjahr im Schnitt sieben Kinder. Diese Zahl ging im Laufe des 19. Jahrhunderts mit jedem Jahrzehnt stetig nach unten, bis es Ende der 1930er-Jahre nur noch zwei Kinder waren. Die Geburtenraten waren also bereits dreißig Jahre, bevor die Pille auf den Markt kam, auf das niedrige Niveau von heute gefallen.

Lange Zeit war die einzige Methode, Sex zu haben und Schwangerschaften zu verhüten, der Coitus interruptus gewesen, der sogenannte »unterbrochene Verkehr«. Daneben war eine Heirat in späteren Lebensjahren – also die Spanne des gebärfähigen Alters zu verkürzen – eine gute Methode, die Geburtenrate zu reduzieren, eine Methode, die auch von Thomas Malthus, den ich eingangs bereits erwähnt habe, propagiert wurde. Eine hohe Rate unverheirateter Frauen trug ebenfalls dazu bei, die durchschnittliche Geburtenrate niedrig zu halten (und tatsächlich war es so, dass nicht hauptsächlich die Familien mit vier oder fünf Kindern für einen Anstieg der Geburtenzahlen während der Babyboomer-Jahre sorgten, sondern die steigende Zahl der Frauen, die ein Kind bekamen anstatt gar keines). Analsex und Nicht-Ejakulation waren weitere Methoden zur Kontrolle der Fruchtbarkeit, die aber vorwiegend von Prostituierten praktiziert wurden.

Der Gebrauch von Kondomen reicht wahrscheinlich dreitausend Jahre zurück, doch die erste wirklich zweckdienliche Verhütungsmethode war die sogenannte Portiokappe (ein Scheidenpessar und Vorläufer des Diaphragmas), die um 1838 auf den Markt kam. Wie wir bereits gehört habe, hatte Casanova (der von 1725 bis 1798 lebte) eine ähnliche Idee, indem er Zitronen als Barriere benutzte, was sich als Methode allerdings nicht durchsetzen konnte (und wahrscheinlich vermochte es auch nur ein Herzensbrecher wie Casanova, die Frauen dazu zu bringen, sich eine halbe Zitrone in die Vagina zu schieben).

In den 1850er-Jahren entwickelte Charles Goodyear die Vulkanisation, ein Verfahren, das Kautschuk zu Gummi macht. Damit wurde die Herstellung von Gummi-Kondomen möglich, die sehr viel praktischer waren, relativ preiswert und effektiv – für einen Durchschnittsverdiener mit rund 34 Dollar das Dutzend (in Relation zu den heutigen Reallöhnen) auf Dauer aber immer noch eine kostspielige Angelegenheit. Ja, sie waren sogar so teuer, dass die Männer sie auswuschen und wieder verwendeten.

Das moderne Diaphragma wurde 1882 entwickelt, gefolgt vom Intrauterinpessar (umgangssprachlich auch Spirale genannt) 1909. Latexkondome gingen 1912 serienmäßig in Produktion, wurden so zum Einwegprodukt und damit (glücklicherweise) viel billiger.

Die Pille ist an allem schuld – oder nicht?

Seit es Methoden gibt, Schwangerschaften zu verhüten und die Fruchtbarkeit zu kontrollieren, sind immer mehr Frauen zu der Überzeugung gekommen, dass die Vorteile des vorehelichen Geschlechtsverkehrs die Kosten überwiegen. Man möchte also meinen, dass der Wandel im Sexualverhalten der Verfügbarkeit von Kontrazeptiva und insbesondere der Antibabypille geschuldet ist, gäbe es da nicht einen verwirrenden Störfaktor: Wenn Frauen heute nur deshalb mehr Sex haben, weil das Schwangerschaftsrisiko gesunken ist, warum stieg dann die Zahl der außerehelichen Schwangerschaften genau in dem Zeitraum an, in dem die Kontrazeptiva besser und besser wurden?

Verbesserte Verhütungsmethoden stellen nach der Wahrscheinlichkeitstheorie eine Verringerung der Promiskuitäts-»Kosten« dar. Nach der ökonomischen Denkweise werden die Kosten des vorehelichen Geschlechtsverkehrs bestimmt von der Wahrscheinlichkeit, dass eine Frau schwanger wird und/oder sich eine sexuell übertragbare Krankheit zuzieht, multipliziert mit den Kosten, die eine Schwangerschaft und/oder Krankheit mit sich bringt. Folglich wird jeder Faktor, der entweder die Kosten oder das Risiko verringert, die *voraussichtlichen Kosten* des vorehelichen Geschlechtsverkehrs verringern.

Ein Beispiel: Stellen Sie sich vor, wir schreiben das Jahr 1930, und die Chance, dass eine Frau schwanger wird, wenn sie wiederholt ungeschützten Geschlechtsverkehr mit einem Mann hat, der nicht ihr Ehemann ist, liegt bei 85 Prozent. Stellen Sie sich außerdem vor, dass diese Frau, wenn sie schwanger wird, die Chance verspielt, einen Mann mit gutem Einkommen zu heiraten (da sie fortan das Stigma trägt, ein uneheliches Kind geboren zu haben). Aufgrund dieser verspielten Chance entgehen ihr 50 000 Dollar an künftigen Einnahmen, die sie erzielt hätte, wenn sie nicht schwanger geworden wäre und stattdessen einen gut verdienenden Mann geheiratet hätte. Ihre Kostenrechnung für den ungeschützten, vorehelichen Geschlechtsverkehrs sieht entsprechend wie folgt aus:

SCHWANGER-SCHAFTSWAHR-SCHEINLICHKEIT	X	ENTGANGENES EHELICHES EINKOMMEN	=	VORAUSSICHTLICHE KOSTEN DER PROMISKUITÄT
0,85		**$ 50 000**		**$ 42 500**

Und nun stellen Sie sich vor, es gäbe Latexkondome, und sie könnte ihren Partner überzeugen, diese beim Sex zu benutzen. Wenn das Schwangerschaftsrisiko mit Kondom nun bei 45 Prozent liegt – 1934 die Prozentzahl für die »Versagerquote« der Kondome (nach Kopp) – dann sieht die Kostenrechnung für den ungeschützten, vorehelichen Geschlechtsverkehrs so aus:

0,45 x $ 50 000 = $ 22 500

Die Möglichkeit, beim Sex ein Kondom verwenden zu können, hat die Kosten des vorehelichen Geschlechtsverkehrs für die Frau um 20 000 Dollar verringert.

Jeder Ökonom wird Ihnen erzählen, dass die Nachfrage nach einer Ware oder einer Dienstleistung steigt, wenn ihr Preis fällt, weshalb die normale Nachfragekurve in einem Marktdiagramm, wo die Menge auf der x-Achse (Mengenachse) und der Preis auf der y-Achse (Preisachse) verzeichnet ist, fallend verläuft. Es kommt daher nicht sehr überraschend, dass sich immer mehr Frauen (und natürlich auch Männer) dazu entschieden, auch vor der Ehe Geschlechtsverkehr zu haben, nun, da Kontrazeptiva die Gefahr einer Schwangerschaft und auch sexuell übertragbarer Krankheiten immer effizienter verringerten. Natürlich werden auch heute noch einige Frauen trotzdem schwanger, denn auch mit Kontrazeptiva fällt das Schwangerschaftsrisiko nicht auf null. Tatsächlich werden statistisch gesehen 45 Prozent aller sexuell aktiven Frauen schwanger.

Trotz verbesserter Verhütungsmethoden ist die Zahl der Schwangerschaften bei unverheirateten Frauen nicht gefallen. Sie ist vielmehr drastisch angestiegen, was nahelegt, dass es nicht nur an den einzelnen Frauen liegen kann, die aufgrund effizienter Verhütungsmethoden eine rationale Entscheidung für den vorehelichen Geschlechtsverkehr treffen, sondern dass es mehr mit der Geschichte der sexuellen Promiskuität auf sich haben muss.

Um zu verstehen, wie sich der Wandel im Laufe der Geschichte vollzogen hat, betrachten wir ein simples Modell. Es gibt in diesem Modell zwei unterschiedliche Gruppen unverheirateter Personen, denen der voreheliche Geschlechtsverkehr widerstrebt, weil sie in einer Gesellschaft leben, in der Sex außerhalb der Ehe verpönt ist. Die Personen der ersten Gruppe leben sexuell enthaltsam, weil sie Angst vor ungewollten Schwangerschaften haben. Die in der zweiten Gruppe leben sexuell enthaltsam, weil sie Angst haben vor der gesellschaftlichen Stigmatisierung. In Wirklichkeit wird wohl jeder ein bisschen Angst vor beidem haben, vor Schwangerschaft und Stigmatisierung, aber mit der Unterscheidung in zwei Gruppen lässt sich der Gesinnungswandel innerhalb der Gesellschaft sehr viel klarer und anschaulicher erläutern.

Was passiert nun, wenn wir effektive Verhütungsmethoden in diese beiden Gruppen einführen, in denen die Personen bislang enthaltsam lebten? Der voreheliche Geschlechtsverkehr wird nach wie vor stigmatisiert, jetzt aber beschließen ein paar wenige, nämlich die, denen es lediglich um das Schwangerschaftsrisiko ging, sexuell risikofreudiger zu werden. Sie bilden eine kleine Gruppe von relativ promiskuitiven Personen. Mit der Zeit schließen sich weitere Personen dieser Gruppe an. Und zwar nicht nur, weil das Schwangerschaftsrisiko verringert ist, sondern auch, weil das Verhalten dieser Personen eine Veränderung dessen bewirkt, was in einer Gesellschaft als sozial akzeptabel gilt. Die Personen aus der ersten Gruppe schließen sich an, weil das Schwangerschaftsrisiko gefallen ist, und die Personen aus der zweiten Gruppe, weil die Handlung des vorehelichen Geschlechtsverkehrs nun weniger stigmatisiert ist.

Somit haben alle Personen mehr Sex außerhalb der Ehe, da er weniger riskant und gesellschaftlich akzeptabler geworden ist. Da das Risiko einer Schwangerschaft aber immer besteht, wenn ein Mann und eine Frau sexuell miteinander verkehren, ist davon auszugehen, dass mit der Zahl der »sexuellen Ereignisse« zwischen unverheirateten Paaren auch die Zahl der Geburten außerhalb der Ehe steigen wird. Geht man nun davon aus, dass die Verhütungseffizienz zugleich die Zahl der ehelichen Geburten verringert, ist der Anstieg der nichtehelichen Geburtenzahlen nicht weiter verwunderlich, ja mathematisch unvermeidbar.

Laut Jeremy Greenwood und Nezih Guner, auf deren Studien dieser Abschnitt basiert, spielte die Einführung der Antibabypille in puncto Zunahme des vorehelichen Verkehrs nur eine kleine Rolle. Nach Schätzungen der beiden Forscher war die Pille für weniger als 1 von 75 Prozent der im Jahr 2002 sexuell aktiven und unverheirateten Teenager von Relevanz. Laut Greenwood und Guner soll das aber nicht heißen, dass effektive Verhütungsmethoden nicht wichtig sind. Es zeigt viel mehr, dass die Pille nur eine von mehreren effektiven Verhütungsmöglichkeiten ist, die allesamt beigetragen haben zu einem gesellschaftlichen Wandel, der sich heute allgemein in einem stärker promiskuitiven Lebensstil niederschlägt.

Geschlechtliche Beziehungen – Gewinn- oder Verlustrechnung?

In Janes Geschichte haben wir zwei verschiedene Gruppen von Frauen kennengelernt. Es gab die, die kaum Bildung oder Hoffnung auf eine rosige wirtschaftliche Zukunft hatten. Sie wechselten den Partner häufig, weil die Kosten der Promiskuität für sie nicht hoch waren. Und es gab die, die sowohl gebildet als auch wirtschaftlich unabhängig waren. Sie wechselten den Partner häufig, nicht, weil die Kosten niedrig waren (tatsächlich waren die Kosten recht hoch), sondern weil sie diese Kosten aufbringen konnten.

Diese besonderen Kosten, von denen ich hier spreche, schließen nicht die alltäglichen Belastungen ein, die eine Frau allein mit der Kindererziehung zu tragen hat; diese Kosten sind beträchtlich, variieren aber individuell. Die Kosten, die ich meine, sind sehr spezifisch. Es sind die Kosten, die Frauen und Männern entstehen, die ihre Schule/Ausbildung nicht abgeschlossen haben und/oder nicht in der Lage sind, so viel in ihre Karriere zu investieren, wie sie es getan hätten, wenn sie nicht zum falschen Zeitpunkt Mutter oder Vater geworden wären. Diese Kosten spielen für unsere kleine Geschichte eine wichtige Rolle, weil sie erst in den vergangenen fünfzig Jahren entstanden sind, in einem Zeitraum also, da die Promiskuität zunehmend Verbreitung fand.

Der Sexmarkt diktiert den Preis für das Risiko

Auf einem Markt, auf dem Sex explizit gekauft und verkauft wird, ist der Preis, der für Sex ohne Kondom bezahlt wird, sehr niedrig, wenn das Risiko sexuell übertragbarer Krankheiten hoch ist – so die Beobachtung der Ökonomen, die zunächst unlogisch scheint. Müssten die Prostituierten nicht eigentlich eine Ausgleichszulage bekommen, wenn sie sich einem hohen Ansteckungsrisiko aussetzen? Es gibt eine ganz einfache ökonomische Erklärung für diese besondere Beziehung zwischen Risiko und Preis auf dem Sexmarkt.

Stellen Sie sich einen Käufer auf dem Sexmarkt vor, der die Möglichkeit hat, von zwei verschiedenen Anbietern ungeschützten Sex zu kaufen. Er weiß mit absoluter Sicherheit, dass der erste Anbieter frei von sexuell übertragbaren Krankheiten ist, und dass ungeschützter Sex mit diesem Anbieter keinerlei Risiko birgt, sich anzustecken. Er weiß ebenso, dass der zweite Anbieter nicht frei von sexuell übertragbaren Krankheiten ist, und dass der ungeschützte Verkehr das Risiko birgt, sich anzustecken. Wem wird er Ihrer Meinung nach mehr bezahlen, um in den Genuss von Sex ohne Kondom zu kommen? Klar, dem Anbieter, bei dem er sich keinem Risiko aussetzt. Denn welcher vernünftig denkende Mensch wird bezahlen wollen, um sich mit einer Krankheit anstecken zu lassen?

So kurios es scheinen mag: Wenn ein Käufer den Preis für ungeschützten Sex auf einem Markt verhandelt, auf dem die Ansteckungsraten hoch sind, bekommt er als Ausgleich dafür, dass er das zusätzliche Risiko auf sich nimmt, die Liebesdienste zum Schleuderpreis – trotz der Tatsache, dass er derjenige ist, der ungeschützten Verkehr will.

Auf der Angebotsseite scheint es so, als müssten höhere Ansteckungsraten auch zu hohen Ausgleichszahlungen für die Anbieter führen, um sie anzuregen, Sex auch ohne Kondom anzubieten. Doch ein Anbieter, der frei von sexuell übertragbaren Krankheiten ist, lässt sich wahrscheinlich nicht dafür entschädigen, das Ansteckungsrisiko auf sich zu nehmen, und wird daher nur Sex mit Kondom anbieten. Und Anbieter, die bereits infiziert sind, werden Sex ohne Kondom auch zu einem niedrigen Preis anbieten, da ihnen keinerlei Kosten entstehen; sie sind ja bereits infiziert.

Käufer auf dem Sexmarkt sollten sich vielleicht auf das alte Sprichwort besinnen: Man bekommt, was man bezahlt hat. Gemünzt auf den Sexmarkt müsste es vielleicht eher heißen: Man bekommt, was man zum Preis für ein Kondom hätte vermeiden können.

Der erste wichtige ökonomische Faktor ist die wachsende Bedeutung der universitären Bildung. Nach Angaben des United States Census Bureau (Volkszählungsbehörde) stieg der Anteil der Achtzehn- bis Vierundzwanzigjährigen, die in einen Hochschulstudiengang eingeschrieben waren, von 24 Prozent im Jahr 1973 auf 41 Prozent im Jahr 2009. Dieser Zuwachs resultierte vorwiegend aus einem deutlich gestiegenen Frauenanteil: Zwischen 1999 und 2009 stieg die Zahl der weiblichen Vollzeitstudenten um 63 Prozent gegenüber 32 Prozent bei den männlichen Vollzeitstudenten. Dieser rasante Anstieg der Einschreibungsrate rührt nicht allein daher, dass die Frauen in Sachen Bildung quantitativ stark aufgeholt haben: Seit 1988 stellen Frauen sogar die Mehrheit der Hochschulstudenten. In den vergangenen vierzig Jahren hat sich der Anteil der weiblichen Hochschulstudenten von 30 Prozent auf 60 Prozent verdoppelt, und bis 2010 hatten 36 Prozent der Frauen im Alter zwischen fünfundzwanzig und neunundzwanzig ihr Bachelor-Studium erfolgreich abgeschlossen – gegenüber nur 28 Prozent ihrer männlichen Kommilitonen.

Dieser stetige Zuwachs der Einschreibungsraten an den Hochschulen hatte erhebliche Folgen für all die, die diesen Schritt nicht gehen konnten. Wenn ein immer größerer Anteil der Bevölkerung eine Hochschulbildung hat, bedeutet dies zuallererst, dass alle die, die dahinter zurückbleiben, zunehmend an den Rand gedrängt und zu einem gewissen Grade stigmatisiert werden. Das Stigma, keine Ausbildung zu haben, setzt sich im Arbeitsleben fort. Arbeitgeber erwarten heute immer öfter, dass ihre künftigen Mitarbeiter einen Hochschulabschluss nachweisen können, selbst für Tätigkeiten, die von weniger gebildeten

Arbeitskräften genauso gut und produktiv verrichtet werden könnten. Dies führt dazu, dass Arbeitnehmer ohne Hochschulbildung auf der Strecke bleiben und nur noch für schlecht bezahlte, gering qualifizierte Jobs eingestellt werden.

Gering qualifizierte Jobs zeichnen sich durch ein sehr flach verlaufendes Ertragsprofil aus, wie Ökonomen es nennen: Die Löhne, die gering qualifizierte Arbeitnehmer bekommen, steigen auch mit zunehmender Berufserfahrung über die Jahre nur wenig an. Aus diesem Grund haben sie im Unterschied zu hochqualifizierten Arbeitnehmern bei einer Unterbrechung der entlohnten Beschäftigung keine negativen Konsequenzen zu fürchten (etwa wenn sie das Arbeitsverhältnis für die Kinderbetreuung unterbrechen). Hochqualifizierte Arbeitnehmer, deren Löhne mit zunehmender Berufserfahrung steigen, verlieren unter bestimmten Umständen den Anspruch auf Lohnfortzahlung und müssen mit späteren Einkommenseinbußen rechnen, wenn sie das Arbeitsverhältnis für die Kinderbetreuung unterbrechen.

Doch nicht nur die Bildungsschere ging in den letzten Jahrzehnten immer weiter auf. Auch die Lohnschere zwischen qualifizierten und nicht qualifizierten Beschäftigten klaffte mit der Zeit immer weiter auseinander, was die Arbeitnehmer am unteren Ende des Bildungssystems enorm zu spüren bekommen. Unternehmen investieren heute eher in Technologien, die sich mit den Fähigkeiten qualifizierter Arbeitnehmer ideal ergänzen – und das geht auf Kosten von Technologien, die von geringer qualifizierten Arbeitnehmern genutzt werden. Dies bedeutet nicht nur, dass die Löhne für gebildete Arbeitnehmer steigen, sondern auch, dass die Löhne für weniger gebildete Arbeitnehmer fallen. Einigen Schätzungen zufolge fiel das Lohnniveau des durchschnittlichen Arbeitnehmers mit geringer Schulbildung von Mitte der 1970er-Jahre bis in die späten 1990er-Jahre bei Männern um 30 Prozent und bei Frauen um 16 Prozent.

Angesichts der Tatsache, dass Bildung inzwischen so überaus wichtig ist, um einen guten Job zu finden und einen existenzsichernden Lohn zu erhalten, möchte man meinen, dass junge Frauen und Männer alles vermeiden, womit sie sich ihre schulische Bildungskarriere verbauen könnten – wie etwa Mutter oder Vater zu werden. Wenn dem so wäre, dann müsste der voreheliche und promiske Verkehr unter den Jugendlichen und jungen Erwachsenen mit der wachsenden Bedeutung von Bildung eigentlich zurückgegangen sein. Doch das ist nicht der Fall. Der Grund dafür liegt darin, dass viele junge Amerikaner heute nicht auf eine weiterführende Bildung hoffen können, ganz unabhängig von ihren individuellen Entscheidungen. So sieht es nun mal aus. Denn eine kostenlose universitäre Bildung für alle gibt es nicht.

Wir werden den Zusammenhang zwischen Promiskuität und Bildung noch einmal genauer in Kapitel 7 (siehe S. 251) unter die Lupe nehmen, in dem es um das Sexualverhalten von Teenagern geht. Erwähnt sei an dieser Stelle nur so viel: Die Bereitschaft eines jungen Erwachsenen zu einem promisken Lebenswandel ist verbunden mit den Kosten einer Ausbildung am College – sind die Kosten hoch, neigen die jungen Studenten tendenziell zu einem riskanteren Sexualverhalten. Diese Beobachtung erklärt teilweise, warum die Schwangerschaftsrate unter Jugendlichen in den USA so viel höher liegt als in anderen vergleichbar entwickelten Ländern, in denen höhere Bildung erschwinglicher ist.

Zugegeben, das Schulgeld ist nicht der einzige Grund, warum einige Schüler keinerlei Chance auf einen Collegebesuch haben. Aber die Kosten eines promisken Lebenswandels liegen für diese jungen Menschen, die keiner rosigen Zukunft entgegensehen, signifikant niedriger als für andere, denen eine gute Bildung und ein hohes Einkommen winken.

Dass junge Frauen in der Vergangenheit häufig auf vorehelichen Verkehr verzichteten, lag unter anderem auch in der Angst begründet, dass ein reges Sexleben ein denkbar schlechtes Signal an potenzielle künftige Ehemänner senden könnte. Ein Signal, das bedeutete: Diese Frau wird keine treue Gattin abgeben. Auch wenn vorehelicher Geschlechtsverkehr mittlerweile vielleicht zur gesellschaftlichen Norm gehört, spielt die sexuelle Vergangenheit auch heute noch eine Rolle, wenn sich Frauen und Männer mit Heiratsabsichten tragen.

Frauen (oder Männer) mit Kindern unerwünscht!

Zehn Minuten auf einer Dating-Plattform im Internet dürften genügen, um zu merken, dass die Chancen auf dem Heiratsmarkt für einen einsamen Single mit unehelichem Kind doch sehr beschränkt sind. Ich bin auf mehr als ein Online-Profil gestoßen, in dem angehende Liebhaber dies oder Ähnliches geschrieben haben: »Welchen Teil von KEINE FRAU MIT KINDERN versteht ihr nicht?«

Die Online-Profile von Frauen lese ich nicht oft. Insofern weiß ich nicht, ob Frauen ihre Vorliebe für einen kinderlosen Partner ebenso geradeheraus kundtun wie Männer. Ich weiß aber, dass viele Frauen, insbesondere jüngere, keinen Mann wählen, der bereits ein Kind hat. Ein Mann, der Vater ist, vermittelt der Frau, dass er über weniger Mittel und Zeit verfügt als ein »nicht vorbelasteter« Kandidat.

»Love the One Your're With« – Warum dieses Motto nicht immer glücklich macht

In dieser ganzen Diskussion sind wir schlicht davon ausgegangen, dass die Promiskuität etliche Vorteile hat – hätte sie sie nicht, wäre sie das Risiko schließlich nicht wert. Von daher stellt man sich die Frage, ob Menschen mit mehr Sexualpartnern glücklicher sind als Menschen mit weniger Sexualpartnern. Die Ökonomen David Blanchflower und Andrew Oswald gaben Antwort auf diese Frage. Sie befragten 16 000 Amerikaner, wie glücklich sie (auf einer Skala von eins bis drei) sind und fanden heraus, dass Promiskuität generell keine glücklicheren Menschen macht.

Verstehen Sie mich nicht falsch: Sex macht glücklich, keine Frage, und je mehr Sex einer hat, desto glücklicher ist er. Sex macht insbesondere die Frauen glücklich – glücklicher sogar als jede andere Aktivität. Gebildete Menschen werden durch Sex glücklicher als weniger gebildete. Jüngere Menschen sind generell glücklicher, werden aber durch Sex nicht noch glücklicher als ältere Menschen es sind. Lesbisch oder schwul zu sein macht ebenfalls nicht mehr oder weniger glücklich, bedeutet aber, dass man im Durchschnitt etwas mehr Sexualpartner hat als der große Rest.

Der springende Punkt ist der, dass mehr Sex zwar glücklicher macht, mehr Sexualpartner aber nicht. Am glücklichsten sind die Menschen mit nur einem Sexualpartner. Je mehr Sexualpartner sie in den letzten zwölf Monaten hatten, so die Angaben der Befragten, desto weniger glücklich waren sie.

Zugegeben, wir wissen nicht so ganz genau, woran sich diese Glückswerte festmachen. Beispielsweise werden unglücklich verheiratete Menschen ihren Partner wohl eher betrügen und demzufolge mehr Sexualpartner haben. Sie sind aber nicht zwangsläufig unglücklich, weil sie des Öfteren den Partner wechseln, sondern sie wechseln des Öfteren den Partner, weil sie unglücklich sind. Menschen, die innerhalb eines Jahres eine ganze Reihe von gescheiterten Beziehungen hatten, scheinen vielleicht promisk, aber man kann ihnen wohl kaum verdenken, dass sie unglücklich sind.

Ob ein zusätzlicher Sexualpartner glücklich macht oder nicht, kommt ganz auf die Entscheidung an, die wir als einzelne Akteure immer wieder treffen. Wir nennen diese beobachtbaren Entscheidungen wie bereits erwähnt *Revealed Preferences,* die »offenbarte Präferenz«. Entscheidet sich eine Person zum Beispiel dafür, sich mit einem zusätzlichen Sexualpartner einzulassen, dann offenbart sie, dass sie diese Entscheidung samt den voraussichtlichen Kosten, die mit dieser Erfahrung einhergehen, allen anderen möglichen Alternativen vorzieht.

Das heißt nicht, dass diese Person ihre Entscheidung später nicht bereut; es heißt nur, dass mögliche Enttäuschungen ein Risiko waren, das eine Person bereit war, auf sich zu nehmen.

Eine Freundin sagte einmal zu mir: »Warum sollte ich mir einen Mann suchen, der seinen Kindern Schneeanzüge kaufen geht, wenn er das Geld auch für mich ausgeben könnte?« (Ungelogen!)

Ist ein Kind die Folge eines flüchtigen Abenteuers, machen selbst potenzielle Partner, die nichts gegen Kinder aus einer festen Beziehung gehabt hätten, schnell einen Rückzieher. Ein uneheliches Kind, das zudem außerhalb einer festen Beziehung entstanden ist, vermittelt den künftigen Ehemännern den Eindruck, dass die Frau einen lockeren sexuellen Lebenswandel hat. Hat umgekehrt der Mann Kinder aus unehelichen Beziehungen, vermittelt das den künftigen Ehefrauen nicht nur, dass er einen lockeren sexuellen Lebenswandel hat, sondern auch, dass es mit seinem Verantwortungsgefühl nicht weit her sein kann.

Gut möglich also, dass viele junge Menschen einen promisken Lebenswandel aus der Angst heraus meiden, er könne ihre späteren Heiratschancen beeinträchtigen. Wenn man das bedenkt, ergibt sich folgende plausible Erklärung für den Anstieg der Promiskuität: Junge Menschen sind heutzutage weniger geneigt zu heiraten, ganz unabhängig von ihrem Verhalten. Oder wenn überhaupt, dann planen sie so etwas zu einem sehr späten Zeitpunkt in ihrem Leben, wenn ein paar locker verbrachte Jugendjahre nicht mehr relevant scheinen.

Für die heutige Jugend ist, wie eingangs bereits gesagt, die Ehe nicht mehr unbedingt erforderlich, um das zukünftige Leben abzusichern. Laut einer Studie des Pew Research Center sagen nur 66 Prozent der jungen Erwachsenen in der Altersgruppe zwischen neunzehn und neunundzwanzig Jahren, die keine Kinder haben und nie verheiratet waren, irgendwann im Leben einmal heiraten zu wollen. Die meisten dieser jungen

Frauen und Männer werden dies sehr wahrscheinlich auch tun. Bezogen auf die Gesamtbevölkerung blieb der prozentuale Anteil derjenigen, die irgendwann im Leben einmal heiraten wollen, mit rund 90 Prozent über Jahrzehnte hinweg relativ konstant. Doch in den vergangenen fünfzig Jahren sind die Eheraten (der prozentuale Anteil derjenigen, die zu irgendeinem Zeitpunkt im Leben tatsächlich geheiratet haben) gesunken.

Keine Gruppe ist von dem Rückgang der Eheraten mehr betroffen als die Gruppe der Männer und Frauen, die gering qualifiziert und infolgedessen auch gering bezahlt sind. Kommen wir noch einmal zurück auf unser vorheriges Beispiel, das ich herangezogen hatte, um die ökonomischen Kosten der Promiskuität zu veranschaulichen. Nehmen wir nun an, dass unsere fiktive Frau auch ohne ungeplante Schwangerschaft eine nur 48-prozentige Heiratschance hätte, dann sähen die voraussichtlich zu erwartenden Kosten der Promiskuität für sie in etwa so aus:

SCHWANGER-SCHAFTS-WAHRSCHEIN-LICHKEIT		EHE-WAHRSCHEIN-LICHKEIT		EINKOMMENS-VERLUST AUS DER EHE		VORAUS-SICHTLICHE KOSTEN DER PROMISKUITÄT
0,45	X	0,48	X	$ 50 000	=	$ 10 800

Selbst ohne weiter verbesserte Verhütungsmethoden sind die Kosten für ihren vorehelichen Verkehr um mehr als die Hälfte gesunken, was es umso unwahrscheinlicher macht, dass sie sich fortan sexuell enthalten wird, um irgendwann einen Mann mit gutem Einkommen abzukriegen.

Eine vereinfachte Darstellung, zugegeben. Aber es gibt weitere bedenkenswerte Faktoren, die die Anreize für einen promis-

ken Lebenswandel, die sich Männern wie Frauen bieten, einmal
mehr verstärken. Zum Beispiel macht die Tatsache, dass diese
Männer und Frauen davon ausgehen, dass sie sowieso nicht heiraten werden, bis sie Ende zwanzig oder Anfang dreißig sind,
es sehr viel wahrscheinlicher, dass sie nicht nur einen vorehelichen Sexualpartner haben, sondern gleich mehrere, bevor sie
schließlich auf ihren zukünftigen Ehepartner treffen. Und auch
die Tatsache, dass eine Scheidung heutzutage relativ unkomp-
liziert ist, hat die Notwendigkeit reduziert, einen Partner zu
finden, der die Eigenschaften mitbringt, die wir uns von einem
treuen Charakter erwarten (wie etwa Jungfräulichkeit) – zumal
die stets drohende Gefahr, eine Beziehung jederzeit beenden zu
können, der ehelichen Treue noch einmal Nachdruck verleiht.
Darüber hinaus können junge Erwachsene ihre Partner heute
frei wählen. Es ist in westlichen Ländern mittlerweile praktisch
ausgeschlossen, dass Eltern ihre Kinder gegen deren Willen zu
einer Heirat mit einem Partner zwingen. Die Kinder haben so
die Freiheit, Sex mit Menschen zu haben, die vielleicht gut im
Bett sind, aber miserable Ehepartner abgeben würden.

Allein die Tatsache, dass es heute selbstverständlich geworden ist, dass junge Erwachsene vor ihrer Heirat nicht mehr bei
den Eltern leben (wenn sie beispielsweise zum Studium in eine
andere Stadt ziehen), trägt zu einem Anstieg der vorehelichen
Promiskuität bei. Sie entgehen so der elterlichen Aufsicht und
ein Stück weit auch der (moralischen) Schande, die damit (noch
immer) verbunden ist.

All diese ökonomischen Faktoren, und zweifelsohne viele
mehr, haben zu einem Wandel der gesellschaftlichen Normen
beigetragen, zu einer neuen sexuellen Freiheit und einem risi-

koreicheren Sexualverhalten. Doch während die Promiskuität unter heterosexuellen Menschen beständig steigt, macht sich in der gesellschaftlichen Gruppe der Homosexuellen ein deutlicher Rückgang bemerkbar.

Gleichgeschlechtliche Anziehung – eine Liebesgeschichte

Vor dem Hintergrund aktueller gesetzlicher Eherechts-Reformen in vielen Ländern und einer größeren gesellschaftlichen Akzeptanz gleichgeschlechtlicher Beziehungen scheinen schwule Männer heute weniger auf sexuelle Abenteuer denn auf eine feste Partnerschaft aus zu sein.

In einer Meinungsumfrage von 1996, durchgeführt von der Gallup Organization, eines der führenden Meinungsforschungsinstitute in den USA, gaben 68 Prozent der Befragten an, dass sie gegen Gesetze seien, die gleichgeschlechtlichen Paaren in einer Ehe die gleichen Rechte einräumen wie heterosexuellen. Nur fünfzehn Jahre später hatten viele ihre Meinung geändert: Lediglich 44 Prozent der Befragten gaben an, dass sie gegen eine rechtliche Gleichstellung gleichgeschlechtlicher Ehen seien. Gleichwohl hatte die Toleranz gegenüber der gleichgeschlechtlichen Liebe generell zugenommen. Zum Beispiel stieg der prozentuale Anteil der Personen, die eine sexuelle Beziehung zwischen zwei gleichgeschlechtlichen Erwachsenen keineswegs für verwerflich halten, von 15 Prozent im Jahr 1991 auf 43 Prozent im Jahr 2010.

In den Vereinigten Staaten schwankt die Akzeptanz gleichgeschlechtlicher Beziehungen nicht nur von »Person zu Person«, sondern auch von »Bundesstaat zu Bundesstaat«. Wir werden in Kapitel 5 (siehe S. 188) noch einmal eingehender darauf zurückkommen. Auf alle Fälle aber bieten diese Schwankungen eine gute Möglichkeit, die folgende Hypothese zu überprüfen: In US-amerikanischen Bundesstaaten, in denen die Menschen tendenziell toleranter sind und/oder gleichgeschlechtliche Ehen nicht ablehnen, zeigen Mitglieder der homosexuellen Gemeinschaft ein weniger promiskuitives Verhalten. Die Überprüfung dieser Hypothese wurde uns Ökonomen zum Glück abgenommen, und zwar von Andrew Francis und Hugo Mialon.

Die beiden untersuchten, ob es in Bundesstaaten, in denen die Öffentlichkeit weniger tolerant gegenüber gleichgeschlechtlichen Beziehungen ist, mehr soziale Räume gibt, an denen schwule Männer sich zum anonymen Sex treffen können (Parks, Strände, als Klappe bekannte Toiletten oder andere öffentliche Orte, die in Reiseführern für Schwule aufgeführt sind). Sie kamen zu folgenden Ergebnissen: Bei einem Anstieg der Toleranz für gleichgeschlechtliche Beziehungen um 20 Prozentpunkte gibt es in einem Bundesstaat durchschnittlich vier Szenetreffpunkte weniger. Aber reicht das als Beweis für ein weniger promiskuitives Verhalten unter Homosexuellen in diesen Bundesstaaten? Nun, es gibt weitere Ergebnisse: Bei einem Anstieg der Toleranz um ebenfalls rund 20 Prozentpunkte sinkt die Zahl der HIV-Infektionen um eine je 100 000 Einwohner. Ein Verbot der gleichgeschlechtlichen Ehe hingegen erhöht die HIV-Rate um drei bis fünf HIV-Neuinfektionen je 100 000 Einwohner.

Dieses Ergebnis mag unlogisch scheinen. Schließlich habe ich eben argumentiert, dass die Entstigmatisierung des vorehelichen Verkehrs die Promiskuität unter Heterosexuellen erhöht hat. Wieso also sollte die Entstigmatisierung der gleichgeschlechtlichen Beziehungen die Promiskuität in der homosexuellen Gemeinschaft vermindern? Der Grund hierfür liegt darin, dass eine höhere gesellschaftliche Toleranz das Verhalten bekennender schwuler Männer in der Öffentlichkeit verändert und zugleich andere Männer, die sich mit ihrer sexuellen Orientierung bislang versteckt hielten, ermutigt, offen mit ihrer sexuellen Orientierung umzugehen – aus der Klappe herauszukommen, sozusagen.

Eine höhere Toleranz innerhalb der Gesellschaft ermöglicht es Männern, die ihre Homosexualität bereits offen leben, feste Beziehungen zu führen, und zwar ohne die Kosten, die ihnen in einer intoleranten Gesellschaft entstehen würden (darunter übrigens auch Lohneinbußen aufgrund ihrer sexuellen Orientierung). Schwulen Männern, die ihre Homosexualität bislang nicht gelebt haben und/oder ein heterosexuelles Leben führten, wird es so ermöglicht, ihre Homosexualität offen auszuleben, und zwar ebenfalls ohne die Kosten, die ihnen in einer intoleranten Gesellschaft entstehen würden (darunter keine Ehe schließen und keine Familie haben zu können).

Die Promiskuität unter Homosexuellen geht also zurück, sobald die Stigmatisierung nachlässt, mit der die gleichgeschlechtliche Liebe behaftet ist. Zum einen deshalb, weil Männer, die andernfalls promiskuitiv leben würden, nun sehr viel eher eine feste Beziehung eingehen. Zum anderen deshalb, weil Männer, die generell weniger promiskuitiv leben (weil sie beispielsweise sehr familienorientiert sind), nun eher bereit sind, sich der schwulen Gemeinschaft anzuschließen.

Zu guter Letzt

Ja, ich weiß. Dieser methodische Ansatz scheint viel zu rational für ein Ereignis, das mit einem Mann und einer Frau beginnt, die sich in einer Kneipe kennenlernen, und das nicht selten damit endet, dass die angesäuselte Frau im funkelnden Morgengrauen auf High Heels nach Hause torkelt. Ich will ja auch nicht behaupten, dass alle immer erst eine Promiskuitätsrechnung aufstellen, wenn sie miteinander schlafen – oder eben nicht. Interessant für die Ökonomie ist allein, dass sich Menschen so verhalten, als *würden* sie ein Kosten-Nutzen-Problem lösen – sie kalkulieren vielleicht nicht die voraussichtlichen Kosten der Promiskuität, aber wenn ökonomische Faktoren die Kosten verändern, dann reagieren Männer und Frauen, indem sie Entscheidungen treffen, die sie anderenfalls so nicht getroffen hätten.

Dieser ökonomische Ansatz hilft uns nicht nur zu verstehen, warum wir im Verlauf des 20. Jahrhunderts eine Liberalisierung der sexuellen Werte erfahren haben, sondern auch, wie die wachsende Einkommenskluft zwischen Reich und Arm zu solch hohen Raten ungewollter Schwangerschaften bei Frauen aus ärmeren Bevölkerungsgruppen führen konnte. Der Grund dafür liegt darin, dass diese Frauen sich so verhalten, als hätten sie die geringen Wahrscheinlichkeiten für sich abgeschätzt – wenn es darum geht, einen Ehemann zu finden, der sich eine Frau und Familie leisten kann, oder darum, aufs College gehen und eine einträgliche Karriere machen zu können – und dabei festgestellt, dass der Nutzen risikoreicher Sexualkontakte die zu erwartenden Kosten überwiegt.

Reiche Nation dank Promiskuität?

Der Grad der Promiskuität ist in den einzelnen Nationen höchst unterschiedlich ausgeprägt. Der Evolutionsbiologe David Smith stellt in einer Vergleichsstudie mit 48 Ländern fest, dass die Promiskuität in Finnland, der Nation mit der höchsten Rate, zweieinhalb Mal so hoch liegt wie die Promiskuität in Taiwan, der Nation mit der geringsten Rate. Da frage ich mich als Ökonomin, ob ein solcher Unterschied in der Promiskuität nicht vielleicht mit dem unterschiedlichen Nationaleinkommen zusammenhängt.

Der Sozialpsychologe Roy Baumeister stellt fest, dass in Ländern mit einer stärkeren Gleichstellung der Geschlechter auch der Grad der Promiskuität stärker ausgeprägt ist – bemessen an der höheren Zahl an Sexualpartnern und One-Night-Stands, am Durchschnittsalter beim ersten Mal und an einer liberaleren Einstellung zum Sex vor der Ehe. Es gibt also offenbar einen engen Zusammenhang zwischen der Gleichstellung der Geschlechter und dem Nationaleinkommen (es sind die reichsten Länder der Welt, die ihren Frauen die größte Unabhängigkeit beschieden haben), was meine Ansicht untermauert, dass die reichsten Nationen auch die mit der höchsten Promiskuität sind.

Aber worin könnte dieser Zusammenhang zwischen Nationaleinkommen und Promiskuität bestehen? Er könnte schlicht und einfach darin bestehen, dass Promiskuität ein Luxus ist, den sich in den reichen Ländern mehr Leute leisten können. Schließlich, so möchte man meinen, hat man in Ländern mit schlechten Lebensbedingungen anderes zu tun, als sich häufig wechselnde Sexualpartner zu suchen.

Doch dieser Ansatz hilft uns nicht weiter, denn reiche und

arme Menschen gibt es in allen Nationen. Träfe die Behauptung zu, dass Promiskuität eine Folge hoher Einkommen ist, könnte man erwarten, dass innerhalb einer Nation die einkommensstarken Personen promiskuitiver leben als die einkommensschwachen. Doch dies ist im Allgemeinen nicht der Fall.

Meiner Meinung nach läuft die Antwort auf die Frage auf eine andere Frage hinaus, nämlich auf die, was eine Nation überhaupt erst reich macht. Eine Ursache für den Reichtum einer Nation besteht darin, dass es rechtsstaatliche Instanzen und gesellschaftliche Normen gibt, die innovative Aktivitäten befördern.

Zu den nationalen Eigenschaften, die das Wirtschaftswachstum fördern, gehören beispielsweise die Offenheit gegenüber neuen Ideen und die Bereitschaft, Risiken einzugehen. Es ist also möglich, dass die kulturellen Eigenschaften, die eine Nation reich werden ließen, dieselben sind, die die Promiskuität befördern. Denn was kann schon argloser und riskanter sein als Sex mit einem Fremden? Der hohe Grad an Promiskuität liegt also wohl nicht an einem hohen Nationaleinkommen, es sind vielmehr die Charakteristika einer freien Gesellschaft, die sowohl zu einem hohen Einkommen als auch zu einem hohen Grad an Promiskuität führen.

Zieht man zudem ökonomische Faktoren wie Einkommen und Bildung in Betracht, so wird man wohl kaum der irrigen Ansicht verfallen, dass der problemlose Zugang zu wirksamen Verhütungsmitteln der alleinige Grund für das promiskuitive Verhalten in der heutigen Zeit ist. Die Empfängnisverhütung mag historisch eine Rolle gespielt und den gesellschaftlichen Wandel befördert haben, der uns die sexuellen Freiheiten bescherte, die wir heute haben und die insbesondere den Frauen zugutekommen. Aber das heutige Sexualverhalten allein auf den Zugang zu Verhütungsmitteln zurückführen zu wollen, würde ein unvollständiges Bild der Dinge zeichnen. Das ist auch deswegen so, weil die Verhütungsmethoden in ihrer Wirksamkeit kaum mehr verbesserungsfähig sind, die ökonomischen Faktoren sich aber fortwährend ändern – insbesondere, da staatliche Programme, die Einfluss nehmen auf Einkommensverteilung und Zugang zu höherer Bildung, beschlossen und wieder abgeschafft werden.

Apropos höhere Bildung. Wir werden uns gleich in die Welt der trink- und sexfreudigen Akademiker vertiefen. Das Verhalten der Studenten von heute (genau wie das jedes anderen auch) wird stark durch den problemlosen Zugang zu Verhütungsmitteln und den Wandel gesellschaftlicher Normen beeinflusst. Weil die Studenten in Bildung investieren, unterliegen sie einem noch größeren Druck, eine ungewollte Schwangerschaft zu vermeiden – oder auch jedes andere kostenintensive Ereignis, das es ihnen erschweren würde, ihr Studium abzuschließen. Doch beeinträchtigen diese Befürchtungen ihren promiskuitiven Lebenswandel? Natürlich nicht! Wenn sich einer auskennt in Sachen Promiskuität, dann die College-Studenten ... Zumindest behaupten sie das gerne von sich.

2

Haben Studenten besonders viel Sex?

»Klar, den hat unsere Generation schließlich erfunden«

Und das meinen die Studenten ganz im Ernst. Aber auch, wenn ich den ein oder anderen vom Gegenteil überzeugen kann, sie rücken nicht davon ab, dass ihre Generation sexuell aktiver sei als jede Generation vor ihnen. Wenn ich ihnen dann Statistiken vorlege, wonach Studenten weniger häufig Sex haben als gleichaltrige Nicht-Studenten, gibt es jedes Mal lautstark Protest. »Warum? Weiß doch jeder, dass Studenten mehr Sex haben als alle anderen.«

Und so beschleicht mich manchmal die Sorge, dass meine Studenten nur aus diesem einen Grund an der Uni eingeschrieben sind.

Für ihre verzerrte Wahrnehmung gibt es zwei mögliche Erklärungen. Die erste: Die Studenten in meinem »Wirtschaft, Sex und Liebe«-Seminar bilden keinen repräsentativen Querschnitt der

Studenten im Allgemeinen und haben weitaus mehr Sex als alle anderen Studenten an der Universität. Mag sein. Ehrlich gesagt will ich es aber auch gar nicht so genau wissen, denn sie erzählen mir ohnehin schon mehr, als mir lieb ist. Die zweite und eher vertretbare Erklärung: Mein Seminar ist übervoll mit männlichen Studenten.[3] Außerdem ist die Uni heute mehr als je zuvor der ideale Ort für junge Männer, die das sexuelle Abenteuer suchen.

Ich will Ihnen eine Geschichte erzählen, die anhand ökonomischer Zusammenhänge zeigt, wie der Sexmarkt auf einem Campus operiert.

Es ist Donnerstag. Donnerstagabend. Und wie jeder weiß, der das Campusleben einigermaßen kennt, ist der Donnerstag der neue Freitag (was, wenn Sie mich fragen, auch der Grund ist, warum das fünfte Studienjahr neuerdings das vierte ist). Ein paar Freundinnen hängen vor einer Bar außerhalb des Campus ab. Die Bar ist brechend voll, überall angeheiterte Studenten in Partylaune. Es sind auch Studenten da, die in den USA noch zu jung sind, um legal Alkohol trinken zu dürfen. Sie dürfen die Bar zwar besuchen, bekommen aber nichts ausgeschenkt. Und so trafen sich unsere Mädels (von denen einige noch unter einundzwanzig sind) bereits vor Stunden auf der Veranda ihres Studentenwohnheims zum »Vorglühen«. Sie sind bereits ziemlich angetrunken und tanzen – meist miteinander, da es in dieser Bar genauso ist wie auf dem Campus: Es herrscht Frauenüberschuss.

Die Mädels in unserem kleinen Grüppchen sind Freundin-

---

3 Nur rund 42 Prozent der kanadischen Universitätsstudenten sind männlich, in meinem »Wirtschaft, Sex und Liebe«-Seminar sind jedoch 66 Prozent der Teilnehmer männlich (warum bloß?).

nen, aber mit unterschiedlichen Absichten unterwegs, wenn sie an einem Donnerstag wie diesem abends ausgehen. Die einen suchen einen Mann für eine Nacht und schieben es dann auf ihren betrunkenen Zustand, wenn sich schließlich ein williger Kerl auf ein Abenteuer mit ihnen einlässt. Die anderen sind nicht interessiert an Männern, die mit ihren Kumpels einfach nur einen draufmachen wollen. Die restlichen Mädels genießen die männliche Aufmerksamkeit, nicht weil sie auf ein sexuelles Abenteuer aus wären, sondern weil sie nach einer Beziehung suchen, die länger hält als nur diese eine Nacht.

Zu Letzteren gehört auch Sarah, die Hauptfigur in unserer kleinen Geschichte. Sie sucht nach einer festen Beziehung. Nicht, weil sie etwas gegen ein flüchtiges Abenteuer hätte, sondern weil sie aus eigener Erfahrung weiß, dass die Ereignisse einer Nacht, die meist feuchtfröhlich beginnt, das Leben für immer verändern können.

Eine Lektion, die Sarah vor einem Jahr hautnah zu spüren bekam. Es war an einem Abend wie diesem. Sie war neu an der Uni, hatte gerade ihr erstes Semester begonnen und saß mit ihren damals noch neuen Freundinnen in der Bar und hatte Spaß. Sie war auf dem Weg zur Toilette, als ein Typ sie im Vorbeigehen plötzlich am Arm packte und meinte, sie sähe aus, als könne sie noch einen vertragen. Sie war so betrunken, und er sah so gut aus, dass sie nur ein Lachen herausbrachte. Ein paar Drinks später schlug er vor, noch mit zu ihr zu kommen. Eine tolle Idee, wie sie fand. Sie hingen ein wenig herum, und schließlich tat Sarah das, was ihrer Meinung nach alle auf dem Campus taten – sie schlief einfach mal so mit einem Quasi-Fremden. Sie weiß noch, dass sie ihn irgendwann fragte, ob er ein Kondom dabei hätte, woraufhin er nur meinte, sie solle sich entspannen. Das tat sie denn auch brav. Danach Filmriss. Sie kann sich nur noch vage an den folgenden Morgen erinnern, an dem sie irgendwann aufwachte und ihn an der Tür stehen sah. Er zog sich gerade die Jeans hoch und regte sich fürchterlich darüber auf, dass seine Kreditkarte weg war und er sie wohl in der Bar hatte liegen lassen.

Der Tag danach. Ihr Schädel brummte, hämmerte bis unter die Schädeldecke. Dann dämmerte ihr, dass sie nicht nur nicht einmal seinen Namen wusste, sondern ihn auch noch nie auf dem Campus gesehen hatte. Sie versuchte, die ganze Episode mit einem Lachen abzutun, und erzählte – obwohl sie sich an den Sex gar nicht mehr erinnern konnte –, wie super gut gebaut und attraktiv er gewesen war. Nein, es musste einfach toll gewesen sein. Insgeheim fühlte sie sich geschmeichelt, dass ein älterer, erfahrener Mann unter all den heißen Schnitten in der Bar ausgerechnet sie auserkoren hatte. Und sie gratulierte sich selbst zu ihrem gelungenen Einstieg in das College-Leben.

Am Tag ihrer ersten Zwischenprüfung wachte Sarah morgens auf und fühlte sich, als wäre sie tags zuvor einen Marathon gelaufen. Sie hatte das ganze Wochenende auf die Prüfung gelernt und im Gegensatz zu ihren Mitbewohnerinnen die nächtliche Lernrunde sausen lassen, um am folgenden Tag ausgeruht zu sein. Doch anscheinend hatte das nichts gebracht, denn sie fühlte sich wie gerädert. Bei einem Kaffee aus der Cafeteria, den sie auf einer Bank in der Sonne schlürfte, dämmerte ihr plötzlich, dass sie nicht nur müder war als sonst, nein, es fühlte sich auch irgendwie ganz anders an. Bis zur Prüfung waren es noch ein paar Stunden hin. Sie raffte ihre Notizzettel zusammen, um noch einmal einen Blick darauf zu werfen, während sie hinüber zur

Arztpraxis eilte und wartete, bis sie an der Reihe war. Eine Stunde danach wusste sie, dass sie ein Problem hatte. Später würde sie sich erinnern, dass ihr in diesem Augenblick eher die Ärztin leidgetan hatte als sie sich selbst. Die Ärztin hatte schließlich den unseligen Job gehabt, ihr mitzuteilen, dass sie schwanger war.

Sarah war in der dritten Woche. Vier Wochen musste sie noch auf den Termin für den Schwangerschaftsabbruch warten. Vier anstrengende Wochen voller verpasster Seminare und nicht bestandener Prüfungen. Ihre Professoren waren gnadenlos, denn sie konnte kein medizinisches Attest vorlegen, um ihre miserablen Leistungen zu entschuldigen. Nicht, weil sie keines bekommen hätte, sondern weil sie sich schämte, nach einem zu fragen. Und so endete das erste Semester für Sarah nicht mit Abschlussprüfungen und Partys, wie sie es sich vorgestellt hatte, sondern mit einer medizinischen Prozedur und dem Gefühl, von sich selbst enttäuscht zu sein.

Und nun ist Sarah wieder hier, in derselben Bar, mit denselben Freundinnen, an einem der üblichen Donnerstagabende. Während ihre Freundinnen ins zweite Semester starten, hat sie nun die Chance, das erste nachzuholen, da sich ein verständnisvoller Dekan für sie eingesetzt hatte. Nein, sie wird den gleichen Fehler kein zweites Mal machen. Und, wie bereits gesagt, sucht sie an diesem Abend nach mehr als nur einem One-Night-Stand mit einem betrunkenen Typen. Sarah will nach wie vor Sex, nur mit einem geringeren Risiko. Und dafür wünscht sie sich einen festen Freund, einen, dem sie vertrauen kann, einen, der konsequent mit Kondom verhütet.

Allerdings hat Sarah ein Problem: Auf dem Campus gibt es weit mehr Frauen als Männer. Und damit ist es nicht nur schwierig, überhaupt einen Mann abzubekommen; es ist auch nahezu unmöglich, einen zu finden, der willens ist, eine feste Beziehung mit einer Frau einzugehen, die in Sachen Sex sehr vorsichtig ist. Würde sie zum Beispiel heute Abend einen Mann kennenlernen, wüsste sie, dass sie sich eine längere Geschichte verscherzt, wenn sie nicht gleich mit ihm in die Kiste springt. Er braucht sich um das Risiko einer schnellen Nummer mit einer unbekannten Partnerin kaum scheren, und der Markt für Single-Männer auf dem Campus ist derart von Konkurrenz belebt, dass es viele andere Frauen gibt, die das Risiko leichtherzig eingehen würden – vor allem in einer solchen Nacht, in der alles durch die Bierglasbrille verschwimmt.

Wenn Sarah im Seminar »Wirtschaft, Sex und Liebe« gut aufgepasst hätte, dann wüsste sie auch, dass der Frauenüberschuss am studentischen Sexmarkt den Preis für Sex nach unten drückt, was den Campus zu einem Käufermarkt macht. Und sie würde wissen, dass es auf diesem studentischen Markt einen engen Zusammenhang zwischen Alkoholexzessen, Promiskuität und Schwangerschaften gibt. Nun, den letzten Punkt brauche ich Sarah wohl nicht näher erläutern.

Der Campus – Ein Kaufparadies

Männer wollen mehr Sex als Frauen – so eine weitere Fehleinschätzung, an der meine Studenten offenbar unbeirrt festhalten. Ich will nicht versuchen, Sie davon zu überzeugen, dass dem tatsächlich so ist, weil ich es selbst nicht glaube, aber ich will versuchen, Ihnen dieses männliche Kaufparadies zu beschreiben, diesen Campus-Markt für unverbindlichen Sex, auf dem die sexuellen Begierden der Männer den Preis nach unten drücken und den Campus zu einem Käufermarkt machen. Und dieser Käufermarkt entsteht nicht, weil die Männer (sprich, die Käufer) Sex wollen und sie die Frauen (sprich, die Anbieter) in irgendeiner Form dafür bezahlen müssten, damit sie Sex mit ihnen haben. Nein, er entsteht, weil Männer eine stärker ausgeprägte Präferenz für häufig wechselnde Sexualpartner haben als Frauen. Letztere wollen eher versichert sein, dass der Sex mit einem Mann kein Einmal-Erlebnis bleibt. Insofern definiert sich der »Preis« über das Maß an Sicherheit, das die Frau von ihrem Sexpartner verlangt, um gewiss sein zu können, dass er sie anständig behandelt (was auch immer das für die einzelne Frau bedeuten mag). Und das drückt den Preis für promiskuitive Männer auf einem mit Frauen überschwemmten Markt nach unten.

Falls Sie nun Zweifel haben, dass Männer eine stärker ausgeprägte Präferenz für häufig wechselnde Sexpartner haben, schlage ich vor, Sie machen eine eigene kleine Studie: Stellen Sie Freunden, Kollegen oder zufällig ausgewählten Passanten auf der Straße die folgende Frage: Wie viele Sexpartner möchten Sie im Idealfall gerne in den kommenden zwei Jahren haben? Ich kann Ihnen versichern, dass Männer weit mehr Partner angeben werden als Frauen. In einer repräsentativen, nationalen Studie, die vor einiger Zeit durchgeführt wurde, gaben Frauen im Schnitt nur einen Partner an, Männer im Schnitt acht. Auf die Frage, ob sie gerne mehrere Sexualpartner im gleichen Zeitraum hätten, bejahten dies 42 Prozent der Männer gegenüber nur 8 Prozent der Frauen.

Rein statistisch scheinen Frauen also nicht nach häufig wechselnden oder mehreren Sexualpartnern zu suchen. Auf dieses

Thema kommen wir noch einmal in Kapitel 8 (siehe S. 279) zurück, wenn es um eheliche Untreue geht.

Man könnte genauso gut folgende Frage stellen: Wie lange sollte man jemanden mindestens kennen, bevor man mit ihm oder ihr schläft? Auf diese Frage wird wohl kaum eine Frau »fünf Minuten« antworten, doch in verschiedenen Umfragen hatten die Männer mit dieser Zeitspanne überhaupt kein Problem. Frauen gaben als Idealfall sechs Monate an. Die Vorstellung, mit einem/r Fremden zu schlafen, finden laut der oben erwähnten repräsentativen Studie 31 Prozent der Männer reizvoll, gegenüber nur 8 Prozent der Frauen.

Sex und hopp!

Die Lust des Mannes nach häufig wechselnden, verschiedenen Sexualpartnern sowie seine Bereitschaft zu anonymem Sex heizen den Sexmarkt weltweit an. Doch dass ein Markt für Sex überhaupt existiert, liegt daran, dass man Frauen im Allgemeinen dafür bezahlen muss, damit sie bereit sind, mit einem fremden Mann zu schlafen. Männer muss man kein Geld bieten, damit sie mit einer fremden Frau schlafen, und selbst wenn, wären die meisten Frauen umgekehrt wohl kaum bereit, Männer für derlei Dienstleistungen zu bezahlen.

Diese Tatsache erklärt, warum es praktisch keinen Sexmarkt für weibliche Käufer gibt.

Die beste Studie, die ich dazu kenne und die untersucht, inwieweit Männer und Frauen bereit sind, mit fremden Personen zu schlafen, wurde Ende der 1970er-Jahre und noch einmal Anfang der 1980er-Jahre an verschiedenen Universitäten durchgeführt. Die Ergebnisse scheinen vielleicht etwas veraltet, aber der Zeitpunkt war eigentlich sehr gut gewählt: Die sexuelle Revolution war in vollem Gange, und man vergnügte sich in seliger Unkenntnis darüber, dass um die nächste Ecke eine neue Gefahr lauerte – Aids, eine Krankheit, die unsere Einstellung zu beiläufigem Sex verändern sollte.

Die Studie war so angelegt, dass durchschnittlich attraktive Männer/Frauen auf eine/n Frau/Mann auf dem Universitätsgelände zugingen und ihn/sie ansprachen: »Du bist mir schon ein paarmal aufgefallen. Ich finde dich sehr attraktiv. Möchtest du …« Dann konnten die ahnungslosen Teilnehmer dieser Studie aus drei Möglichkeiten wählen, den Satz zu beenden: »… heute Abend mit mir essen gehen?« – »… mich heute Abend bei mir zu Hause besuchen?« – »… heute Abend mit mir schlafen?« Nun, die angesprochenen Männer und Frauen müssen ihr Gegenüber ebenfalls attraktiv gefunden haben, denn jeweils mehr als die Hälfte beider Geschlechtergruppen nahm das Angebot zum Abendessen an (56 Prozent der Frauen und 50 Prozent der Männer). Das eigentlich Interessante an diesem Ergebnis aber ist: Die Zahl der Männer, die positiv auf die Frage reagierten, erhöhte sich, je eindeutiger das Angebot war – die Zahl der Frauen dagegen verringerte sich. Bemerkenswerterweise waren 50 Prozent mehr Männer bereit dazu, mit einer fremden Frau aus einer Zufallsbegegnung zu schlafen, als mit ihr essen zu gehen. Und selbst die, die das (eindeutig sexuelle) Angebot ausschlugen (lediglich 25 Prozent in dieser Zufallsauswahl) brachten ihr Bedauern darüber zum Ausdruck.

Keine einzige Frau in dieser Zufallsauswahl war bereit, mit ei-

nem gut aussehenden fremden Mann aus einer Zufallsbegegnung zu schlafen. Keine einzige!

Das heißt aber nicht, dass generell keine Frau bereit wäre, mit
einem fremden Mann zu schlafen (ebenso wenig wie umgekehrt,
dass alle Männer generell bereit wären, mit einer fremden Frau
zu schlafen). Nur gibt es viel zu wenige solcher Frauen, als dass
sich mit Bordellen für Frauen profitable Geschäfte machen ließen. Wieso sollte irgendwer auf die Idee kommen, dass Frauen
bereit wären, für Sex zu bezahlen, wenn sie bereits die Gratis-
Angebote ablehnen?

Der Frauenüberschuss an den Universitäten macht es für die Frau-
en nicht nur rein zahlenmäßig schwierig, einen Partner zu finden
(eine geringere Anzahl an Männern bedeutet, dass es für jede einzelne Frau eine geringere Wahrscheinlichkeit gibt, einen Mann zu
finden, der frei und zu haben ist). Dieser Überschuss verändert
auch die Mann-Frau-Beziehungen an sich, da er den Männern eine
größere Macht auf dem studentischen Sexmarkt verleiht.

Anhand von Daten, die im Rahmen verschiedener Studien an
mehreren Colleges gesammelt wurden, stellten die Soziologen
Mark Regnerus und Jeremy Uecker Folgendes fest: An Colleges mit einer sehr hohen Frauenquote (das heißt, die Frauen
übertreffen die Männer zahlenmäßig enorm) zeigen die Frauen
tendenziell eine eher negative Einstellung zu Männerbekannt-
schaften und sexuellen Beziehungen als an Colleges mit einer
niedrigen Frauenquote.

Die Autoren verglichen Hochschulen, an denen ein Frauenüberschuss herrscht, mit solchen, an denen ein Männerüber-

schuss herrscht, und kamen zu folgendem Ergebnis: Für weibliche Singles, die am College noch keinen Freund hatten, besteht eine 69-prozentige Wahrscheinlichkeit, dass sie noch Jungfrau sind, wenn nur 47 Prozent aller Studenten weiblich sind, gegenüber einer 54-prozentigen Wahrscheinlichkeit, wenn 60 Prozent aller Studenten weiblich sind. Wenn vergleichsweise weniger männliche Studenten verfügbar sind, ist die Wahrscheinlichkeit für weibliche Singles, die noch keine echte Beziehung hatten, größer, während ihrer Studienzeit wenigstens einmal Sex zu haben.

Sind die Männer in der Unterzahl, so ein weiteres Ergebnis der Studie, geraten die Frauen in eine schwächere Position, wenn es darum geht, den Zeitpunkt für das »erste Mal« zu verhandeln.

Die Kluft zwischen denjenigen, die sexuell aktiv sind, und denjenigen, die es nicht sind, ist für Frauen, die mindestens einen Freund während des Studiums hatten, keineswegs geringer. Diese Frauen haben eine 45-prozentige Chance auf einem Campus, auf dem es mehr Männer als Frauen gibt, noch Jungfrau zu sein. Wenn es allerdings mehr Frauen als Männer auf dem Campus gibt, liegt die Wahrscheinlichkeit nur noch bei 30 Prozent.

Sogar Frauen mit einem aktuellen Freund scheinen Sex eher hinauszögern zu können, wenn weniger Frauen als Männer an der Uni eingeschrieben sind. Diese Frauen haben eine 17-prozentige Chance noch Jungfrau zu sein, wenn es mehr weibliche Studenten gibt, und eine 30-prozentige bei einem Männerüberhang.

Das bedeutet, dass wenn weniger Männer als Frauen an einer Hochschule sind, verlieren individuelle Frauen ihren Verhandlungsspielraum in Bezug auf ihr erstes Mal mit dem Partner.

Angesichts dessen dürfte es Sie kaum überraschen zu hören, dass unverbindlicher Sex unter Studenten häufiger vorkommt, wenn ein Frauenüberschuss herrscht. Beispiel: Weibliche Studenten, die schon einmal einen festen Freund hatten, derzeit aber Single sind, haben an einer Hochschule mit einem hohen Frauenanteil eine 27-prozentige Wahrscheinlichkeit, im vergangenen Monat Sex gehabt zu haben, gegenüber einer nur 20-prozentigen Wahrscheinlichkeit an einer Hochschule mit einem geringen Frauenanteil. Single-Studentinnen sind demzufolge sexuell aktiver, wenn der Anteil der männlichen Studenten relativ niedrig ist (und weniger aktiv, wenn er relativ hoch ist).

Klassische Verabredungen sind seltener, wenn weniger Männer verfügbar sind. Kein Wunder, sind ja auch weniger Männer da, mit denen man sich verabreden könnte. Doch den Ergebnissen zufolge fällt die Zahl der klassischen Verabredungen deutlich geringer aus, als es der bloße Männermangel vermuten ließe. Ein Rückgang von nur 1 Prozent des Frauenanteils erhöht die Wahrscheinlichkeit, dass eine Frau sechs oder mehr traditionelle Verabredungen hat, um unglaubliche 3,3 Prozent.

Dieses Ergebnis stützt die Annahme, dass es deutlich weniger traditionelle Verabredungen gibt und weitaus mehr einmalige sexuelle Abenteuer, sobald die Frauen in der Überzahl sind. Darüber hinaus, so die Autoren in ihrem neuesten Buch, ließen sich eine Reihe der befragten Frauen nach eigenen Angaben auf sexuelle Handlungen ein, die ihnen missfielen, oder sie hatten häufiger Sex, als sie eigentlich gewollt hätten.

Ich ziehe aus alldem den Schluss, dass die Studentin von heute im Kontext der verschärften Konkurrenz um die männlichen Kommilitonen bei einem relativen hohen Frauenanteil gar nicht mehr in der Position ist, den Zeitpunkt und auch die Art der sexuellen Handlungen mit ihrem Sexpartner verhandeln zu können.

Na dann, Prosit!

Das Verhalten von Sarah und ihren Freundinnen an jenem Abend in der Bar hatte nicht nur etwas mit dem Feilschen auf dem studentischen Beziehungsmarkt zu tun. Die Promiskuität an Universitäten allerorten hängt auch mit einem exzessiven Alkoholkonsum zuammen. Wie viel getrunken wird, ist eine empirische Frage, die wir leicht beantworten können – anhand von Forschungsergebnissen, die der Ökonom Jeffrey DeSimone dankenswerterweise veröffentlicht hat. Unter Verwendung von Daten aus einer Erhebung an 136 universitären Bildungseinrichtungen in den USA stellte DeSimone fest, dass exzessiver Alkoholkonsum maßgeblich zu einem risikoreichen Sexualverhalten der Studenten beiträgt.

Seinen Recherchen zufolge berichteten 46 Prozent der Studenten, dass sie im Feststellungszeitraum (einen Monat vor der Erhebung) mindestens einmal exzessiv Alkohol konsumiert hatten. 60 Prozent gaben an, in den drei Monaten vor der Erhebung Sex gehabt zu haben; 12 Prozent gaben an, in dieser Zeit mehrere Sexualpartner gehabt zu haben. Viele Studenten gaben zu, beim Sex generell nicht vorsichtig zu sein; 65 Prozent von denen, die im Monat zuvor Sex gehabt hatten, gaben an, kein Kondom benutzt zu haben. Und nur für den Fall, dass Sie meinen, meine Geschichte von Sarah sei übertrieben: 10 Prozent gaben an, mindestens schon einmal schwanger gewesen zu sein bzw. jemanden geschwängert zu haben.

Der Alkoholkonsum trägt also maßgeblich zur sexuellen Aktivität der Studenten bei. (Fast) die Hälfte der Studierenden, die exzessiv trinken, legt ein tendenziell riskanteres Sexualverhalten an den Tag als die nicht exzessiv trinkenden. Beispiel: Im Verhältnis zu den nicht exzessiven Alkoholkonsumenten sind 25 Prozent der Trinker tendenziell sexuell aktiver, 20 Prozent benutzen beim Sex kein Kondom und 94 Prozent verkehren mit mehreren Partnern (nicht unbedingt gleichzeitig, versteht sich).

Sex für Geld – zur Finanzierung des Studiums

Vor vielen Jahren, als ich selbst noch Studentin war, ging ich öfters mit meiner Clique in eine bestimmte Bar, weil es dort billige Long Island Iced Teas gab. Und ein paar Stripperinnen gab es auch, obwohl wir die gar nicht groß beachteten. (Wir kamen wirklich nur wegen der billigen Cocktails.) Das alles endete eines schönen Nachmittags, als einer der Jungs aus unserer Clique erschrocken die Augen aufriss, während ein Mädchen auf die Bühne trat. Er versank förmlich in seinem Stuhl und flüsterte: »Das ist meine Laborpartnerin!«

Sex für Geld zur Finanzierung des Studiums ist wahrscheinlich weiter verbreitet als man denkt, und dazu zählen Prostitution, Strippen, Zuhälterei, Telefondienst bei Escort-Agenturen oder Fahr- und Sicherheitsdienste – um nur einige Jobs zu nennen, die Studenten annehmen, um sich ihr Studium zu finanzieren.

Wissenschaftler der Leed University bestätigen dies. Ein Jahr lang befragten sie dreihundert britische Erotiktänzer/innen und fanden heraus, dass eine/r von vier einen Hochschulabschluss hat und eine/r von drei noch in irgendeiner Form von akademischer Ausbildung steckt (darunter 6 Prozent, die als Erotiktänzer/innen ihren Promotionsstudiengang finanzieren). Eine andere Studie, durchgeführt vom Berlin Studies Center, in der 3200 Studenten befragt wurden, ergab, dass 4 Prozent ihr Studium durch Sex finanzieren. 33 Prozent der Studenten in Berlin, 29 Prozent der Studenten in Paris und 18,5 Prozent der Studenten in Kiew überlegen, in die Sexbranche einzusteigen, um ihr Studium zu finanzieren.

Websites in den USA, die sich auf die Vermittlung von Frauen und Männern an sogenannte »Sugar Daddys« spezialisiert haben, bieten spezielle Programme für Studenten an, wie etwa einen finanziellen Anreiz für die Verwendung einer studentischen E-Mail-Adresse als Kontaktadresse. Eine solche New Yorker Agentur gibt an, dass 35 Prozent ihrer 800 000 Kontakte Universitätsstudenten sind, die sich über diese Agentur ihr Studium finanzieren.

Die Promiskuität mit all ihren Risiken, die das Lebenseinkommen eines Studenten und die Heiratschancen schwer beeinträchtigen können, verleiht der aktiven Teilnahme am Sexgewerbe eine völlig neue Dimension und ist wahrscheinlich mit ein Grund, warum dieses Gewerbe so sehr viel einträglicher ist als jeder andere Studentenjob.

Gut, exzessiver Alkoholkonsum erhöht die Promiskuität. Aber was erhöht den exzessiven Alkoholkonsum? Sarah und ihre Freundinnen hatten zu Hause ordentlich »vorgeglüht«, bevor sie sich in die Bar aufmachten (denn, wie bereits erwähnt, verbieten die Gesetze der USA den Alkoholausschank an minderjährige Studenten in Bars und fördern damit das »Vorglühen« in den heimischen vier Wänden). Seit Juli 2008 haben 135 Kanzler und Präsidenten US-amerikanischer Colleges und Universitäten eine Petition unterzeichnet, um die staatlichen Regierungen zu ersuchen, das Mindestalter für den öffentlichen Alkoholkonsum zu senken. Sie sind überzeugt, dass das geltende Mindestalter von einundzwanzig Jahren zu einem gefährlichen Trinkverhalten führt. Viele minderjährige Studenten trinken heimlich, um einer Strafe zu entgehen.

Doch es gibt noch einen Faktor, der maßgeblich zu einem exzessiven Alkoholkonsum beiträgt: die Alkoholpreise. Diese beeinflussen nicht nur das Konsumverhalten, sondern auch das Verhalten unter Alkoholeinfluss.

Geld, Alkohol und riskanter Sex

Im Dezember 2007 hatte die kanadische Stadt Halifax in Nova Scotia endgültig genug von den nächtlichen Randalen der Studenten, die nach Kneipenschluss grölend durch die Straßen zogen, und verordnete einen Mindestpreis für Alkoholika. Vorbei die Saufgelage in den Bars für wenig Geld. Eine gesetzliche Preiserhöhung für Alkoholika, so legen ökonomische Studien nahe, mindert riskantes Sexualverhalten im Allgemeinen. Aber mindert es auch das riskante Sexualverhalten der Studenten im Besonderen?

Von sexy Professoren und hormongesteuerten Studenten

Während sie sich den Anschein geben, als hingen sie ihren Professor/innen an den Lippen, bewertet jeder Student zugleich auch, was für ein heißer Feger (oder auch nicht) der Professor/

die Professorin ist – was die Professoren nicht wirklich überrascht, denn schließlich waren sie selbst einmal allesamt Studenten. Auf einer bekannten Online-Plattform zur Bewertung von Professoren können Studenten neben Fairness und Lehrfähigkeit auch deren Attraktivität einstufen.

Die kanadischen Ökonomen Anindya Sen und Frances Woolley werteten Daten dieser Plattform aus und stellten fest, dass männliche Professoren, die als sehr attraktiv eingestuft wurden, auch eine hohe Besoldung hatten. Bei weiblichen Professoren hingegen, die als attraktiv eingestuft wurden, war dies nicht der Fall.

Des Weiteren nahmen sich Woolley und Sen die Bewertungen der Professoren auf der Online-Plattform »Rate My Professor« vor und untersuchten die Bewertungen für die Professoren für Ökonomie an der Universität in Ontario. Sie stellten fest, dass männliche Professoren, die als »höchst attraktiv« bewertet werden, auch höher besoldet sind als die, die diese Bewertung nicht erhalten. Interessanterweise erscheint diese höchste Bewertungsstufe nur bei Männern, die bereits auf dem Höhepunkt ihrer beruflichen Karriere stehen oder diese hinter sich haben; bei Jungprofessoren ist sie nicht zu finden. Dies legt nahe, dass das Kriterium für »Attraktivität« sich nicht nur auf das bezieht, was wir uns im herkömmlichen Sinne darunter vorstellen, sondern auch für andere Qualitäten wie Selbstbewusstsein, Kompetenz und Schaffenskraft steht.

Für weibliche Professoren gilt dies allerdings nicht, egal, an welchem Punkt ihrer Karriere sie gerade stehen – offenbar bewerten Studenten ihre fünfzigjährige Professorin nicht automatisch als »attraktiv«, nur weil sie selbstbewusst oder kompetent ist.

In akademischen Berufen zählt das äußere Erscheinungsbild recht wenig. Ein sexy Auftreten ist der Karriere tatsächlich eher hinderlich, insbesondere für Frauen. Weibliche Professoren haben oft damit zu kämpfen, die richtige Mischung zu finden und nicht aufgetakelt, aber dennoch ansehnlich zu erscheinen.

Forschungen der Psychologen Stefanie Johnson, Kenneth Podratz, Robert Dipboye und Ellie Gibbons stützen diese Thesen. Sie fanden heraus, dass attraktive Frauen als ungeeignet gelten für Berufe, die als »typisch männlich« angesehen werden und in denen das äußere Erscheinungsbild unwichtig ist. Für Männer hingegen wirkt sich ihre Attraktivität nicht negativ aus: Attraktive Männer gelten immer als die geeigneteren Kandidaten, sogar für Berufe, die als »typisch weiblich« angesehen werden.

Insofern müsste sich eine Professorin, die von ihren Studenten auf »Rate My Professor« als »rattenscharf« bewertet, als Lehrkraft aber eher als »ungeeignet« eingestuft wird, über ganz andere Dinge Sorgen machen als über tagträumende Studenten. Vor allen Dingen um ihren Job, wenn man bedenkt, wie wichtig diese studentischen Bewertungen für die Beförderung der akademischen Laufbahn an den Universitäten sind.

Es gibt drei Punkte, die Preiserhöhungen für Alkoholika und riskantes Sexualverhalten in Beziehung zueinander setzen:

1. Manche Menschen neigen zu einem riskanteren Sexualverhalten, wenn sie getrunken haben.
2. Höhere Alkoholpreise hält manch einen vom exzessiven Alkoholkonsum ab.

3. Die Menschen, die den Alkoholkonsum reduzieren, wenn die Preise für alkoholische Getränke steigen, sind auch diejenigen, die unter Alkoholeinfluss ein leichtfertiges Sexualverhalten an den Tag legen.

Den ersten Punkt haben wir bereits festgestellt: In Bezug auf die Studenten scheint ein exzessiver Alkoholkonsum nicht nur die Promiskuität zu fördern, sondern auch zu ungeschütztem Geschlechtsverkehr und damit auch zu ungeplanten Schwangerschaften zu führen (nicht zu vergessen die sexuell übertragbaren Krankheiten – mehr dazu später).

Der zweite Punkt bedarf einer ökonomischen Interpretation. Wird weniger Alkohol konsumiert, weil die Alkoholpreise nach oben gehen, sprechen die Ökonomen von einer *preiselastischen* Nachfrage. Pauschalisieren lässt sich das aber nicht. Zum Beispiel ändern Menschen mit hohem Einkommen ihren Alkoholkonsum sehr wahrscheinlich nicht, nur weil ein Drink plötzlich einen Dollar mehr kostet. Die Preiselastizität ist nicht nur abhängig vom Einkommen, sondern auch von den Alternativen, die sich den Konsumenten bieten. Anstatt Alkohol in Bars zu konsumieren, kauft man den Alkohol billiger im Laden und bechert erst einmal ordentlich zu Hause, bevor es dann später ab auf die Piste geht.

Wenn Studenten über ausreichend Geld verfügen, es ihnen also egal sein kann, ob die Drinks an der Bar ein paar Cent teurer sind, können sie auch auf das Vorglühen zu Hause gut verzichten. Eine Preiserhöhung wird hier also nicht bewirken, dass sich weniger Studenten betrinken. Und wenn eine Preiserhöhung für alkoholische Getränke nicht bewirkt, dass sich weniger Studenten betrinken, dann gibt es auch keinen Grund zu erwarten, dass nächtliche Randale oder leichtfertiges Sexualverhalten zurückgehen werden.

Kommen wir zum letzten Punkt: Die Menschen, die ihren Alkoholkonsum reduzieren, wenn die Preise für alkoholische Getränke steigen, sind auch die, die unter Alkoholeinfluss ein leichtfertiges Sexualverhalten an den Tag legen. Wie gesagt, meine Studenten sind fest davon überzeugt, dass sie mehr Sex haben als jede Generation vor ihnen. Ob das nun wahr ist oder nicht, Studenten, und insbesondere die an Universitäten mit einem hohen Frauenanteil, *haben* Sex.

Und so müssten die eigentlichen Fragen lauten: Trinken Studenten tatsächlich weniger, wenn der Alkohol mehr kostet, und wie wirken sich Änderungen in puncto Alkoholkonsum auf ihr Sexualverhalten aus?

In ihren neuesten Forschungen untersuchen die kanadischen Ökonomen Anindya Sen und May Luong, ob es einen Zusammenhang gibt zwischen den Bierpreisen und der Häufigkeit sexuell übertragbarer Krankheiten. Ein 1-prozentiger Preisanstieg für ein Bier, so fanden sie heraus, senkt die Häufigkeitsrate von Gonorrhoe und Chlamydien um rund 0,8 Prozent. Sieht also ganz so aus, als würden die höheren Bierpreise in Kanada das riskante Sexualverhalten tatsächlich mindern.

Eine zweite Studie, durchgeführt von Harrell Chesson, Paul Harrison und William Kassler, die US-amerikanische Daten verwendete, konnte ebenfalls eindrucksvoll belegen, dass ein Anstieg der Alkoholpreise sowohl die Häufigkeit des Alkoholkonsums als auch die Häufigkeit des riskanten Sexualverhaltens klar verringert. Zudem verglichen die Forscher einzelne

Bundesstaaten mit unterschiedlich hohen Steuern auf Alkohol und kamen zu folgendem Ergebnis: Eine Erhöhung der Steuer auf Spirituosen um 1 Dollar verringert die Häufigkeitsrate von Gonorrhoe um 2 Prozent, und eine Erhöhung der Steuer auf eine Sechserpackung Bier um nur 0,20 Cent verringert die Häufigkeitsrate von Gonorrhoe um 9 Prozent, die von Syphilis gar um 33 Prozent.

Um die Ergebnisse anschaulich zu machen, stellen die Autoren sie in einen konkreten Kontext: Eine Erhöhung der Steuer auf Bier um nur 0,20 Cent pro Sechserpack würde die jährliche Zahl der HIV-Neuerkrankungen in den USA um 3400 Fälle mindern, die Zahl von Unfruchtbarkeit infolge entzündlicher Beckenerkrankungen um 8900, und die Zahl der Neuerkrankungen an Gebärmutterhalskrebs um 700.

Eine andere Studie von Bisakha Sen ergab, dass eine Erhöhung der Steuer auf Bier keine Auswirkungen auf die Geburtenrate bei minderjährigen Müttern hat, dass aber eine Erhöhung der Steuer auf Bier um 100 Prozent die Abtreibungsrate bei minderjährigen Müttern um 7 bis 10 Prozent reduziert – was auf einen geringen, aber dennoch signifikanten Rückgang der Zahl ungewollter Schwangerschaften hindeutet.

Ob sich das Sexualverhalten von Studenten aber ebenso drastisch verändert wie das der Allgemeinbevölkerung, wenn die Preise für alkoholische Getränke steigen, darf aus gutem Grund durchaus bezweifelt werden. Der Grund hängt mit zwei Dingen zusammen – mit dem Einkommen und mit Preiselastizität (ich hatte es bereits angesprochen): Die prozentuale Nachfrage nach Alkohol verändert sich, wenn die Preise um 1 Prozent steigen.

Studenten mögen vielleicht keinen dicken Geldbeutel haben, sie neigen aber dazu, mengenmäßig so viel Alkohol zu konsumieren wie jemand, der wesentlich mehr Geld in der Tasche hat. Das liegt daran, dass sie in der Zukunft einmal mehr Geld haben werden als zum Zeitpunkt des Konsums, was erklärt, warum sie im Vergleich mehr Alkohol konsumieren als andere Bevölkerungsgruppen mit einer ähnlichen Einkommensbilanz – sie verprassen sozusagen bereits heute einen Teil ihres künftigen Einkommens. Ich denke daher, dass Studenten ihren Alkoholkonsum nicht in dem Maße einschränken werden wie andere Personen in der gleichen Einkommensgruppe, nur weil die Preise für alkoholische Getränke steigen.

Wenn dem so ist (wenn die Studenten ihren Alkoholkonsum in den Bars nicht reduzieren oder wenn sie ordentlich zu Hause vorglühen), dann dürften höhere Preise für Alkoholika auch kaum Auswirkungen auf ihr Sexualverhalten haben.

Lust macht ungeduldig

Männer laufen heiß, wenn sie Bilder von leicht bekleideten Frauen sehen, die Art von Bildern, die uns tagtäglich begegnen. Die sexuelle Lust ist geweckt und will so schnell wie möglich gestillt werden. Sie macht die Männer ungeduldig und geneigter, auf schlechte Angebote einzugehen – so das Ergebnis etlicher Studien.

Diesen Effekt versuchten die Marketingstrategen Bram Van den Bergh, Siegfried Dewitte und Luk Warlop experimentell zu bestätigen. Sie baten die Teilnehmer, sich zu entscheiden: Ent-

weder 15 Euro sofort auf die Hand oder einen zusätzlichen Geld-
betrag eine Woche später. Die Höhe des später ausbezahlten
Geldbetrags war für die Marketingstrategen das Maß für den
Befriedigungsdrang der Teilnehmer. Wer höchst ungeduldig war,
wollte weit mehr als 15 Euro dafür, dass er eine Woche warten
musste (bis zu 30 Euro). Wer weniger ungeduldig war, gab sich
auch mit einem kleineren Betrag zufrieden (bis zu ein paar Cent
zusätzlich).

Studenten suchen generell die schnelle Befriedigung ihrer
Lust, denn sie haben in der Zukunft höhere Einkommen zu erwarten und demzufolge mit Sparmaßnahmen in der Gegenwart
weniger am Hut. In der oben genannten Studie nun wurden die
männlichen Teilnehmer verschiedenen visuellen Reizen ausgesetzt und anschließen gebeten anzugeben, wie viel Geld man
ihnen bieten müsse, damit sie bereit wären, ihren sexuellen Ap-
petit nicht sofort, sondern erst einen Monat später zu stillen. Wie
sich herausstellte, waren die Männer, denen Bilder von Frauen
in provokanten Posen (z. B. in Bikini oder Unterwäsche) gezeigt
wurden, deutlich ungeduldiger als die, die Bilder von Landschaften gesehen hatten, die zwar visuell ansprechend, aber eben
nicht erotisch gewesen waren. Mit anderen Worten: Die sexuell
erregten Männer verlangten eher nach sofortiger Befriedigung
ihrer Lust.

In einer zweiten Studie führten die Forscher ein weiteres Experiment durch. Die Männer sollten sich 10 Dollar untereinander
teilen und sich jeweils Angebote machen, die sie dann annehmen oder ausschlagen konnten. Wie sich herausstellte, waren
die Männer, die zuvor erotische Bilder angesehen hatten, eher
bereit, ein schlechteres Angebot anzunehmen. Insbesondere

galt dies für Männer mit einem hohen Testosteronspiegel. Dies deutet darauf hin, dass es einen sexuell erregten Mann im Vergleich zu einem nicht erregten Mann weit weniger kümmert, ob der Preis, den er für eine Ware bezahlt, fair ist oder nicht.

Trinken Männer in einer Bar nun weniger, wenn die Drinks teurer sind? Nun, in Gesellschaft attraktiver Frauen werden sie sich wohl herzlich wenig darum scheren, was die Drinks kosten.

Im vergangenen Jahr sah ich in einem Institutsgebäude der Uni einen Aushang, auf dem Studenten zur Teilnahme an einer psychologischen Studie geworben wurden. Die plakative Frage lautete: »Warum trinken Sie?« Darunter hatte jemand gekritzelt (wahrscheinlich ein Student und kein Mitarbeiter der Fakultät): »Damit ich vögeln kann.«

Diese Geschichte wirft eine dritte Möglichkeit auf: Studenten treffen keine leichtfertigen Entscheidungen, weil sie betrunken sind, sondern sie betrinken sich, damit sie leichtfertige Entscheidungen treffen können. Wenn dem so ist, dann geht es um eine ganz andere Frage. Es geht dann nicht darum, wie preiselastisch die Nachfrage nach alkoholischen Getränken ist, sondern darum, wie preiselastisch die Nachfrage nach Sex infolge einer Preiserhöhung für alkoholische Getränke ist. Angesichts der Tatsache, wie viele Menschen bereit sind, für Sexangebote auf dem Markt zu bezahlen (das heißt, auf einem Markt, wo Sex explizit gekauft und verkauft wird), werden ein paar Dollar mehr für einen Drink wohl kaum die Nachfrage nach einer schnellen Nummer sinken lassen, wenn man Sex will und ihn sich leisten kann.

Sex gegen Cocktails

Ich mache mit meinen Studenten gerne folgendes Spiel: Ich gebe ihnen ein Szenario vor, in dem zwei Personen eine sexuelle Beziehung miteinander haben, und sie sollen mir sagen, ob das Ganze etwas mit dem horizontalen Gewerbe zu tun hat. Ich beginne mit einem eindeutigen Beispiel: Der eine gibt dem anderen Geld, Sex gegen Geld also. Ein simples Tauschgeschäft. Natürlich, ein klarer Fall von Prostitution, so die einstimmige Meinung. Dann gebe ich ihnen weitere, weniger eindeutige Beispiele: Eine Frau schläft mit ihrem Vermieter, um auf diese Weise ihre Miete zu begleichen. Ebenfalls Prostitution, sagen die meisten Studenten, weibliche wie männliche. Nächstes Beispiel: Eine Frau schläft mit einem Mann als Gegenleistung dafür, dass er sie auf einen Wochenend-Trip nach New York mitnimmt. Nun sagen weitaus weniger Studenten, dass es sich um Prostitution handele, und die Meinungen zwischen männlichen und weiblichen Studenten gehen weit auseinander. Zum Schluss gebe ich ihnen immer folgendes Beispiel: Ein Mann spendiert einer Frau den ganzen Abend lang sämtliche Drinks, und sie schläft danach mit ihm, weil sie sich dazu verpflichtet fühlt.

Auf dieses Beispiel folgen stets laute Proteste. Die weiblichen Studenten sind schockiert – »Nein, das ist doch keine Prostitution!« Wenn ich dann frage »Warum?«, sagen sie, dass die Frau vertraglich ja nicht zum Sex verpflichtet sei und jederzeit gehen könne. Aber, so wende ich ein, das könne die Frau in allen anderen Beispielen auch. Doch das bringt die Studentinnen nicht von ihrer Meinung ab, dass dieses Verhalten in keiner Weise etwas mit Prostitution zu tun habe.

Interessant finde ich in diesen Fällen die Reaktion meiner männlichen Studenten. Sie sind weitgehend unentschlossen, und bevor sie sich zu einer Antwort durchringen, wollen sie meist wissen: »Wie teuer waren denn die Drinks?«

Die Ergebnisse eines neueren Experiments, durchgeführt von den Psychologinnen Susan Basow und Alexandra Minieri, stimmen mit der Beobachtung aus meiner simplen Seminar-übung überein. Die weiblichen Studenten fühlen sich weniger verpflichtet, nach einem Date mit einem spendierfreudigen Mann Sex zu haben, als es die männlichen Studenten meinen (oder auch erwarten) möchten. Das interessanteste Ergebnis aus dieser Studie ist meiner Meinung nach aber folgendes: Während die weiblichen Teilnehmer der Studie sagen, dass ein Mann keinerlei Recht auf Sex habe, nur weil er der Frau ein teures Abendessen ausgegeben hat, scheinen sie dennoch der Meinung zu sein, dass dieser Anspruch wächst, je teurer der Abend für ihn wird. Wenn dem so ist, dann liegt hier die Erklärung dafür, warum meine männlichen Studenten immer zuerst wissen wollen, wie viel der Mann für die Drinks bezahlt hat, bevor sie entscheiden, ob und inwieweit die Frau verpflichtet ist, mit ihm zu schlafen.

Im folgenden Experiment hat man Studenten gebeten, eine kleine Geschichte zu lesen, in der sich ein Mann (John) und eine Frau (Kate) verabreden und zusammen ausgehen. John begleitet Kate am Ende des Abends bis in ihre Wohnung und schläft dort mit ihr – trotz der Tatsache, dass sie seine sexuellen Avancen eindeutig zurückgewiesen hat.

Nachdem sie die Geschichte gelesen hatten, wurden die Probanden gebeten, spontan auf eine Reihe von Aussagen zu antworten, darunter »Kate hätte damit rechnen müssen, dass John darauf beharrt, mit ihr zu schlafen« und »John ist zu Recht davon ausgegangen, dass Kate mit ihm schlafen müsse«. Die Antworten sollten auf einer Skala von eins (starke Ablehnung) bis sechs (starke Zustimmung) gegeben werden.

Um feststellen zu können, ob der Preis der abendlichen Verabredung die Antworten auf diese beiden Fragen beeinflusst, wurden die Studenten in vier Gruppen eingeteilt. Zwei der Gruppen gingen von einem teuren Abend aus, der entweder komplett von John bezahlt wurde oder von beiden halbe halbe. Die beiden anderen Gruppen gingen von einem günstigen Abend aus, der wiederum entweder komplett von John bezahlt wurde oder von beiden halbe halbe.

Die durchschnittliche Antwort auf die Aussage »Kate hätte damit rechnen müssen, dass John darauf beharrt, mit ihr zu schlafen« lag bei den männlichen Probanden bei 3,21, während die durchschnittliche Antwort der weiblichen Probanden auf die gleiche Aussage bei nur 1,85 lag. Kein überraschendes Ergebnis.

Die Antworten auf die Aussage, dass John zu Recht davon ausgegangen sei, dass Kate mit ihm schlafen müsse, lagen enger beieinander. Bei den männlichen Probanden ergab sich ein durchschnittlicher Wert von 2,93, bei den weiblichen von 2,15. Hatte John den teuren Abend bezahlt, so befanden die männlichen Probanden ganz klar, dass Kate ihm schuldete, mit ihm zu schlafen. Und sowohl die Männer als auch die Frauen der Studie waren mehr oder weniger der Ansicht, dass John dies durchaus hätte erwarten können.

Erregte Entscheidungen

Die meisten Entscheidungsexperimente finden im Labor statt. Doch würden die Teilnehmer die gleichen Entscheidungen auch in einer anderen Umgebung treffen? Im Zustand der sexuellen Erregung etwa, in der sprichwörtlichen Hitze des Augenblicks? Die Ökonomen Dan Ariely und George Loewenstein sind, soweit ich weiß, die einzigen Wissenschaftler auf meinem Fachgebiet, die Teilnehmer (allesamt männlich) baten zu masturbieren und währenddessen ihre Entscheidungen kundzutun. So merkwürdig es klingen mag, aber sie stellten fest, dass die Studenten in einem sexuell erregten Zustand ganz andere Entscheidungen trafen als sonst.

Die Teilnehmer wurden zum Beispiel gefragt, ob sie eine Frau beim ersten Date zu einem teuren Abendessen ausführen würden, um sie zu animieren, mit ihnen zu schlafen. Knapp mehr als 50 Prozent der nicht masturbierenden (und vermutlich auch nicht erregten) Teilnehmer gab an, dafür auch tiefer in die Tasche greifen zu wollen, gegenüber 70 Prozent der masturbierenden. Auf die Frage, ob sie der Frau ihre Liebe gestehen würden, um sie zu animieren, mit ihnen zu schlafen, antworteten 30 Prozent der nicht erregten Männer mit Ja gegenüber 50 Prozent der erregten Männer. 63 Prozent der masturbierenden Teilnehmer würden die Frau ermuntern, ein bisschen mehr zu trinken, in der Hoffnung, eine höhere Chance auf Sex zu haben, gegenüber 46 Prozent der nicht erregten Teilnehmer. 26 Prozent der erregten Teilnehmer gaben an, sie würden der Frau auch eine Droge unterschieben, um sie gefügig zu machen, und 45 Prozent von ihnen gaben an, sie würden auf Sex bestehen, auch wenn die Frau abgelehnt hat. Schließlich, und das ist nicht überraschend, tendierten die masturbierenden Teilnehmer deutlich weniger zum geschützten Geschlechtsverkehr (um Schwangerschaften oder sexuell übertragbaren Krankheiten vorzubeugen) als die nicht erregten Teilnehmer.

Die Tatsache, dass Menschen andere Entscheidungen treffen, wenn sie sexuell erregt sind, erklärt, warum Studenten (so wie jeder andere auch) in solchen Situationen Entscheidungen treffen, die sie in einem nicht erregten Zustand für schlecht befinden würden. Die Ökonomie stützt sich auf rationale Entscheidungen einzelner Akteure, die die Kosten gegen den Nutzen abwägen. Im Eifer des Gefechts jedoch werden die Kosten diskontiert (da sie in der Zukunft liegen) und der Nutzen vermehrt (weil er unmittelbar in der Gegenwart liegt).

Die Vernunft schließt, wie bereits erwähnt, die Möglichkeit späterer Reue nicht zwangsläufig aus.

Die ökonomische Bedeutung dieser Studie wird besonders interessant, wenn wir uns ansehen, wie die Ergebnisse je nach Kosten variieren, insbesondere dann, wenn von einem billigen Abend ausgegangen wird, an dem John und Kate sich die Rechnung teilen. Die durchschnittliche Antwort auf die Frage, ob Kate damit rechnen müsse, mit John zu schlafen, wenn sie sich die Rechnung für den billigen Abend teilen, lag bei den männlichen Probanden bei einem Wert von 2,27 (und damit unter 3,21 für den teuren Abend), bei den weiblichen Probanden bei 1,37 (und damit unter 1,85 für den teuren Abend).

Bei der Frage, ob John zu Recht davon ausgeht, dass Kate

mit ihm schlafen müsse, wenn es ein billiger Abend ist und sie sich den Preis teilen, fiel der Wert bei den männlichen Probanden auf 2,20 (von 2,93), bei den weiblichen auf 1,53 (von 2,15).

Die Ergebnisse zeigen: Obwohl die weiblichen Studenten im Durchschnitt nicht der Ansicht sind, dass Kate verpflichtet ist, mit John zu schlafen, oder dass er es zu Recht erwarten könne, so sind sie offenbar dennoch der Ansicht, dass Kates Verpflichtung und Johns Erwartung in einem direkten Zusammenhang stehen mit dem Preis, den John für den gemeinsamen Abend bezahlt hat. Die männlichen und weiblichen Studentteilnehmer sind sich also nicht so sehr uneins über die Frage, ob der Mann einen Anspruch auf Sex hat, wenn er den Abend bezahlt; ihre Meinung geht nur dahingehend auseinander, wie viel der Mann bezahlt, bevor er einen Anspruch hat.

Und das führt uns zurück zu unserer Ausgangsfrage.

Zu behaupten, die Universitäten seien ein Käufermarkt für männliche Studenten, impliziert, dass auf dem studentischen Markt für Sex das Angebot die Nachfrage übersteigt. Wenn das stimmt, müsste der Preis für Sex fallen. Wie ich bereits sagte, der Begriff »Preis« ist hier nicht monetär zu verstehen, denn die Männer müssen die Frauen nicht für ihre Dienste bezahlen; der »Preis« bedeutet hier lediglich, dass die Männer nicht in eine Beziehung investieren müssen, um Sex haben zu können. Wie ich ebenfalls bereits sagte, haben weibliche Studenten an Universitäten mit Männerüberschuss öfter traditionelle Verabredungen als an Universitäten mit Frauenüberschuss. Ist die Verabredung für einen Mann teuer, bezogen auf seine Zeit oder auf sein Geld, so ist es kein Wunder, dass es auf dem studentischen Käufermarkt weniger traditionelle Verabredungen gibt. Es kann aber durchaus sein, dass sowohl Männer als auch Frauen auf diesem Markt ihre Erwartungen nach unten korrigieren, wenn es darum geht, wie viel ein Mann bezahlen muss, damit eine Frau sich genötigt fühlt, mit ihm zu schlafen.

Es kann ebenfalls durchaus sein, dass eine Preiserhöhung für Alkoholika in Bars tatsächlich zu einer Erhöhung der Promiskuität führt, insofern, da Frauen sich stärker verpflichtet fühlen, mit einem Mann zu schlafen, der ihnen Drinks ausgibt, die auch noch teuer waren.

Wie ich eingangs erzählt habe, sind meine Studenten gar nicht so leicht davon zu überzeugen, dass sie im Schnitt weniger häufig Sex haben als nicht studierende Menschen im gleichen Alter. Eine Tatsache, die auch Ihnen, werte Leser, recht unwahrscheinlich vorkommen mag, zumal die Promiskuität an Hochschulen und Universitäten bekanntermaßen sehr hoch ist. Überraschenderweise aber stimmt es.

Die Erklärung dafür ist simpel: Menschen, die zu One-Night-Stands tendieren, haben im Schnitt weniger häufig Sex als die, die in einer festen Beziehung leben. Nach der Studie von DeSimone (siehe weiter oben) haben Studenten, die in den drei Monaten vor Beginn der Befragung mehr als einen Sexualpartner hatten, im Schnitt weniger häufig Sex als die, die nur einen Sexualpartner hatten. Und die, die angaben, im Monat zuvor mehr als zwanzig Mal Sex gehabt zu haben, hatten tendenziell nur einen Sexualpartner gegenüber denen, die mit mehreren Sexualpartnern verkehrten und weniger häufig Sex hatten).

Wenn es an den Universitäten zahlenmäßig mehr Frauen als Männer gibt und der studentische Sexmarkt praktisch geschlossen ist (Studenten schlafen nur mit Studenten, und Nichtstudenten nur mit Nichtstudenten), dann müsste es in der nicht studentischen Bevölkerungsgruppe im Alter zwischen neunzehn und fünfundzwanzig Jahren mehr Männer als Frauen geben. Wie wir bereits gesehen haben, kommt es zu mehr traditionellen Verabredungen, wenn Männer die Frauen zahlenmäßig überwiegen, was wiederum erklären würde, warum Nichtstudenten häufiger Sex haben als ihre gleichaltrigen Zeitgenossen, die auf dem Hochschulmarkt operieren – weil sie tendenziell häufiger in einer festen Beziehung sind.

Zu guter Letzt

Arme Sarah! Schade, dass sie diese Ergebnisse vor ihrem verkorksten ersten Semester nicht kannte. Vielleicht hätte sie dann verstanden, dass sie Marktkräften unterlag, die sich ihrer Kontrolle entzogen, während sie sich spontan zu einem sexuellen Abenteuer entschied. Die Ergebnisse jedenfalls liefern brauchbare Informationen für alle Studenten, Eltern, Universitäten und staatliche Behörden, um im Umgang mit dem Risikofaktor Promiskuität an Hochschulen richtige Entscheidungen treffen zu können.

Wenn Eltern zum Beispiel Sorge haben, dass ihrem studierenden Kind durch die Promiskuität auf lange Sicht hohe Kosten entstehen, so sind sie gut beraten, nach Hochschulen mit einem höheren Anteil männlicher Studenten zu suchen. Dieses Argument mag allen Eltern, deren Töchter bereits an einer Hochschule sind, unlogisch erscheinen. Doch im ökonomischen Kontext gesehen ist es durchaus sinnvoll, die Tochter nicht auf einen Markt zu schicken, auf dem sie mit vielen anderen Frauen um Verabredungen konkurrieren muss.

Gleichwohl könnten Hochschulen erwägen, ob sie weibliche Studienbewerber bei der Studienplatzvergabe nicht bevorzugen sollten, um den hohen Kosten vorzubeugen, die ihnen durch die studentische Promiskuität möglicherweise entstehen (etwa durch eine zu hohe Fluktuationsrate). Wenn sie damit das geschlechterbezogene Ungleichgewicht aufheben, dann dürfte sich der »Preis« auf dem studentischen Sexmarkt verteuern – gemessen an den (Investitions-)Kosten, die notwendig sind, um feste sexuelle Beziehungen herzustellen –, da fortan mehr potenzielle männliche Partner zur Verfügung stehen. Und mit einer Verteuerung der Promiskuität dürfte sich die Zahl der beiläufig sexuellen Beziehungen unter Studenten insgesamt verringern.

Der ökonomische Ansatz liefert also unlogische Ratschläge: Um die Zahl der beiläufig sexuellen Beziehungen unter Studenten zu verringern und die der traditionellen Verabredungen zu erhöhen, schlägt er den Hochschulen vor, Studienplätze vermehrt an Studenten zu vergeben, die generell eine natürliche Tendenz zur Promiskuität haben – sprich an Männer.

Wie nützlich diese Informationen sein können, zeigt ein letztes Beispiel. Es basiert auf der Erkenntnis, dass der studentische Sexmarkt kein völlig freier Markt ist in dem Sinne, dass er den äußeren Einflüssen der Regierungspolitik unterliegen würde. Regierungen haben die Macht, den studentischen Sexmarkt zu beeinflussen durch Gesetze, die den Vertrieb und die Besteuerung von Alkohol kontrollieren. Aber halt, höre ich Sie sagen, Regierungen haben doch nichts in den Schlafzimmern der Nation zu suchen! Gewiss, aber wenn bestimmte alkoholpolitische

Regelungen (wie etwa ein gesetzliches Mindestalter von einundzwanzig) zu einem exzessiven Alkoholkonsum und in der Folge zu höheren Raten der Promiskuität an den Hochschulen führen, dann hat eine Änderung dieser Regelungen nichts zu tun mit einer Einmischung in das Sexualleben im marktwirtschaftlichen Sinne. Im Gegenteil: Sie hebt die bestehenden Marktverzerrungen nur auf, die das Gleichgewicht, wie es auf einem freien Markt gegeben wäre, ohnehin bereits verschoben haben.

Noch einmal: Die Anwendung statistischer Methoden, wie unter Ökonomen üblich, führt zu unlogischen Ratschlägen: Alkoholverbote, die den exzessiven Alkoholkonsum fördern, sollten aufgehoben werden, wenn die Politik der Ansicht ist, dass die Promiskuität den Studenten und der Gesellschaft zu hohe Kosten verursacht.

Und irgendwann beschließen auch die Studenten einmal, dass es an der Zeit ist, nach einer längerfristigen Beziehung zu suchen (und damit nach der Möglichkeit, häufiger Sex zu haben). Mittlerweile nutzen viele Menschen das Internet für die Partnersuche. Danke dafür, denn die Dating-Portale sind für uns Ökonomen eine wahre Fundgrube an Daten, die uns die menschlichen Herzenswünsche zu entwirren helfen. Etwas voyeuristisch, zugegeben. Aber vielleicht erkennen Sie sich ja im nächsten Kapitel, in dem wir einen ökonomischen Blick auf die Liebe in Zeiten des Cyberspace werfen, ein kleines bisschen selbst wieder.

3

Liebe in Zeiten des Cyberspace

Vom Unterschied zwischen
Online-Dating und Zuckerkonfekt

Ihnen zu erzählen, dass ich schon seit ewigen Zeiten Single bin, so lange, dass es langsam peinlich würde, wäre eine glatte Lüge – es hat nämlich *längst* begonnen, peinlich zu werden und ist mittlerweile geradezu fatal. Aber so etwas will man bei einem ersten Date natürlich tunlichst verheimlichen – genau wie eine Essstörung oder die Tatsache, dass man früher einmal jede Menge Dope geraucht hat. Doch genau wie bei einem Vorstellungsgespräch für einen Job möchte der potenzielle Partner natürlich wissen, welche Erfahrung man für den »Posten« mitbringt. Und während nur wenige Menschen nach einem neuen Partner suchen, der in den vergangenen sechs Monaten einen Liebhaber nach dem anderen verschlissen hat, so müssen Sie zugeben, dass eine (sehr) lange Zeit ohne eine einzige Verabredung jeden wie ein (altes) Auto wirken lässt, eine Schrottkarre, die das ganze Jahr über abgemeldet auf dem Autohof stehen blieb.

Ich persönlich jedenfalls fühle mich stets genötigt, mir eine gute Entschuldigung für mein ewiges Single-Dasein einfallen zu lassen. Wobei meine Freunde mir immer wieder sagen, dass es nicht gerade überzeugend klingt, sich mit der »Viel zu beschäftigt«-Masche herauszureden, und dass ich schon etwas Originelleres bringen muss, etwas Attraktiveres, das mir die potenziellen Käufer abnehmen, so etwas wie »Ich habe gerade angefangen, mein Single-Leben so richtig zu genießen!«.

Klar, ich könnte ihnen auch einfach die Wahrheit sagen – nämlich dass ich, als rational denkender, kopfgesteuerter Mensch, ein Problem damit habe, im Netz nach Liebe zu suchen. Und da sich genau dort so ziemlich alle in meiner Altersklasse tummeln, sieht es für mich natürlich nicht ganz so rosig aus.

Es ist nicht so, dass ich die Liebessuchenden, die online unterwegs sind, belächeln würde, keineswegs, zumal ich weiß, dass viele Menschen ihre Liebe online finden. Mein Problem dabei ist: Wenn sich ein rationaler Entscheidungsträger (wie ich einer bin) mit einer Vielzahl von Wahlmöglichkeiten konfrontiert sieht, möchte er die Sache gerne vereinfachen. Wie? Über ein Ausschlussverfahren.

Ich will Ihnen anhand einer Analogie veranschaulichen, warum ich mich persönlich so schwer damit tue.

Auf einer Dating-Website nach einem Partner zu suchen ist so, als würde man in einer Konditorei stehen und nach dem leckersten Zuckerkonfekt suchen. In beiden Fällen weiß ich vorher noch nicht genau, was ich eigentlich will, und so vereinfache ich mir die ganze Sache, indem ich ein paar Möglichkeiten für mich ausschließe. Wenn es eine große Auswahl an Leckereien (oder potenziellen Partnern) gibt, schließe ich nicht einfach einzelne Möglichkeiten aus, das wäre viel zu zeitraubend, sondern ich schließe größere Kategorien von Möglichkeiten aus. Der Unterschied zwischen diesen beiden Situationen liegt darin, dass die Kategorien, die ich in der Konditorei ausgeschlossen habe, nicht einfach verschwinden – sie bleiben da, direkt vor meiner Nase, und lachen mich noch immer an. Ich kann also nicht einfach auszublenden, wie lecker sie doch sind.

Ein Beispiel: Ich spaziere nicht einfach in die Konditorei und sage »Ich hätte gerne Schokoladen-Erdbeer-Makronen«. Nein, ich schaue mich erst einmal um und entscheide, dass ich eigentlich gar keine Makronen will, da ich die zu Hause ganz einfach selber machen kann. Und schon fallen die Makronen weg. Aber Schokoladenkaramell, ja, das ist lecker. Doch dann fällt mir ein, dass ich diese Woche schon genug Schokolade hatte. Und so scheidet das Schokoladenkaramell ebenfalls aus. Und so fahre ich fort, schließe eine Kategorie nach der anderen aus, bis ich am Ende bei, sagen wir mal, Liebesknochen und Obsttörtchen hängen bleibe.

Wenn ich aber just an diesem Tag keine Lust verspüre auf Liebesknochen und auch nicht auf Obsttörtchen, so gehe ich nicht einfach traurig und frustriert aus dem Laden, weil alle anderen offenbar immer leckere Zuckerschnittchen finden, nur ich nicht. Nein, ich schaue mich noch einmal um und entscheide mich schließlich doch für die Schokoladen-Erdbeer-Makronen, auch wenn ich die anfangs ausgeschlossen hatte, und ziehe, glücklich über meine Wahl, von dannen.

Die Entscheidungsfindung auf Dating-Websites läuft auf der gleichen Schiene ab. Doch ist das Problem mit der Entscheidung hier weitaus tückischer. Personen werden als mögliche Partner verworfen, ohne dass man sie je zu Gesicht bekommen hat – nicht weil sie sind, wer sie sind, sondern weil ihre Eigenschaften in eine Kategorie fallen, die man von vornherein ausgeschlossen hatte, um die Suche weniger zeitraubend zu gestalten.

Wenn die Auswahl des Zuckerkonfekts ebenso funktionieren würde wie die Dating-Plattform, hätte ich meine Suche mit der Eingabe meines Suchkriteriums (»Alles, was ich nicht selber zu Hause machen kann«) buchstäblich »verfeinert« und damit die »lecker süßen Schnittchen« von vornherein herausgefiltert, ohne mir die zur Auswahl stehenden Möglichkeiten überhaupt erst angesehen zu haben. Und ich hätte die Seite nach »Zuckerschnittchen, die ich lange nicht gekostet habe« durchsiebt. Am Ende scheinen Makronen und Schokoladenkaramell nicht verfügbar zu sein. Alles, was nach dem Suchdurchlauf bleibt, ist eine kleine Auswahl – Liebesknochen und Obsttörtchen –, die mich an diesem Tag nicht gerade reizt. Was tun? Ich verlasse die Seite mit einem Gefühl der Resignation wegen meines »unversüßten« Daseins und bin überzeugt, dass keine Konditorei der Welt die perfekte Zuckerschnitte für mich hat.

Wenn ich an die Männer in meinem Leben denke, die ich wirklich geliebt habe, und da gab es einige, dann glaube ich ganz ehrlich, dass keiner von ihnen meinen Suchfilter überstanden hätte. Sie waren entweder zu jung, zu ungebildet, hatten die falsche Konfession, waren nicht groß genug, waren arbeitslos oder lebten zu weit weg.

Und, gleichermaßen wichtig, ich wage zu bezweifeln, dass ich umgekehrt ihren Suchkriterien standgehalten hätte.

Wenn Sie es recht bedenken, so vermute ich mal, müssen auch Sie sich eingestehen, dass die Menschen in Ihrem Leben, mit denen Sie glücklich waren (oder aktuell sind), nicht in die

Suchlisten passen würden, nach denen auf den Dating-Websites gefiltert wird. Der Grund dafür liegt darin, dass die Online-Suchmaschinen uns auffordern, Eigenschaften anzugeben, die leicht messbar sind: Alter, Körpergröße, Bildung, Herkunft, Einkommen etc. Die Qualität einer Beziehung macht sich aber weniger an datenbezogenen Eigenschaften denn an individuellen, charakterbezogenen Eigenschaften fest. An Wesensmerkmalen. Und die lassen sich nicht so einfach quantitativ messen und filtern. Um auch die Wesensmerkmale zu berücksichtigen, verwenden heute immer mehr Dating-Plattformen sogenannte Matching-Algorithmen. Doch auch damit kann der Suchende nach wie vor potenzielle Treffer aussondern, die den quantitativen Kriterien nicht entsprechen.

Single, liberal, weiblich sucht …

Es gibt (abgesehen von ihrem religiösen Glauben) ein Merkmal, das verheiratete Partner am häufigsten gemeinsam haben, und das sind ihre politischen Ansichten. Doch wäre dieses Merkmal bei der Partnersuche so überaus wichtig, würden alle Singles nur in einschlägigen Partnerportalen unterwegs sein (das gilt zum Beispiel auch für das gleiche Bildungsniveau).

Die Politikwissenschaftler Casey Klofstad, Rose McDermott und Peter Hatemi schreiben in einem neueren Aufsatz, dass die meisten Online-Dater ihre politischen Ansichten nicht in ihr Profil stellen. Von den wenigen, die es dennoch tun, bezeichnet die große Mehrheit (über 67 Prozent) ihre politischen Ansichten als »gemäßigt«, »andersdenkend« oder »weiß nicht«.

Es lassen sich zwei Personengruppen ausmachen. Die Gruppe der Älteren: Ältere Suchende geben ihre politischen Ansichten häufiger an als jüngere. Die Gruppe der höher Gebildeten: Die Suchenden in dieser Gruppe geben ihre politischen Ansichten mit einer 15-prozentigen Wahrscheinlichkeit eher an als geringer gebildete Personen.

Auch das Einkommen spielt eine Rolle, aber nicht in dem Maße, wie man es vielleicht erwarten würde. Ein Single mit einem Jahreseinkommen zwischen 75 000 Dollar und 100 000 Dollar bezeichnet seine politischen Ansichten mit einer um 7 Prozentpunkte höheren Wahrscheinlichkeit als »gemäßigt« gegenüber einem Single, der jährlich zwischen 25 000 Dollar und 35 000 verdient.

Doch um zu bestimmen, wo die Präferenzen der Suchenden tatsächlich liegen, müssen die Forscher nicht nur die gewünschten Suchkriterien betrachten, sondern auch die Entscheidungen, die ein Suchender tatsächlich trifft, während er auf diesem Markt operiert.

In ihrer Studie zum Suchverhalten der Online-Dater stellen die Psychologen Andrew Fiore, Lindsay Shaw Taylor, Gerald Mendelsohn und Coye Cheshire fest, dass der potenzielle Partner nicht zwangsläufig der angegebenen Präferenz entsprechen muss, er also nicht zwangsläufig die gleiche Religion oder die gleiche politische Überzeugung haben muss.

So etwa geben fast 50 Prozent der älteren Frauen an, dass sie Wert auf dieselbe Religion legen, aber weniger als 30 Prozent von ihnen haben tatsächlich Männer kontaktiert, bei denen dieses Kriterium passt. Ausschließlich die angegebenen Präferenzen zu betrachten könnte zu dem Schluss führen, dass ältere Frauen nur in der Gruppe der Männer mit derselben Religion nach einem Partner suchen. Doch das ist nicht der Fall.

Tatsächlich zeigen Männer wie Frauen aller Altersgruppen eine Bereitschaft, auch außerhalb ihrer Religion zu suchen – auch wenn sie am Ende häufiger einen Partner heiraten, der ihren Glauben teilt.

Aus ökonomischer Sicht durchpflügen die Suchfilter den »starken« Partnermarkt und machen ihn dadurch zu einem »schwachen«. Die Tatsache, dass der Online-Dating-Markt ein starker Markt ist, impliziert zumindest in der Theorie, dass es (im Unterschied zu traditionellen Methoden des Kennenlernens) nicht nur einfacher ist, auf diesem Markt einen Partner zu finden, sondern auch, dass die dort gefundenen Beziehungen von höherer Qualität sind.

Wenn wir unsere Suche begrenzen, zum Beispiel, indem wir nur die Personen kontaktieren, die der gleichen Religion angehören wie wir, dann schaffen wir künstlich schwache Dating-Märkte (Märkte, auf denen es nur wenige Käufer und Verkäufer gibt), sodass es schwierig wird, sich auf einen für beide Parteien akzeptablen Handelspreis zu einigen. Schwache Märkte erholen sich nicht nur langsam (oder überhaupt nicht), die Beziehungen, die auf solchen Märkten zustande kommen, dürften auch von geringerer Qualität sein.

Ich persönlich würde meine Suchkriterien gerne begrenzen. Einmal auf: »Männer, die sich weich anfühlen und gut riechen, wenn ich mich morgens an sie kuschle.« Und einmal auf: »Männer, die nicht beleidigt sind, wenn ich mich über ihre unfreiwilligen Fettnäpfchen halb totlache.« Doch selbst wenn ich Letzteres in den Suchfilter eingeben könnte, würde am Ende, so fürchte ich, kein Einziger auf der Liste der potenziellen Kandidaten für mich übrig bleiben.

Und das erklärt so ziemlich, warum ich nach all den Jahren immer noch Single bin.

Online-Dating – Eine Reise zum eigenen Ich

Meine Bestürzung darüber einmal beiseitegelassen: Wir alle schränken unsere Suche ein, wenn wir uns mit einer Vielzahl von Wahlmöglichkeiten konfrontiert sehen, egal auf welchem Markt. Während dieses Verhalten uns die Suche nach einem perfekten Partner erschweren mag, hat es aus Sicht des Ökonomen auch etwas Schönes – die Partnersuche im Internet generiert außergewöhnliche Daten, die Aufschluss darüber geben, welche Präferenzen der Einzelne bei seiner Partnersuche hat.

Auf diese Weise können Ökonomen den aktiven Markt für Sex und Liebe beobachten und uns verständlich machen, wie Käufer und Verkäufer auf diesem Markt letztendlich in eine Handelsbeziehung treten (sprich, einen Partner finden).

Bevor die Online-Partnerbörsen ihre Daten auch der Wissenschaft verfügbar machten, waren verlässliche Informationen über die Entstehung von Beziehungen nur äußerst schwer zu beziehen. Wieso denn?, höre ich Sie fragen, man hätte doch einfach bestehende Beziehungen beobachten können. Gut und schön, aber die wären nicht halb so aufschlussreich gewesen, denn bereits »bestehende Paare« sind im Grunde genommen das Ergebnis eines Dating-Marktes, der längst geschlossen ist. Und das ist deshalb ein Problem, weil auf diesem bestimmten Markt das »Gleichgewicht« (will heißen, das Paar, das wir beobachten können) nicht nur eine Funktion der Präferenzen aller anderen Akteure auf dem Markt darstellt (nämlich derjenigen, die wir nicht ausgewählt haben), sondern auch der Präferenzen dieser beiden Menschen, die ein Paar gebildet haben.

Ich will Ihnen ein Beispiel geben, damit Sie verstehen, was es genau bedeutet, wenn von einem Markt »im Gleichgewicht« die Rede ist. Mal angenommen (rein hypothetisch), dass ich mir Daten ansehe, die ausschließlich auf verheiratete Paare zugreifen, und dabei feststelle, dass Frauen mit kleinem Busen häufiger Männer mit einer Glatze heiraten. Naiv gedacht könnte ich nun den vorschnellen Schluss ziehen, dass dies der Beweis dafür sei, dass glatzköpfige Männer eine Vorliebe für Frauen mit kleinem Busen haben. Aber das stimmt so natürlich nicht.

Es könnte nämlich auch bedeuten, dass vollbusige Frauen eine besondere Präferenz für Männer mit fülligem Haar haben, sodass für Frauen mit kleinem Busen nur noch glatzköpfige Männer übrig bleiben. Oder aber die Frauen scheren sich gar nicht darum, ob ein Mann Haare auf dem Kopf hat oder nicht. Und dann könnte man das Ganze einfach umdrehen und sagen, dass Männer ohne Glatze vollbusige Frauen bevorzugen, sodass für die glatzköpfigen Männer nur Frauen mit kleinen Brüsten übrig bleiben.

So oder so – zu wissen, dass Frauen mit kleinem Busen häufig glatzköpfige Männer heiraten, sagt rein gar nichts aus über die Präferenzen eines Einzelnen (in puncto Busengröße oder Haarfülle). Schlussendlich heiraten die Akteure auf diesem Markt der Heiratswilligen nämlich nicht zwangsläufig den Typ von Person, die eine anfängliche Präferenz ihnen vordiktiert – sie heiraten die Person, die sowohl verfügbar als auch willens ist, sich mit ihnen zu verheiraten.

Ich will damit nicht sagen, dass die Suchenden ihre/n Auserwählte/n nicht gegenüber allen anderen Männern/Frauen vorziehen. Ich sage lediglich, dass sie sie aus der Untermenge derer vorziehen, die willens sind, sich mit ihnen zu verheiraten. Und wer in dieser Untermenge als heiratswilliger Partner zur Verfügung steht, wird weitgehend bestimmt durch die Entscheidungen, die auch jeder andere Akteur auf diesem Markt trifft.

Der Partnermarkt – Ein ökonomischer Ansatz

Das oben beschriebene Experiment zeigt sehr schön, inwiefern das Online-Dating als Markt operiert. Einzelne Akteure wägen Eigenschaften ab, auf die sie bei einem Partner Wert legen, um in Bezug auf den eigenen Marktwert die bestmögliche Übereinstimmung zu finden.

Der Dating-Markt funktioniert wie jeder andere Markt, insofern, als dass er aus Käufern und Verkäufern besteht. Und wie jeder andere Markt ist er nur im Gleichgewicht, nachdem sich alle Preise angepasst haben, sodass sowohl Käufer als auch Verkäufer bereit sind zu handeln. Auf den meisten Dating-Märkten gibt es keinen expliziten Geldaustausch; aber Geld ist nicht der Preis, um den es hier geht. Die Preise auf diesem Markt werden bestimmt durch vertane alternative Möglichkeiten (die »Alternativkosten« oder »Opportunitätskosten«, wie wir Ökonomen sagen), die die Akteure in Kauf nehmen, wenn sie schließlich eine Person kennenlernen und entscheiden, mit dieser Person eine Beziehung eingehen zu wollen.

Betrachten wir folgendes Beispiel hierzu: Sie durchforsten eine Dating-Website und entdecken das Profil eines Mannes/einer Frau, der/die Ihnen vom körperlichen Erscheinungsbild äußerst attraktiv erscheint. Er/sie landet sofort unter den obersten 10 Prozent Ihrer Attraktivitätsliste. Nun, jemand der so attraktiv ist, wird auch sehr »teuer« sein, denn jeder auf dem Markt wird um seine/ihre Aufmerksamkeit konkurrieren. Und Konkurrenz belebt bekanntlich das Geschäft und treibt den Preis nach oben. Ob Sie persönlich am Ende das Rennen um diesen (unglaublich) heißen Feger machen, hängt von Ihrem eigenen Preis auf diesem Markt ab, denn jeder hier ist zugleich Käufer und Verkäufer.

Fest steht, der Markt bereinigt sich so lange, bis am Ende die »teuren« Menschen mit anderen »teuren« Menschen zusammenfinden, »mittelklassige« mit »mittelklassigen« und »preiswerte« mit »preiswerten«.

Kommt es zu einer Beziehung zwischen zwei Menschen, die sich ähnlich sind, so sprechen Ökonomen von einem »assortativen Paarungsverhalten«. Es ist hinreichend belegt, dass Individuen dazu neigen, sich einen Partner zu suchen, der ihnen in vielerlei Hinsicht besonders ähnlich ist, z. B. in Bezug auf Bildung, Einkommen oder auch körperliche Merkmale wie Größe, Gewicht und Schönheit – was besagt, dass die »assortative Paarung« weit verbreitet ist.

Schönheit liegt nicht wirklich
im Auge des Betrachters

Nur um Ihnen eine Vorstellung davon zu geben, wie konkurrenzstark der Online-Markt in Bezug auf die körperliche Attraktivität ist, will ich Ihnen eine Studie vorstellen. Sie wurde durchgeführt unter Verwendung von Daten einer Website, auf der die Nutzer die Attraktivität eines anderen bewerten können und diesem, falls sie ihn als potenziellen Partner auswählen, eine Nachricht senden können – in der Hoffnung auf eine angehende Beziehung.

Die einzelnen Nutzer der Seite »Hot or Not« (www.hotornot.com) erstellen ein persönliches Profil, laden dafür ein Foto von sich hoch und schreiben wahlweise ein paar Zeilen dazu. Besucher dieser Profilseiten können dann anhand der Fotos den Attraktivitätsgrad der Person auf einer Zehn-Punkte-Skala bewerten, wobei die Fotos in einer zufälligen Reihenfolge auf dem Bildschirm erscheinen. Stößt der Besucher auf eine Person, die er gerne kennenlernen möchte, kann er sich einloggen und durch einen Klick auf den Link »Meet Me« sein Interesse an der Person auf dem Foto bekunden.

Unter Verwendung der Daten, die innerhalb von nur zehn Tagen zusammenkamen, konnten die Autoren der Studie (Leonard Lee, George Loewenstein, Dan Ariely, James Hong und Jim Young) das Verhalten von 16 550 Mitgliedern (75,3 Prozent männlich, 24,7 Prozent weiblich) beobachten. Jeder Nutzer sah sich im Laufe dieser zehn Tage im Schnitt 144 Personen an, und jede dieser mehr als 20 Millionen Beobachtungen des Gesamtdatensatzes enthält die individuelle Entscheidung, den »Meet

Me«-Link anzuklicken. Die Forscher verfolgten die Entscheidungen, die die Nutzer trafen, stellten fest, welche Personen sie für ein näheres Kennenlernen auswählten, und hatten somit ein Maß für die Präferenz bei der Partnerwahl, das allein auf dem Kriterium der körperlichen Attraktivität basierte.

Heiße Feger heizen das Wirtschaftswachstum an

In den 1920er-Jahren behauptete George Taylor, Ökonom an der Wharton School der University of Pennsylvania, es bestehe eine starke Korrelation zwischen der wirtschaftlichen Gesamtsituation und der Rocklänge. Geht es der Wirtschaft gut, wird der Rock kürzer, und die Frauen zeigen ihre Seidenstrümpfe; geht es der Wirtschaft schlecht, wird der Rock länger, um zu verbergen, dass sie sich die Strümpfe nicht mehr leisten können. Anders ausgedrückt: Wenn die Wirtschaftsleistung steigt, steigt der Rocksaum, wenn die Wirtschaftsleistung fällt, fällt der Rocksaum.

Ob diese These langfristig haltbar ist, wurde wissenschaftlich bislang nicht belegt. Doch wie die Marketingstrategen Kim Jansens, Mario Pandelaere, Bram Van den Bergh, Kobe Millet, Inge Lens und Keith Roe unlängst mit einem Experiment belegen konnten, zeigen Single-Männer eine größere Präferenz für Statusgüter, wenn sie einer aufreizend gekleideten Frau ausgesetzt sind, als wenn sie sich einer eher konservativ gekleideten Frau gegenübersehen. Männer, die in einer festen Beziehung sind, zeigen keine solche Präferenz. Dieses Ergebnis erklärt sich damit, dass sich ein Single-Mann in Gegenwart einer attraktiven jungen Frau auf Produkte konzentriert, mit denen er bei der

Frau als potenzieller Partner punkten kann. Er nimmt (vielleicht unbewusst) an, dass die Produkte, die die Frau anziehen, die sind, die auf seinen Wohlstand deuten.

Diese Ergebnisse werfen eine interessante Frage auf: Hat die Tatsache, dass die Frauenmode mit der Zeit immer aufreizender geworden ist, auch die Präferenzen der Männer verändert, insofern sie sich nun auf Produkte richten, die sehr viel deutlicher Vermögen und Status demonstrieren?

Die Antwort auf diese Frage lautet wahrscheinlich Nein. Einer der wesentlichen Grundsätze der Ökonomie besagt, dass der Preis einer Ware abhängig ist von ihrer relativen Knappheit. Wenn aufreizend gekleidete Frauen knapp sind, dann ist der Preis dieser Damen hoch (der »Preis« versteht sich hier als die Summe, die ein Mann ausgeben muss, um einer relativ attraktiven Frau seinen Wohlstand zu demonstrieren). Doch ihr Preis würde schlagartig fallen, wenn die Damen in großer Zahl vorhanden wären, denn dann bräuchten die Männer nicht länger um ein relativ knappes Gut zu konkurrieren. Und genau aus diesem Grund könnte der Konsum von Statusgütern deutlich fallen, während gleichzeitig die Rocksaumlänge steigt.

Singles konkurrieren bei ihrer Online-Suche stark um Menschen, die als »sehr attraktiv« eingestuft werden. Das konnte diese Studie belegen. Nutzer mit der Höchstpunktzahl in puncto Attraktivität erhielten tendenziell weit mehr Kontaktanfragen als die weniger attraktiven. Stieg beispielsweise die Bewertung der Attraktivität um nur einen Punkt (sagen wir von einer fünf auf eine »heiße« sechs), lag die Wahrscheinlichkeit, dass jemand, der das

Foto dieser nun »attraktiver« gewordenen Person sah und sich mit ihr treffen wollte, um 130 Prozent höher. Obwohl männliche Nutzer offenbar »querbeet« vorgingen (ihre Wahrscheinlichkeit, dass sie den »Meet Me«-Link klickten, lag um 240 Prozent höher als bei den weiblichen Nutzern), wird es wohl kaum jemanden überraschen, dass insbesondere die Männer darauf aus waren, Frauen kennenzulernen, die weitaus attraktiver waren als sie selbst. Den Frauen wiederum schien weniger daran gelegen, Männer kennenzulernen, die attraktiver waren als sie selbst.

Einen potenziellen Partner aufzutun ist auf hotornot.com buchstäblich billig, denn man braucht lediglich einen kostenlosen Link anzuklicken. Unter anderen Umständen (wie im realen Leben!) wird eine Suche schnell sehr viel kostspieliger, denn das Ganze braucht Zeit und manchmal auch Geld. Und da die meisten Menschen Kosten scheuen, verbringen sie so wenig Zeit wie möglich mit der Partnersuche. Der schnellste Weg, einen Partner zu finden und damit weg vom Markt zu sein, ist der, den eigenen Marktwert genau einschätzen zu können – wir müssen uns selbst einen angemessenen »Preis« geben. Dafür ist es sinnvoll zu wissen, wie wir im Vergleich zu unseren Konkurrenten auf dem Markt dastehen.

Achtung: Schönheiten online!

Wir alle geben ein einseitiges Bild ab, wenn es um unsere Selbsteinschätzung geht. Natürlich sind wir lustiger, schlauer, netter, besser aussehend und auch besser im Bett als der Durchschnittsbürger. Wenn die Nutzer einer Dating-Website zum

Beispiel aufgefordert sind, ihr eigenes Aussehen zu bewerten, geben weniger als ein Prozent an, »unterdurchschnittlich« attraktiv zu sein. Dieses Ergebnis wäre nicht ganz so überraschend, wenn die meisten anderen Personen das eigene Aussehen als »durchschnittlich« bezeichnen würden. Es ist jedoch so, dass nur 29 Prozent der Männer und 26 Prozent der Frauen angeben, »wie der Normalo auf der Straße« auszusehen. Die verbleibenden 68 Prozent der Männer und 72 Prozent der Frauen bewerten die eigene Attraktivität als überdurchschnittlich.

Doch die »Hot or Not«-Studie förderte noch weitere Ergebnisse zutage, die belegen, wie unfähig wir sind, den eigenen Wert auf dem Markt genau zu bemessen. Die »heißesten« Menschen auf dieser Seite waren sehr anspruchsvoll und überlegten sich genau, wen sie kontaktierten. Wer als weniger attraktiv eingestuft wurde, war hingegen sehr viel kontaktfreudiger und nahm mit vergleichsweise vielen Menschen Kontakt auf – darunter auch mit solchen, die als viel attraktiver bewertet wurden als die Person selbst.

Insgesamt ergab sich folgendes Bild: Umso weniger attraktiv ein Nutzer (den Nutzerbewertungen zufolge) bewertet wurde, umso mehr kontaktierte er andere Nutzer und umso mehr war er geneigt, mit anderen Frauen/Männern, die als attraktiver bewertet wurden als er selbst, Kontakt aufzunehmen – und zwar ungeachtet der geringen Wahrscheinlichkeit, dass seine Kontaktanfragen beantwortet würden.

Ein schöner Wunsch, den die einsamen Herzen da zu hegen scheinen. Doch die weniger attraktiven Menschen suchten nicht nur nach attraktiveren Partnern, sondern ignorierten gleichzeitig auch Nutzer, die als ähnlich attraktiv bewertet wurden. Sie kontaktierten Nutzer, die umgekehrt selbst nie in Kontakt mit ihnen getreten wären, und ignorierten gleichzeitig jene Nutzer, die für eine Einladung zum Kennenlernen offen gewesen wären.

Sie müssen nun jedoch nicht davon ausgehen, dass jeder, der ein Interesse an Ihrer Person bekundet, mit großer Wahrscheinlichkeit nicht in Ihrer Liga spielt. Ich möchte darauf hinweisen, dass diese Ergebnisse lediglich im statistischen Sinne gelten: Sie bilden lediglich den Durchschnitt ab. Wobei mir hierzu spontan der berühmte Ausspruch von Groucho Marx einfällt: »Bitte akzeptieren Sie meinen Rücktritt. Ich will nicht zu jedem Verein, der mich als Mitglied akzeptiert, gehören.«

Geld kann Liebe kaufen

Wie viel Wert legen die Menschen beim Online-Dating nun tatsächlich auf die körperliche Attraktivität? Kommen wir noch einmal zurück auf die Messungen von Ariely, Hitsch und Hortaçsu, die wir im Zusammenhang mit der ethnischen Herkunft diskutiert haben. Wir betrachten eine hypothetische Frau, die zwischen zwei Männern wählen kann: Der eine ist sehr attraktiv, der andere kaum. Ersterer gehört zu den obersten 10 Prozent der Männer mit der höchsten Attraktivitätsnote (das heißt die meisten Nutzer haben sein Aussehen mit mindestens 9 von 10 Punkten bewertet) und verdient 62 500 Dollar jährlich. Der zweite gehört in puncto Aussehen zu den unteren 10 Prozent (das heißt die meisten Nutzer haben sein Aussehen mit 1 von 10 Punkten bewertet) und verdient jährlich die Summe X. Wie hoch müsste Summe X sein, damit eine Frau einen Mann der

»unattraktiven« unteren 10 Prozent gegenüber einem Mann aus den »attraktiven« oberen 10 Prozent vorzieht?

Die Antwort lautet: Der unattraktive Mann müsste über 186 000 Dollar mehr verdienen als sein echt heißer Konkurrent, damit die Frau ihm den Vorzug gibt. Und dies legt den Schluss nahe, dass das Aussehen im Vergleich zum Einkommen für Frauen von sehr hohem Stellenwert ist.

Wie hoch müsste die Summe sein, um bei einem Mann das Interesse an einer Frau in den unteren Attraktivitätsrängen zu wecken? Nun, diese Summe existiert nicht. Entweder die Männer legen extrem viel Wert auf das Aussehen oder extrem wenig Wert auf das Einkommen – jedenfalls kann eine Frau ihre mangelnde Attraktivität unmöglich durch ein hohes Einkommen wettmachen, um von einem Mann ausgewählt zu werden.

Die Sprache der Rosen

Ökonomen interessieren sich für Signalübertragungen, das heißt, sie beobachten, wie wirksam und glaubwürdig Informationen von einer Person an eine andere übermittelt werden, um eine Handelsbeziehung zustande kommen zu lassen. Ist ein Signal mit Kosten für den Absender verbunden, so übermittelt dies dem Empfänger, dass es dem Absender mit seinen Absichten ernst ist. Beispiel: Erhält ein Single auf einer Dating-Website ein Kontaktangebot von jemandem »außerhalb seiner Liga«, wird er als Empfänger wohl nicht darauf antworten. Zeitverschwendung, wird er sich denken. Um eine Antwort zu bekommen, muss der Absender also ein Gefühl für seine Marktposition entwickeln und ein Signal aussenden, das seine ernsten Absichten eindeutig erkennen lässt.

In einem Online-Dating-Experiment fanden die koreanischen Ökonomen Soohyung Lee, Muriel Niederle, Hye-Rim Kim und Woo-Keum Kim heraus, dass schon ein kleines, beinahe kostenloses Signal (das Versenden einer virtuellen Rose) große Wirkung zeigte.

Das Experiment war als Online-Party angelegt. Single-Männer und Single-Frauen konnten wählen, wem von maximal zehn Personen sie eine standardisierte Mail mit einem Terminvorschlag für ein erstes Date senden wollen. Danach hatten die Teilnehmer vier Tage Zeit, um ihre Angebote jeweils anzunehmen oder abzulehnen. Alle Teilnehmer hatten zuvor die Möglichkeit, eine Rose an jeweils zwei dieser Personen zu vergeben, um die Ernsthaftigkeit ihrer Absicht zu signalisieren.

Die Rosen waren insofern teuer, als dass nur zwei zu vergeben waren und somit nicht jeder Nachricht eine Rose beigefügt werden konnte. Die Teilnehmer mussten sich also gut überlegen, wem sie eine Rose überreichten. Die Wahl fiel natürlich auf die Personen, an denen sie am meisten interessiert waren.

Die Rose erhöhte die Chancen auf eine positive Antwort deutlich. Angebote, denen eine Rose beigefügt war, wurden um 20 Prozent häufiger angenommen. Diese Strategie funktionierte am besten, wenn der Absender des Angebots als begehrenswerter galt als der Empfänger. Wurde der Absender eines Angebotes insgesamt besser bewertet als der Empfänger, erhöhte sich die Wahrscheinlichkeit auf eine positive Antwort um 50 Prozent, wenn eine Rose beigefügt war.

Nicht alle Vermittlungsdienste (und kostenlose Single-Börsen am allerwenigsten) bieten ihren Nutzern den Versand eindeutiger Signale wie den einer Rose. Die Absender müssen sich also selbst etwas einfallen lassen, um ihre Absichten deutlich zu signalisieren – eine persönliche Botschaft etwa, die klar zeigt, dass der Absender sich Zeit genommen hat, das Profil seines Empfängers zu lesen.

Und wer weiß: Vielleicht sind gerade die, von denen man meinen könnte, sie bräuchten kein Signal, um sie zu einer Antwort zu ermutigen, gerade die, die darauf anspringen würden.

Ich sagte bereits, dass attraktive Menschen auf dem Markt *teuer* sind. Und teuer ist in Bezug auf das Einkommen eines künftigen Partners gesehen die Größe, die uns ganz *genau* sagt, auf wie viel Geld eine Frau verzichten würde, um einen sehr attraktiven Mann zu bekommen. Aber es gibt noch andere Erwägungen bei der Partnersuche, die schwieriger zu bemessen sind als die monetären Werte. Zum Beispiel lassen manche die Chance auf einen attraktiven Partner sausen, da ihnen ein Partner mit derselben Konfession wichtiger ist. Andere wählen einen Partner mit einem ähnlichen Bildungsniveau und verzichten deshalb auf einen Partner, der die ideale Körpergröße hätte. Auffällig ist auch, dass Männer jüngere Frauen bevorzugen. Einige verzichten aber auf die Chance, eine jüngere Frau zu finden, und wählen eine ältere, die ihnen finanzielle Sicherheit bieten kann (mehr dazu in Kapitel 9, S. 340).

Andere Studien wie die von Abhijit Banerjee, Esther Duflo, Maitreesh Ghatak und Jeanne Lafortune zeigen, dass in Indien die Präferenz, innerhalb der eigenen Kaste zu heiraten, so stark ausgeprägt ist, dass Männer wie Frauen bereit sind, auch jemanden mit geringerer Bildung zu ehelichen, nur um innerhalb der eigenen Kaste zu heiraten.

Letztendlich kommt es vor allem darauf an, welche Abstriche man auf der persönlichen Präferenzliste zu machen bereit ist, und insbesondere darauf, welchen Wert man einer Eigenschaft relativ zu einer anderen beimisst. Wie viele dieser Eigenschaften auf der persönlichen Präferenzliste man am Ende über Bord werfen muss, hängt vom eigenen Marktwert ab. Und der eigene Marktwert wiederum hängt davon ab, wie die marktfähigen Eigenschaften unter all den anderen verteilt sind, mit denen man in Konkurrenz tritt.

»Was Festes will ich auf gar keinen Fall – du hoffentlich auch nicht?«

Machen Sie folgende Übung: Wie bewerten Sie Ihre eigene körperliche Attraktivität auf einer Skala von eins bis zehn unter Berücksichtigung von Geschlecht und Alter? Seien Sie ganz ehrlich. Haben Sie zum Beispiel das Gefühl, besser auszusehen als 70 Prozent Ihrer Altersgenossen/innen, aber nicht ganz so toll wie die in der oberen 30-Prozent-Liga? Dann sollten Sie sich eine sieben geben. Durch eine ehrliche Selbsteinschätzung können Sie das eigene Marktpotenzial und die eigene Marktposition erkennen.

Anschließend rufen Sie eine Dating-Website auf und suchen nach Personen, die das gleiche Geschlecht und das gleiche Alter haben wie Sie (wahrscheinlich müssen Sie dafür ein gefälschtes

Profil erstellen). Entscheiden Sie frei, wie groß Sie die Markt-
auswahl machen wollen, und sehen Sie sich dann die Fotos der
Personen an, die für sich selbst Werbung machen. Ich vermute einmal Folgendes: Wenn Sie zehn beliebige Fotos auswählen und die Personen jeweils nach ihrer Attraktivität bewerten,
werden Sie feststellen, dass Sie den eigenen Attraktivitätswert
viel zu hoch angesetzt haben. Das heißt, dass die Personen auf
den Fotos, die Sie nach Ihrem subjektiven Maßstab eingestuft
haben, objektiv besser aussehen als Sie.

Der Grund für diese Diskrepanz liegt nicht zwangsläufig darin, dass Sie sich in puncto Aussehen anfänglich überbewertet
haben (und wenn schon, darum geht es hier gar nicht), oder dass
nur die wirklich gut aussehenden Menschen auf Dating-Website unterwegs sind. Nein, der Grund ist schlicht und einfach
der, dass jeder mindestens ein richtig gutes Foto von sich auf-
treiben kann. Stellt jeder nur sein bestes Foto auf seine Profil-
seite, kommt dies einem Fotowettbewerb gleich und überhöht
das Durchschnittsmaß der Attraktivität auf dem Dating-Markt.

Kommt es dann zu einem ersten persönlichen Kontakt oder
schickt diese Person weitere Fotos, fällt die Bewertung meist
negativer aus (eben weil die durchschnittliche Attraktivität auf
dem Dating-Markt viel zu hoch eingeschätzt wird).

Dieses Phänomen nennen Sozialpsychologen »Kontrastef-
fekt«. Kontrasteffekte entstehen durch Vergleichsprozesse bei
der Urteilsbildung. Ein Bild wird negativer bewertet, wenn ihm
ein positiver bewertetes Bild vorausgeht, da die beiden Bilder unmittelbar kontrastiert werden. Feldforschungen haben gezeigt,
dass Männer, die Bildern von sehr attraktiven Frauen ausgesetzt
waren, jede durchschnittlich attraktive Frau danach als weniger

attraktiv bewerteten. Hätten die Männer eine andere Bilderreihe (etwa von Landschaften) gesehen oder wäre die negativ beurteilte Durchschnittsfrau den Bildern der attraktiven Frauen vorausgegangen, wäre die Beurteilung positiver ausgefallen.

Anders ausgedrückt: Fotos auf Dating-Websites führen eine Teuerung der Schönheit herbei, eine Aufblähung oder Überhöhung; sie führen zu einer gesteigerten Wahrnehmung des eigenen Marktwerts, indem sie die Wahrnehmung von Schönheit und Attraktivität insgesamt verzerren. Doch nicht nur die körperliche Attraktivität wird überhöht, sondern auch andere Eigenschaften, die man in seinem Online-Persönlichkeitsprofil gerne herausstellt.

Und so entsteht der Eindruck, dass es auf dem Online-Dating-Markt nur so wimmelt von attraktiven, gebildeten, einkommensstarken Personen, die nur darauf warten, mit einem potenziellen Partner zweisame Stunden beim Picknick im Park oder einem langen Strandspaziergang zu genießen. Super, denken nun wahrscheinlich all die, die gerade erst angefangen haben mit der Partnersuche im Netz. Doch die wahrgenommene Überdurchschnittlichkeit animiert den Suchenden dazu, sein eigenes Marktpotenzial ebenfalls höher zu bewerten, was den Markt langfristig daran hindert, sich rasch zu bereinigen.

Insofern sind die meisten von uns (einschließlich der Männer) Aktivposten, die an Wert verlieren, das heißt, unser Wert auf dem Dating-Markt fällt mit zunehmendem Alter, und je genauer wir unsere Marktposition von Anfang an bestimmen, desto mehr haben wir langfristig davon. Vor allem dann, wenn wir vorhaben, den Markt zu verlassen, bevor unser Wert zu sinken beginnt.

Der ökonomische Ansatz legt nahe, dass Dating-Märkte, auf

denen Akteure mit angemessenen (und ehrlichen) Einschätzungen ihres eigenen Wertes zugange sind, sich sehr wahrscheinlich rascher bereinigen würden, da mehr Menschen in wesentlich kürzerer Zeit einen Partner fänden.

Kann man zu reich oder zu dünn sein?

So sehr sich die ökonomische Fachwelt bemüht, das menschliche Verhalten möglichst einfach zu beschreiben: Menschen sind nun einmal hochkomplexe Wesen. Es geht bei der Partnersuche aber nicht nur darum, irgendwelche Eigenschaften auf einer persönlichen Präferenzliste abzuhaken, sondern vielmehr um charakterbezogene Eigenschaften, um Wesensmerkmale (ich sagte es bereits). Doch selbst wenn wir nichts weiter tun, als Häkchen zu setzen, so ist es am Ende manchmal die Kombination aus Eigenschaften, die einen Partner attraktiv machen, nicht nur die einzelnen Eigenschaften an sich.

Wie bereits gesagt, Frauen legen großen Wert auf die körperliche Attraktivität eines Mannes. Sie legen aber auch Wert auf die finanziellen Mittel, die ein Mann in die Beziehung mitbringt. Die Psychologen Simon Chu, Danielle Farr, Luna Muñoz und John Lycett sagen Folgendes: Wenn Frauen die Wahl zwischen zwei Männern haben, entscheiden sie sich lieber für den attraktiven Mann als für den unattraktiven, und lieber für den reichen Mann als für den armen, aber: Sie ziehen den attraktiven »ärmeren« Mann dem attraktiven »reicheren« Mann vor.

Dieser scheinbar widersprüchliche Befund hat vermutlich damit zu tun, dass Frauen einen treuen Partner wollen: Wenn eine

Frau einen attraktiven Mann haben kann, dann möchte sie auch einen, den sie nicht mit anderen Frauen teilen muss – was eher zu erwarten stünde, wenn der Mann nicht nur attraktiv ist, sondern auch noch eine Menge Kohle hat. Den Beweis liefern die Zahlen. Die Forscher haben für zwanzig fiktive Männer Dating-Profile erstellt.

Die Männer unterschieden sich in puncto körperlicher Attraktivität (die unabhängig auf einer Skala von eins bis zehn bewertet wurde) und in puncto Einkommensklasse: hoch (Doktoren, Architekten), mittel (Lehrer, Sozialarbeiter), niedrig (Postbote, Call-Center-Mitarbeiter). Die Frauen lasen sich die Dating-Profile durch und wurden anschließend gefragt, welchen Mann sie für eine langfristige Beziehung bevorzugen würden.

Die Ergebnisse zeigen, dass Frauen einen Mann mit mittlerem Einkommen dem mit einem hohen Einkommen vorziehen, wenn er körperlich attraktiv ist (einen Wert zwischen sieben und zehn auf der Attraktivitätsskala erreicht). Ist er weniger attraktiv (ein Wert zwischen vier und sechs), ziehen sie einen Mann mit hohem Einkommen dem mit einem mittleren Einkommen vor. Die Ergebnisse der Frauen, die weniger vertrauensvoll waren oder die für sich selbst kaum Erfolgschancen auf dem Partnermarkt sahen, hoben sich davon extrem ab.

Fazit dieser Studie: Eine Frau, die fürchtet, dass ihr Partner nicht treu sein könnte, meidet Männer, von denen sie glaubt, dass sie auch das Interesse vieler anderer Frauen wecken. Die Kosten, die eine Beziehung mit einem heiß begehrten Mann mit sich brächte, will sie sich erst gar nicht aufladen (denn auf den Mann aufpassen zu müssen, weil ihm die halbe Damenwelt hinterherläuft, kann anstrengend sein).

Virtuelle Treffpunkte

Bislang habe ich meine Ausführungen auf die Partnersuche im Internet beschränkt. Doch auch Social Networks, also Websites zur sozialen Vernetzung, werden immer häufiger zur Partnersuche genutzt und laufen den traditionellen Online-Single-Börsen den Rang ab.

Eine Studie des Oxford Internet Institute, durchgeführt von Bernie Hogan, Nai Li und William Dutton, ergab Folgendes: 30 Prozent der zusammenlebenden Paare, die sich seit 1997 über das Internet kennenlernten, fanden über soziale Netzwerke zusammen; 28 Prozent über die Dating-Websites der Single-Börsen. Wenn man bedenkt, dass sich das soziale Netzwerken im Internet erst mit Beginn des neuen Jahrtausends verbreitete, zeigt diese Zahl sehr deutlich, wie massiv die Partnersuche über die sozialen Netzwerke gerade an den Single-Börsen vorbeiläuft.

Der Wert der sozialen Netzwerke liegt darin, dass sie im Unterschied zu klassischen Dating-Websites mehr auf die Wesensmerkmale und das Verhalten abheben. Natürlich erhält man nach wie vor auch Informationen über messbare Eigenschaften (wie Alter oder Bildungsniveau), zusätzlich dazu aber erfährt man hier etwas, das noch weitaus wichtiger ist, nämlich, wie der potenzielle Partner mit anderen Personen auf dieser Website interagiert. So erhält man auch Informationen darüber, wie andere ihn oder sie beurteilen. Diese Informationen helfen, die Marktposition eines künftigen Partners auf dem Dating-Markt zu bestimmen, was vor allem dann nützlich ist, wenn man einen Partner finden will, dessen Marktwert dem eigenen entspricht.

Geschönte Online-Profile

Vor einigen Jahren chattete ich auf einer Dating-Website mit einem Mann, der behauptete, einen Hochschulabschluss zu haben. Als ich fragte, was für ein Abschluss es genau sei, kam heraus, dass er in Wirklichkeit sechs Jahre auf der Volkshochschule war und immer wieder Kurse angefangen und wieder abgebrochen hatte. Sein Kommentar: »Ich könnte heute Doktor sein!« Mein Kommentar: »Tschüss!«

Niemand mag es, von jemandem getäuscht zu werden, mit dem man sich eine vertrauensvolle Beziehung hätte vorstellen können. Studien haben gezeigt, dass kleine Schwindeleien (im Unterschied zu dem, was dieser Angeber tat!) in den Dating-Profilen an der Tagesordnung sind. Männer machen sich ein wenig größer (um die 2 bis 3 Zentimeter), und Frauen machen sie ein wenig schlanker (um rund 4 Kilo). Und wenn man nicht gerade ein sehr geschultes Auge hat, würden diese kleinen Mogeleien den meisten Menschen beim ersten Date wahrscheinlich gar nicht auffallen.

Doch wie eine aktuelle Studie der beiden Kommunikationsforscher Catalina Toma und Jeffrey Hancock zeigt, gibt es eine bestimmte Gruppe von Online-Datern, die eher zu Schwindeleien neigt als der Rest. Und das sind jene, die körperlich weniger attraktiv sind.

Aus der Studie geht hervor, dass weniger attraktive Menschen tendenziell ein Profilbild wählen, auf dem sie um einiges attraktiver aussehen, als sie es im alltäglichen Leben sind, und dass sie tendenziell eher mogeln, wenn es um objektive Maße wie Körpergröße und Körpergewicht geht.

Interessanterweise versuchen diese weniger attraktiven Menschen aber nicht, ihren Mangel an Attraktivität durch eine Erhöhung ihres gesellschaftlichen Status wettzumachen; sie neigen nicht weniger als attraktive Menschen dazu, ihren Einkommens-, Bildungs- oder Beschäftigungsgrad ein klein wenig zu schönen.

Dies lässt eine andere Erklärung für die oben erwähnten Schwindeleien vermuten, die auf der Annahme basiert, dass Männer und Frauen ihre Marktposition bezüglich ihrer körperlichen Attraktivität recht gut beurteilen können. Es ist daher durchaus möglich, dass weniger attraktive Menschen länger nach einem Partner suchen und angesichts ausbleibender Erfolge schließlich anfangen, an ihren Profilen zu feilen, um ein größeres Echo zu bekommen. Wer (als vermeintlich unattraktive Person) seine Profildaten im Laufe der Zeit immer wieder in der Hoffnung »überarbeitet«, mehr Beachtung zu finden, erweckt den Anschein, als würden die weniger attraktiven Menschen eher zu Schwindeleien neigen. Doch die Relation von Schwindelei zu Attraktivität ergibt sich de facto aus dem veränderlichen Wert der Zeit, die man mit der Suche auf dem Partnermarkt verbringt.

Und hier die Frage: Wenn soziale Netzwerke heute die Kontaktbörse Nummer eins im Internet sind, warum sollte irgendwer noch für kostenpflichtige Dating-Services bezahlen? Es gibt auch kostenlose Dating-Websites, und die konnten sogar überzeugend darlegen, dass die kostenpflichtigen Seiten eine geringere Erfolgsquote haben als die kostenlosen Websites. Aber auch wenn dem so sein mag: Ein einsames Herz sucht nicht nach einem Dutzend potenzieller Partner – es sucht nach dem/der

Einen, der wirklich zu ihm/ihr passt. Es ist anzunehmen, dass die Bereitschaft zu einem persönlichen Kennenlernen sehr viel ernsthafter besteht, wenn das einsame Herz als registriertes Mitglied einer Dating-Website für eben diesen Service bezahlt hat.

Eine neuere Studie des Psychologen Martin Coleman überprüft diese Theorie. In einer Simulationsstudie »bezahlen« die Teilnehmer eine Gebühr, um online nach potenziellen Partnern für ein Date zu suchen, nachdem sie zuvor eine Reihe von Fragen beantwortet und ihren perfekten Partner beschrieben haben. Am Ende der Suche wird den Teilnehmern gesagt, dass ein passender Partner gefunden ist, er/sie aber nicht alle Suchkriterien erfüllt (diese Erfahrung haben wir wohl alle schon einmal gemacht!). Zu diesem Zeitpunkt der Simulation erfahren die Teilnehmer dann, dass ein Freund sie gerne über ein Blind Date mit einer Person verkuppeln möchte, die absolut perfekt auf die vorgegebenen Suchkriterien passt. Nun müssen die Teilnehmer entscheiden, wie viele Minuten einer Stunde sie mit dem schlechteren Date aus dem Online-Service verbringen wollen, und wie viel mit dem besseren, sprich dem Blind Date.

Es stellt sich heraus, dass die Zeit, die eine Person gewillt ist, mit einer Online-Bekanntschaft zu verbringen, davon abhängt, wie viel sie für den Dating-Service bezahlt hat. Wer nichts oder nur sehr wenig für den Suchdienst bezahlt hatte, war verglichen mit all denen, die eine höhere Gebühr bezahlt hatten, sehr viel weniger geneigt, die Online-Bekanntschaft dem Blind Date vorzuziehen. So wurde das Date, das über den Dating-Service zustande kam, von den männlichen Teilnehmern mit achtundzwanzig Minuten veranschlagt, wenn der Service kostenlos war, und mit fast vierzig Minuten, wenn der Preis für diesen Service bei 50 Dollar lag. Die weiblichen Teilnehmer veranschlagten für das Date, das über den Dating-Service zustande kam, dreizehn Minuten, wenn der Service kostenlos war, und achtundzwanzig Minuten, wenn der Preis für diesen Service bei 50 Dollar lag.

Zu guter Letzt

Vor einiger Zeit hat eine Freundin versucht, mich mit einem Bekannten von ihr zu verkuppeln. Er war Ende vierzig, chronisch arbeitslos und mittendrin in einem unschönen Scheidungskrieg, in den drei Kinder verwickelt waren. Ich willigte ein. »Klar!« (Hatte ich schon erwähnt, dass ich seit ewigen Zeiten Single bin?) Als sie ihm dann von mir, der erfolgreich Erwerbstätigen und Gebildeten, erzählte, lehnte er ab. »Nein, danke, ich bin nur interessiert an Frauen unter fünfundzwanzig.«

Dieser Mann würde aus ökonomischer Sicht von den Märkten für Sex und Liebe eindeutig profitieren.

Die ökonomischen Geschichten über den Dating-Markt, die ich hier erzählt habe, sind nicht nur wichtig für all jene, die noch auf der Suche sind – sie erklären auch eine ganze Reihe von ökonomischen und sozialen Phänomenen unserer modernen Gesellschaft.

Zum Beispiel können sie uns helfen zu verstehen, warum die Kluft zwischen den Einkommen reicher und armer Haushalte in den letzten Jahrzehnten zunehmend größer geworden ist. Eine von vielen Erklärungen für dieses Phänomen ist die, dass es durch koordinierte Dating-Markt-Strategien sehr viel leichter wurde, sich einen Partner in einer ähnlichen Einkommensklasse zu suchen. Vorbei die Tage, da ein hochgebildeter, gut verdienender Mann seine wenig gebildete, gering verdienende Jugendliebe aus der Schulzeit heiratet, nur weil beide aus dem gleichen Dorf stammen. Heute heiratet ein gut verdienender Mann sehr viel häufiger eine ebenfalls gut verdienende Frau. Und das liegt nicht einfach nur daran, dass Frauen heute über höhere Einkommen verfügen (was sie zweifelsohne tun), sondern es liegt auch daran, dass der Mann heute gezielt nach einer passenden Partnerin auf einem größer gewordenen Dating-Markt suchen kann.

Der größer gewordene Markt sorgt für eine steigende Erfolgsquote, was bedeutet, dass jeder einen Partner mit einem ähnlichen Bildungsniveau und ähnlichen Erwerbsfähigkeiten finden kann. Und eine Ehe zwischen zwei Spitzenverdienern führt natürlich zu einem Haushalt mit einem viel höheren Einkommen als eine Ehe zwischen einem Spitzenverdiener und einem Geringverdiener.

Die jedermann zugänglichen Online-Dating-Märkte, die die Tendenz zu diesem assortativen Paarungsverhalten verstärken, haben die bestehenden wirtschaftlichen Klassensysteme verschärft und die Einkommenskluft zwischen reichen und armen Haushalten vergrößert.

Eine zweite Erkenntnis aus dieser ökonomischen Beleuchtung der Dating-Märkte ist die, dass die Schwächen dieser Märkte mitunter dazu führen, dass der Einzelne länger Single bleibt, als es optimal wäre. Wer ganze Jahre mit der Partnersuche zubringt, weil er den eigenen Marktwert falsch einschätzt oder weil er sich bei seiner Suche auf leicht messbare Eigenschaften beschränkt (wie Alter, Körpergröße, Bildung, Einkommen) anstatt auf die wichtigen Wesensmerkmale, der kommt nicht in den Genuss der vielen ökonomischen Vorteile, die eine Heirat in jungen Jahren hat.

Welche Vorteile das im Einzelnen genau sind, werden wir im folgenden Kapitel darlegen. Wenn Heiratsmärkte sich nicht effizient bereinigen, Männer wie Frauen also erst zwischen dreißig und vierzig – oder gar nicht – heiraten, kann dies aus der gesellschaftlichen Perspektive zu niedrigeren Geburtenraten, mehr außerehelichen Geburten und höheren Ausgaben für die Behandlung von Unfruchtbarkeit führen.

Aus diesen Gründen sind die Regierungen einiger Länder (wie beispielsweise Singapur) dazu übergegangen, die Dating-Märkte zu koordinieren, indem sie kostenlose Dating-Services zur Verfügung stellen, Möglichkeiten zum Kennenlernen im realen Leben bieten oder etwa Workshops, in denen wohlmeinende Freunde zu guten Kupplern ausgebildet werden.

Was uns direkt zum Thema Ehe führt. Kein Thema über Sex und Liebe hat unter Ökonomen so viel Aufmerksamkeit erfahren wie Fragen rund um die Ehe. Ökonomie muss den Wandel begreifen, heißt es so schön. Und ob es uns gefällt oder nicht, die Ehe ist im Wandel begriffen. Nicht nur der rechtliche Rahmen der Ehe, sondern auch all die wichtigen Entscheidungen, die nach dem Jawort kommen. Auch wenn wir den Dating-Markt nun offiziell verlassen, Märkte werden in unserem Sex- und Liebesleben weiterhin eine wichtige Rolle spielen.

4

Topf sucht Deckel

»You can't always get what you want, but if you try sometimes, well, you just might find you get what you need.«

Mick Jagger mag in seinen jungen Jahren nur zwei Jahre an der London School of Economics verbracht haben, dennoch scheint er ganz gut verstanden zu haben, wie ein Markt operiert. Zumindest wenn es um den Markt der Liebe geht.

In der Liebe und in der Ehe stimmt das nämlich: Man bekommt nicht immer, was man will, denn der eigene Marktwert bestimmt, mit wem man zusammen ist, wenn der persönliche Markt schließt. Die Markttheorie besagt, dass die Person, die man heiratet, den gleichen Marktwert hat wie man selbst; andernfalls hätte einer von beiden ein besseres Geschäft machen und getrost auf einen Partner mit einem höheren Marktwert warten können. Auf der anderen Seite besagt die ökonomische Handelstheorie, dass die produktivsten Paarungen diejenigen sind, bei denen die Unterschiedlichkeit der beiden Partner groß genug ist, die Effizienzgewinne aus dem eingegangenen Handel zu maximieren.

Während man also nicht immer bekommt, was man will, bleibt zu hoffen, dass die Person, deren Marktwert dem Ihren entspricht, genau die Person ist, die Sie brauchen.

Bevor wir nun erkunden, wie wir genau die Person auswählen, mit der wir den Rest unseres Lebens verbringen wollen, müssen wir kurz über etwas anderes sprechen. Nämlich darüber, warum wir Menschen überhaupt heiraten. Erst dann können wir verstehen, wie zwei Menschen zueinander und am Ende in den Hafen der Ehe finden.

Eins noch vorweg: Die Betrachtungen in diesem und den folgenden Kapiteln gelten nicht nur für gesetzlich abgesegnete Ehegemeinschaften, sondern für alle Paare, die sich entschieden haben, in einer langfristigen festen Beziehung zu leben. Auch wenn ich der Einfachheit halber traditionelle Begriffe wie Ehefrau oder Ehemann, Braut oder Bräutigam verwende, so ist vieles von dem, was ich hier ausführe, auch auf gleichgeschlechtliche Ehen und Partnerschaften anwendbar.

Keine alltägliche Liebesgeschichte

Ich habe mir einmal Gedanken dazu gemacht, wie Eheversprechen aussehen könnten, die auf der ökonomischen Theorie basieren. Diese möchte ich Ihnen gleich zu Beginn vorstellen. Es sind natürlich nur Beispiele, die jedem Paar Raum lassen, die eigenen Stärken und Schwächen darin einzubinden. So ein Eheversprechen wäre auch für Janes Ehe ideal gewesen (deren Geschichte ich in Kapitel 6, ab S. 195, weitererzählen werde), wäre sie damals bloß darauf gekommen, eines zu verfassen.

Bräutigam: »Ich, (Name des Bräutigams), willige ein, mit dir, (Name der Braut), einen Vertrag einzugehen, der die Bedingungen unserer Ehe regeln soll. Zugegeben, ich habe auch andere Frauen kennengelernt, deren Qualitäten über den Mindestanforderungen an meine Braut lagen. Die Tatsache, dass ich deren Anforderungen nicht genügte, hat mich am Ende bewogen, dich, meine Liebste, als meine zukünftige Ehefrau auszuwählen. Was dir an Bildung und Einkommen fehlt, machst du mit deiner Jugend und deiner attraktiven Erscheinung mehr als wett, und ich gelobe, dass mir dieser Kompromiss genügen soll, dich als meine Ehefrau zu nehmen. Ich gelobe dir ewige Treue, obgleich die geringen Suchkosten und dein unabwendbar sinkender Wert mich eines Tages animieren könnten, mir eine neue Frau zu nehmen. Ich gelobe, mit dir zusammen auf unser gemeinsames Ziel hinzuarbeiten und die Arbeit aufzuteilen, um die Produktion unserer Haushaltsgüter optimal auszuschöpfen, damit unser Haushalt bestmöglich gedeihen wird. Ich werde weiterhin in mein Humankapital investieren, um sicherzustellen, dass deine künftigen Erwartungen an unser Haushaltseinkommen erfüllt werden. Es mag nicht rational sein, aber ich gelobe, in unsere Kinder und mein Kreditvolumen in einer Weise zu investieren, als ginge ich davon aus, dass wir zusammenbleiben, bis dass der Tod uns scheidet.«

Braut: »Ich, (Name der Braut), willige ein, mit dir, (Name des Bräutigams), einen Vertrag einzugehen, der die Bedingungen unserer Ehe regeln soll. Zugegeben, ich habe auch andere Männer kennengelernt, deren Qualitäten über den Mindestanforderungen an meinen Bräutigam lagen. Die Tatsache, dass ich deren Anforderungen nicht genügte, hat mich am Ende bewogen, dich, mein Liebster, als meinen zukünftigen Ehemann auszuwählen. Was dir an Statur und Attraktivität fehlt, machst du mit deinem Bildungsniveau und deinen beruflichen Möglichkeiten mehr als wett, und ich gelobe, dass mir dieser Kompromiss genügen soll, um dich als meinen Ehemann zu nehmen. Ich gelobe, dass alle Kinder, die in diese Ehe hineingeboren werden, biologisch die deinen sind, auch wenn ich weiß, dass ich versucht sein werde, mich kurzfristig mit anderen Männern einzulassen, die eine bessere genetische Ausstattung haben. Ich werde mein eigenes Humankapital opfern für das unserer Kinder, im guten Wissen, dass du genügend Mittel herbeischaffen wirst, um das Wohlergehen unserer Familie zu sichern. Es mag nicht rational sein, aber ich werde meinen Hang zu risikofreudigem Verhalten unterdrücken und gelobe, in unsere Kinder und mein Kreditvolumen in einer Weise zu investieren, als ginge ich davon aus, dass wir zusammenbleiben, bis dass der Tod uns scheidet.«

Braut und Bräutigam tauschen die Ringe, die Schwester der Braut tritt nach vorne und stimmt eine herzzerreißende Version von »Can't Buy Me Love« von den Beatles an. Oder, für alle, die es etwas moderner lieben, »I Write Sins Not Tragedies« von der Band *Panic! at The Disco* – ein Song mit einem weisen Ratschlag für alle Heiratswilligen: »Besser ist es, die Dinge mit Gelassenheit und Vernunft zu nehmen.«

Menschen heiraten aus allen möglichen Gründen, aber aus ökonomischer Sicht läuft der Zweck der Heirat genau auf zwei Dinge hinaus: a) effiziente Produktion von Haushaltsgütern und Haushaltsdienstleistungen und b) Versicherung für schlechte Zeiten. Mit dem Thema Versicherung werden wir uns in Kapitel 6 (siehe S. 222) befassen, wenn es darum geht, wie

Paare innerhalb ihrer Ehe feilschen und handeln. Vorerst wollen wir die Werte betrachten, die die Produktion der »Güter« und »Dienstleistungen« im Haushalt maximieren – darunter Liebe, Sex und Kinder.

Viele Haushaltsgüter und Haushaltsdienstleistungen können entweder von einer Person produziert oder auf dem Markt gekauft werden. Häufig aber sorgen zwei Personen im Haushalt für eine effizientere (will heißen, kostengünstigere) Produktion. Ein paar Beispiele:

Das erste Gut, das innerhalb einer Ehe produziert wird, ist Sex und Liebe. Sex kann auf dem Markt gekauft werden, Liebe weniger. Sex auf dem Markt zu kaufen ist sehr teuer, nicht nur bezogen auf die expliziten Kosten, sondern auch auf die Risiken – ansteckende Krankheiten, Erniedrigungen und Spott (wenn der Käufer entlarvt wird), Haft (wenn die Beschaffung von Sex illegal ist) und Gewalt. Natürlich kann jeder sich jederzeit auf den zufälligen Sexmarkt begeben (das heißt, Sex mit einer Bekanntschaft aus der Bar oder von einer Single-Börse im Internet haben). Aber dieser Markt birgt so ziemlich die gleichen Risiken wie der etablierte Sexmarkt, plus das zusätzliche Problem, dass es dort mit zunehmendem Alter immer schwieriger wird, Sex zu finden.

Es herrscht gemeinhin die Auffassung, dass verheiratete Menschen seltener Sex haben als ihre unverheirateten Freunde. Doch wie Studien von David Blanchflower und Andrew Oswald zeigen, haben verheiratete Personen sehr viel häufiger Sex als unverheiratete Singles. 76 Prozent der verheirateten Personen geben an, mindestens zwei- bis dreimal pro Monat Sex zu haben – gegenüber 57 Prozent der Dauer-Singles und 41 Prozent der geschiedenen, verwitweten oder getrennt lebenden Personen. Zudem geben 43 Prozent der geschiedenen, verwitweten oder getrennt lebenden Personen und 24 Prozent der Dauer-Singles an, in den vergangenen zwölf Monaten überhaupt keinen Sex gehabt zu haben (gegenüber nur 6 Prozent der Verheirateten).

Nun könnten Sie natürlich einwenden, dass es einen großen Unterschied gibt zwischen der Qualität und der Quantität von Sex, womit Sie vollkommen Recht haben. Doch eben jene Studie ergab auch, dass Personen, die in den vergangenen zwölf Monaten nur einen Sexualpartner hatten, sehr viel glücklicher waren als die, die mehrere Sexualpartner hatten. Gut, das mag noch kein Beweis dafür sein, dass ehelicher Sex von besserer Qualität ist, aber es ist sicherlich ein Beleg dafür, dass mehr Sexualpartner (nach den Angaben der Betroffenen selbst) nicht unbedingt glücklicher machen.

Wenn wir Sex als eine »Dienstleistung« betrachten, die die Ehe bietet, scheint eine Sache klar: Wir heiraten, weil wir diese Dienstleistung als verheiratete Person kostengünstiger erwerben können als eine unverheiratete Person.

Ein weiteres Gut, das innerhalb der Ehe produziert wird, sind Kinder. Nicht alle Paare wollen eigene Kinder, und viele, die Kinder wollen, können keine bekommen. Doch für heterosexuelle Paare, die Kinder wollen und biologisch auch bekommen können, ist die Ehe der kostengünstigste Weg, diesen Wunsch Wirklichkeit werden zu lassen.

Kinder innerhalb einer Ehe zu haben gibt der Frau eine gewisse Sicherheit, dass der Vater dieser Kinder im Rahmen seiner zeitlichen und/oder finanziellen Möglichkeiten für diese Kinder Sorge trägt. Dem Mann gibt es eine gewisse Sicherheit, dass die Kinder, die mit seiner Hilfe großgezogen werden, biologisch seine eigenen und nicht die eines anderen Mannes sind.

Die Ehe ist nicht der einzige Weg, um auf biologische Weise Kinder zu bekommen, aber es ist der effizienteste insofern, als dass sie den billigsten Produktionsweg darstellt. Es kostet die Paare praktisch gar nichts, sofern sie zeugungsfähig sind und Spaß am Sex haben.

Das nächste und vielleicht wirtschaftlichste Beispiel für Güter und Dienstleistungen, die innerhalb der Ehe produziert werden, sind die Haushaltsgüter – Essen, Wäsche und ein sauberes Heim. Dass diese Güter und Dienstleistungen von einem verheirateten Paar billiger produziert werden können, basiert auf der gleichen Logik, die für zwei Länder gilt, denen es beiden besser geht, wenn sie miteinander Handel betreiben, anstatt den Status einer Autarkie anzustreben (das heißt, die Außenhandelsgrenzen komplett zu schließen).

Menschen (wie Länder) können unterschiedliche Dinge unterschiedlich gut. Wenn einer von beiden eine Hausarbeit effizienter erledigen kann als der andere, können Gewinne erzielt werden. Nach dem Prinzip der Spezialisierung teilen sich die beiden Partner die anfallenden Aufgaben auf und tun jeweils das, was sie besser können als der andere.

Ich will Ihnen hierzu ein Beispiel geben von einem Paar, das ich persönlich kenne. Jordan und Alex. Die beiden haben ein zwanzig Monate altes Kleinkind. Jeden Abend haben Jordan und Alex zwei Aufgaben zu erledigen: das Kind ins Bett bringen und die Küche sauber machen. Nach allem, was mir die zwei erzählen, erledigt Jordan beide Aufgaben besser, weil er weniger Zeit dafür braucht als Alex.

In Zahlen bedeutet das: Jordan braucht für die Küche fünfundvierzig Minuten, während Alex für die gleiche Aufgabe sechzig Minuten braucht. Jordan bringt das Töchterlein in dreißig Minuten ins Bett, Alex braucht dafür ebenfalls ganze sechzig Minuten.

Sieht also ganz danach aus, als könne Alex es sein lassen und es sich vor dem Fernseher gemütlich machen, während Jordan Küche und Kind in einer Stunde und fünfzehn Minuten erledigt. Doch mit dieser Verteilung der Pflichten erzielen sie als Paar keine Effizienzgewinne nach dem Handelsprinzip – dafür müssten sie die Aufgaben so verteilen, dass ein effizienter Haushaltsmarkt entsteht.

Um diesen zu erreichen, müssen sie zunächst herausfinden, wer von ihnen in welcher Aufgabe einen *komparativen Vorteil* hat: Sie müssen die Aufgaben festlegen, die sie jeweils relativ effizient erledigen können. Jordan erledigt beide Aufgaben zwar schneller als Alex, doch in der Zeit, die Jordan braucht, um das Kind ins Bett zu bringen (dreißig Minuten), hätte er gerade erst zwei Drittel der Küche geschafft (für die er fünfundvierzig Minuten braucht). In der Zeit hingegen, die Alex braucht, um das Baby ins Bett zu bringen (sechzig Minuten), hätte sie auch die Küche aufräumen können.

Dies bedeutet, dass Jordan den komparativen Vorteil darin hat, das Baby ins Bett zu bringen, und Alex hat den komparativen Vorteil darin, die Küche aufzuräumen – jeder der beiden erledigt seine Aufgabe relativ effizient zu der anderen.

Die Aufgaben in diesem Haushalt wären also am besten verteilt, wenn Jordan das Kind ins Bett bringt, während Alex die Küche sauber macht. Vorausgesetzt, dies sind die beiden einzigen allabendlichen Aufgaben und Jordan ist mit dem Baby schneller fertig als Alex mit der Küche. Jordan könnte Alex auch noch in der Küche zur Hand gehen, sobald die Kleine schläft. Die Gewinne aus diesem Handel ließen sich noch weiter maximieren, indem einer der beiden zum Beispiel den Geschirrspüler ausräumt, während der andere die Arbeitsplatten wischt. So dürften sie noch schneller fertig sein und könnten nach insgesamt vierzig Minuten Zeitaufwand zum gemütlichen Teil des Abends übergehen.

Ja, ich weiß, was jetzt die Eltern unter Ihnen denken: »Viel Glück dabei!«

Die Gewinne nach dem Handelsprinzip zeigen sich nicht immer in Form von freier Zeit, so wie in diesem Beispiel. Sie zeigen sich manchmal auch in Form von einer höheren Qualität der Haushaltsergebnisse – etwa, wenn das Haus sauberer ist oder die Kinder gut versorgt sind. Was die Paare mit ihren Handelsgewinnen machen, entscheiden sie gemeinsam. Doch im Schnitt, so die Forschung, entscheiden sich Paare vor allem für zwei Dinge – den Konsum von mehr Freizeit und die Produktion höherwertiger Ergebnisse.

Der komparative Vorteil einer Ehe bezieht sich nicht nur auf Hausarbeit und Kindererziehung. Frauen haben einen klaren komparativen Vorteil in puncto Schwangerschaft und Kinderkriegen. Wie Sie den komparativen Vorteil in Sachen Sex in Ihrer Beziehung maximieren, das, liebe Leser, dürfen Sie gerne selbst herausfinden.

Wie wir gesehen haben, lassen sich Gewinne nach dem Handelsprinzip maximieren, und das mag für manch einen Single ein wichtiger Grund sein, sich zu einer Heirat zu entschließen. Doch es sagt auch etwas darüber aus, wie wir unseren zukünftigen Partner wählen; in der Theorie zumindest sind die effizientesten Ehen die, in denen sich die Partner in unterschiedlichen Aktivitäten besonders hervortun.

Ein Beispiel: Will jemand, der gut verdient, Kinder haben, die den ganzen Tag von einem Elternteil betreut werden sollen, heiratet er besser einen Partner mit einem komparativen Vorteil in Sachen Kinderbetreuung. So kann er selbst sich auf das Geldverdienen spezialisieren, während der Partner sich tagsüber um die Kinder kümmert.

Dies erklärt auch, warum sich um die Zeit der Industriellen Revolution herum das traditionelle Ehemodell vom »männlichen Brotverdiener« entwickelt und durchgesetzt hat: nicht, weil die mütterliche Betreuerrolle in der Natur der Frauen liegt, sondern weil körperliche Arbeit ein Knochenjob war. Und diese historisch bedingte Tatsache verschaffte den Männern einen komparativen Vorteil auf dem Arbeitsmarkt und den Frauen einen komparativen Vorteil an Heim und Herd. Die Lebensformen änderten sich, und verheiratete Frauen mit Kindern drangen in den Kreis der erwerbstätigen Bevölkerung, als Arbeitsplätze entstanden, die neben »Muskelkraft« auch nach »geistiger Kraft« verlangten. Die Einkommenskluft zwischen Männern und Frauen begann zu schrumpfen.

Was ist ein Ehemann wert?

Eine aktuelle Studie von Victoria Vernon ergab, dass bestimmte verheiratete Frauen täglich vierunddreißig Minuten mehr (herrliche!) freie Zeit zur Verfügung haben als ihre nicht verheirateten Geschlechtsgenossinnen, was darauf schließen lässt, dass sie es schaffen, die Gewinne aus dem ehelichen Handelsgeschäft in der Produktion der Haushaltsgüter bestmöglich auszuschöpfen. Doch bei diesen Frauen handelt es sich nur um Frauen aus einkommensstarken Haushalten. Verheiratete Frauen in einkommensschwachen Haushalten arbeiten fünfzehn bis vierunddreißig Minuten am Tag mehr, wenn sie Kinder haben, und siebenunddreißig bis achtundvierzig Minuten mehr, wenn sie keine Kinder haben.

Verheiratete Männer machen in Sachen freie Zeit keine Gewinne, doch verbringen Männer in einkommensstarken Haushalten täglich dreizehn Minuten mehr mit dem Lohnerwerb, wenn sie keine Kinder haben, und fünfunddreißig Minuten mehr, wenn sie Kinder haben. Männer in den unteren Einkommensbereichen arbeiten deutlich mehr, wenn sie verheiratet sind: achtunddreißig Minuten, wenn sie keine Kinder haben, und eine Stunde und fünfzig Minuten mehr, wenn sie Kinder haben.

Verheiratete Frauen in einkommensstarken Haushalten haben zwar mehr freie Zeit zur Verfügung als vergleichbare Single-Frauen, aber sie erledigen mehr an Hausarbeit als ihre alleinstehenden Geschlechtsgenossinnen – der höhere Anteil an Freizeit resultiert einzig daraus, dass sie weniger Zeit auf dem Arbeitsmarkt verbringen. Tatsächlich verbringen verheiratete Frauen mit Kindern vergleichsweise einunddreißig bis einundvierzig Minuten mehr Zeit mit Putzen und Saubermachen, einundvierzig bis einundfünfzig Minuten mehr mit Kochen, und acht bis elf Minuten mehr mit täglichen Besorgungen außer Haus.

Dies bedeutet nicht, dass verheiratete Frauen benachteiligt sind; es bedeutet, dass sie ihren komparativen Vorteil in der

Haushaltsproduktion ausschöpfen, während ihre Ehemänner ihren komparativen Vorteil unter den Erwerbstätigen nutzen. Der Grund dafür liegt darin, dass Männer auf dem Arbeitsmarkt mehr verdienen können als Frauen, und nicht darin, dass die Frau von Natur aus besser darin ist, die Wäsche zusammenzufalten.

Nun würde man erwarten, dass die Frau mehr als vierunddreißig Minuten freie Zeit herausholen könnte, wenn eine weitere Person im Haushalt engagiert wäre. Dahinter steht die Überlegung, dass die Qualität der Haushaltsproduktion noch weiter steigen könnte. Es kann aber auch sein, dass einige verheiratete Paare es nicht schaffen, die Gewinne aus ihrem ehelichen Handel bestmöglich auszuschöpfen, da sie das Prinzip des komparativen Vorteils nicht verstehen und sich daher auf den absoluten Vorteil der Aufgabenteilung verlegen: Jeder erledigt die Aufgabe, die er relativ zu seinem Partner besser kann.

Die Effizienz der Ehe, in die zwei Menschen unterschiedliche Talente einbringen, erklärt auch, warum ältere Männer (die einen komparativen Vorteil im Geldverdienen haben) traditionell häufiger mit jüngeren Frauen (die einen komparativen Vorteil in der Fruchtbarkeit haben) verheiratet sind, als ältere Frauen mit jüngeren Männern. Das aber ändert sich gerade, und heute heiraten gut gebildete, gut verdienende Frauen sehr wohl auch jüngere Männer.

Dies erklärt auch, warum einige Männer aus einkommensstarken Ländern in fremden Ländern nach Ehefrauen suchen (und sie auch finden), in denen sowohl Männer als auch Frauen niedrige Löhne erhalten. Jene Männer haben gegenüber den ausländischen Frauen einen komparativen Vorteil in puncto Erwerbsfähigkeit und somit keinerlei Probleme, mit den ausländischen Männern um begehrenswerte Frauen zu konkurrieren. Die ausländischen Ehefrauen hingegen sind (in der allgemeinen Wahrnehmung jedenfalls) wiederum besser darin, das Heim sauber zu halten und die Kinder großzuziehen, als die einheimischen Frauen.

Auf dieses Thema werden wir in Kapitel 6 (siehe S. 205) noch einmal zurückkommen, wenn es um das Feilschen und Handeln innerhalb der Ehe geht. Denn die Geschichte ist mit dem komparativen Vorteil in Sachen Aufteilung der Haushaltspflichten natürlich nicht zu Ende – der komparative Vorteil gibt lediglich eine Empfehlung ab, wie die Aufgaben verteilt werden sollen, wenn einem verheirateten Paar daran gelegen ist, diese mit dem geringsten Arbeitsaufwand gemeinsam zu erledigen. Ist ein Partner oder sind beide nur darauf aus, den eigenen Aufwand zu minimieren, kommt es letztendlich darauf an, wer von ihnen darüber entscheidet, wer die Arbeit hat und wer den Spaß.

Sex(less) in the City

Auf der Suche nach Sex und Liebe ziehen ganze Scharen von Singles in die großen Städte, und das aus zweierlei Gründen: a) Die Suchkosten für einen Partner sind in dicht bevölkerten Regionen niedriger und b) Die Treffer sind von höherer Qualität, wenn der Bestand für potenzielle Treffer größer ist.

Die Suchkosten für einen Partner sind in dicht bevölkerten Regionen deshalb niedriger, weil man als Single in einer Stadt tagtäglich mit weitaus mehr Menschen in Kontakt kommt als in einer weniger bevölkerten Region. Da geht man mal eben in ein Café, in ein Lokal, in eine Kneipe und trifft auf viele verschiedene Menschen – die mitunter ganz anders sind als in ähnlichen Einrichtungen in eher ländlichen Gebieten. Nun könnte man einwenden, dass die Menschen in urbanen Zentren weniger offen auf Fremde zugehen. Dem mag durchaus so sein, aber die schiere Menge an Menschen legt nahe, dass die Suchzeiten für einen Partner in dicht bevölkerten urbanen Gebieten sehr viel kürzer sein dürften.

Lassen Sie mich ein Beispiel geben, das vielleicht etwas banal ist, aber ganz gut zeigt, warum es sich so verhält: Sagen wir mal, Sie arbeiten in einem Büro mit fünf anderen Menschen zusammen. Eines Tages bitten Sie Ihre Kollegen, Ihnen bei der Partnersuche zu helfen, und fragen sie, ob sie irgendwelche Freunde haben, die ebenfalls Singles sind. Wenn jeder Ihrer Kollegen auch nur einen Single im Freundeskreis hat, macht das für Sie gleich fünf potenzielle Trefferchancen. Dieses Ergebnis wird möglich, da davon auszugehen ist, dass jeder Ihrer Kollegen in anderen sozialen Netzwerken operiert. In einer spärlich bevölkerten Region ist eher davon auszugehen, dass einige Ihrer Kollegen im gleichen sozialen Netzwerk unterwegs sind. Dann gäbe es vielleicht nur ein oder zwei potenzielle Trefferchancen, da sich die Vorschläge der Kollegen hier und da überschneiden würden.

Zudem ist es bei weniger potenziellen Trefferchancen in weniger bevölkerten Regionen auch weniger wahrscheinlich, die/

den »Eine/n« zu finden. Insofern bringt es hier nicht viel, die Kollegen als Kuppler einzuspannen. Und weil sie länger suchen müssen, ist die Suche auch viel kostenintensiver. (Um den Begriff »Kosten« zu definieren, hier ein Beispiel: Eine Frau weiß, dass sie ihre Chancen auf eigene Kinder deutlich mindert, wenn sie in den kommenden Jahren nicht heiratet. Für sie werden die »Kosten« der längeren Suche unmittelbar bestimmt durch den Wert der Kinder, die sie vielleicht nie haben wird. Bei anderen Menschen können die Kosten auch die Zeitspanne sein, die sie anstatt in einer Paarbeziehung als einsamer Single verbringen.)

Wenn es nur wenige Trefferchancen gibt, besteht die Möglichkeit, die Suche abzubrechen und sich mit einem der »verfügbaren Treffer« abzufinden, auch wenn der nicht der ideale Partner ist, denn die Suche fortzusetzen wäre zu frustrierend.

Und damit kommen wir zum zweiten Grund, warum Singles auf Partnersuche in die großen Städte ziehen: Die Treffer dürften in urbanen Regionen, wo die Suchkosten niedriger sind, von höherer Qualität sein.

Kehren wir noch einmal zurück zu unserem Beispiel und den Kollegen, die Sie als Kuppler einspannen wollen. Was Ihnen vorschwebt, ist ein Minimum an Eigenschaften, die Ihr künftiger Partner erfüllen müsste. Diese festgelegten Mindestanforderungen sind der von Ihnen umschriebene Reservierungswert, den ein Ehepartner haben muss: Sie werden nur heiraten, wenn Sie jemanden finden, dessen Marktwert dieses Niveau überschreitet.

Wenn Sie wissen, dass Ihr potenzieller Dating-Pool nur aus ein oder zwei Personen besteht (wie im Beispiel der ländlichen Region), werden Sie Ihren Reservierungswert sehr niedrig ansetzen, anderenfalls könnten Ihre Suchkosten sehr hoch ausfallen. Wenn Sie aber wissen, dass Ihr potenzieller Dating-Pool sehr groß ist (wie im Beispiel der urbanen Region), werden Sie Ihren Reservierungswert höher ansetzen, da Sie darauf hoffen können, dieses Niveau mit geringen Suchkosten zu erlangen.

Sind die Suchkosten gering, liegen die Reservierungswerte für einen Partner tendenziell höher, da man – in der Hoffnung einen Treffer von höherer Qualität zu landen – eher zu einer längeren Suche bereit ist.

Aus eben diesem Grund hat auch die Partnersuche im Internet das Potenzial, die Qualität einer Ehe zu erhöhen, denn die geringen Suchkosten animieren, die Reservierungswerte höher anzusetzen.

Und weil Singles in dichter bevölkerten Regionen kostengünstiger nach einem Partner suchen können, steigen Ihre Chancen, einen »höherwertigen« Partner zu finden – kein Wunder also, dass Singles in die großen Städte strömen.

Dazu kommt noch die Annahme, dass verheiratete Personen auf der Suche nach niedrigeren Grundstückspreisen und kinderfreundlicheren Gegenden die Stadt tendenziell wieder verlassen. Das bedeutet, dass es in den Städten nicht nur mehr Singles gibt, sondern auch, dass Singles den größeren Anteil der Bewohner stellen im Unterschied zu ländlichen Gebieten.

Für unser Beispiel heißt dies, dass Ihr Kollege wahrscheinlich wenigstens einen Freund in der Stadt hat, der Single ist, wovon in ländlichen Gebieten, in denen ein größerer Anteil der Bewohner verheiratet ist, nicht unbedingt auszugehen ist.

Gleichwohl gibt es eine Personengruppe in der Stadt, die es seit jeher besonders schwer hat, auf dem urbanen Markt die Liebe des Lebens zu finden. Und das sind die gebildeten Frauen.

Dass so viele gebildete Frauen auf dem urbanen Heiratsmarkt Single sind, hat nach Roderick Duncan vor allem mit Zahlen und Präferenzen zu tun: Zahlenmäßig gibt es wesentlich mehr gebildete Frauen als Männer, da mehr Frauen als Männer eine Hochschule oder Universität abschließen und Frauen Männer vorziehen, die eine höhere Bildung haben als sie selbst, während das umgekehrt für Männer kein Kriterium ist.

Aus Kapitel 1 (siehe S. 38) wissen wir, dass seit Ende der 1980er-Jahren der Anteil der Frauen, die eine Hochschule/Universität besuchen und abschließen, größer ist als der der Männer. Wir wissen auch, dass Frauen nach Männern suchen, die sie nicht daran hindern, ihren komparativen Vorteil auszuüben, und es aus historischer Sicht das geschlechtsspezifische Lohngefälle war, das den Männern einen komparativen Vorteil auf dem Arbeitsmarkt und den Frauen einen komparativen Vorteil an Heim und Herd verschaffte.

Dieser komparative Vorteil der Männer entwickelte sich wie gesagt im Laufe der Geschichte zu einer sozialen Norm. Frauen erwarteten von einem Mann, dass er ein höheres Einkommen nach Hause bringt als sie selbst. Heute, da gebildete Männer im Vergleich zu gebildeten Frauen eher knapp geworden sind, erfüllt sich zumindest für einige heiratswillige Frauen diese Erwartung nicht. Erwartungen ändern sich mit der Zeit, gesellschaftliche Normen aber etablieren sich nur langsam, was es für viele Frauen heute besonders schwer macht, einen Ehepartner zu finden, den sie für angemessen halten.

Früher, als die Mehrheit der Menschen kaum über eine höhere Bildung verfügte, heirateten die meisten Frauen Männer, die weniger gebildet waren als sie selbst. Das lag hauptsächlich daran, dass Frauen häufiger als Männer die Schule abschlossen. Meine eigenen Eltern sind ein gutes Beispiel dafür: Meine US-amerikanische Mutter hat einen Highschool-Abschluss, während mein Vater, der gebürtiger Südafrikaner ist, nie die Gelegenheit dazu hatte, da er bereits mit vierzehn Jahren in eine militärische Ausbildungsstätte geschickt wurde. Es war zur damaligen Zeit nichts Ungewöhnliches, dass eine Frau mit Highschool-Abschluss einen Mann heiratete, der die Schule abgebrochen hatte, um erwerbstätig zu sein.

Wie aus einer Studie von Roderick Duncan aus dem Jahre 1940 hervorgeht, waren 45 Prozent der Frauen, die einen Highschool-Abschluss hatten, mit einem Mann verheiratet, der die Highschool vorzeitig verlassen hatte; nur 20 Prozent waren mit einem Mann verheiratet, der zumindest eine Zeitlang ein College besucht hatte. 1960 sah das Ganze schon ein bisschen anders aus: 33 Prozent der Frauen, die einen Highschool-Abschluss hatten, waren mit einem Mann verheiratet, der die Highschool vorzeitig verlassen hatte; 23 Prozent waren mit einem Mann verheiratet, der zumindest eine Zeitlang ein College besucht hatte. Bis 1990 gab es mehr Frauen mit Highschool-Abschluss, die einen Mann heirateten, der zumindest eine Zeitlang ein College besucht hatte, als Frauen, die einen Mann heirateten, der nicht einmal die Highschool abgeschlossen hatte.

Diese Daten scheinen dem zu widersprechen, was ich eben über den komparativen Vorteil gesagt habe. Doch in früheren Zeiten war es so, dass Männer auch ohne Highschool-Abschluss immer noch mehr verdienten als ihre höhergebildeten

Ehefrauen – in Sachen Einkommen ging es für die Frauen mit einer Heirat also nach oben, in Sachen Bildung nach unten.

Diese Erkenntnisse fördern noch etwas anderes zutage: Frauen, die Wert darauf legten, einen Mann zu finden, der besser gebildet war als sie selbst, waren über eine lange Zeit hinweg die höhergebildeten Frauen. Als dann im Laufe der vergangenen dreißig Jahre die Löhne für weniger gebildete Arbeiter fielen und die der Frauen vergleichsweise zu steigen begannen, suchten auch geringer gebildete Frauen nach Männern, die eine höhere Bildung hatten als sie selbst. Der Grund dafür lag darin, dass Männer ohne Highschool-Abschluss nicht länger mehr verdienten als ihre Ehefrauen mit Highschool-Abschluss.

Die Tatsache, dass mehr Frauen nach höhergebildeten Ehemännern suchen, bedeutet, dass gebildete Männer gegenüber gebildeten Frauen allgemein knapper werden. Und das liegt nicht nur daran, dass weniger Männer als Frauen eine Hochschule besuchen, sondern auch daran, dass aufgrund der Lohnverschiebungen geringer wie höhergebildete Frauen gleichermaßen animiert sind, sich gebildete Männer zu suchen.

Männer scheinen die Vorliebe der Frauen für einen höhergebildeten Partner nicht zu teilen. Da die gesellschaftliche Konvention Frauen immer noch den Herd und Männern den Arbeitsmarkt zuordnet, ist der Mann nach alter Sitte froh, eine Frau zu finden, die weniger gebildet ist als er selbst, damit er sich ganz auf seine Erwerbstätigkeit konzentrieren kann. Die Betrachtungen, die wir in Kapitel 3 (siehe S. 113) angestellt haben, scheinen diese Behauptung zu stützen: Männer, die online nach der großen Liebe suchen, scheinen sich wenig aus dem Einkommen einer potenziellen Partnerin zu machen.

Abgesehen davon, dass sie einen besseren Heiratsmarkt schaffen, ziehen gebildete Singles heute auch deshalb in die großen Städte, weil die Löhne für gut ausgebildete Arbeiter dort höher liegen als in ländlichen Gebieten. Dies gilt zwar für Frauen wie Männer gleichermaßen, trotzdem gibt es für gut ausgebildete weibliche Arbeitskräfte einen zusätzlichen Anreiz, in der Stadt zu wohnen: Sie haben bedeutend mehr Chancen, einen gebildeten Mann kennenzulernen. Aus dem gleichen Grund zieht es auch weniger gebildete Frauen in die Städte – sie mögen nicht von den höheren Löhnen profitieren, aber auch sie haben weit bessere Chancen, in der Stadt einen gut ausgebildeten Mann zu finden als auf dem Land.

Lena Edlund hat diese These unter Verwendung schwedischer Daten überprüft und herausgefunden: Je höher das Einkommen der Männer (zwischen fünfundzwanzig und vierundvierzig) in einer bestimmten Stadt, desto mehr Frauen (relativ zur Anzahl der Männer) leben dort. Ein interessantes Ergebnis, da man eigentlich erwartet hätte, dass die hohen Löhne für männliche Arbeitskräfte mehr Männer in die Städte locken. Gleichwohl scheinen diese hohen Löhne aber mehr Frauen als Männer anzulocken.

Ich frage mich, ob Frauen ihre Heiratsmarktchancen ins Kalkül ziehen, wenn sie entscheiden, wie lange sie die Schulbank drücken wollen. Die weise Voraussicht müsste ihnen eigentlich sagen, dass sie umso mehr Konkurrenz zu erwarten haben, je länger sie in der Schule bleiben (und die Suche nach einem Mann zum Heiraten aufschieben, bis sie mit der Ausbildung fertig sind – was viele heute tun). Weil sie bereits älter sind, wenn sie mit der Partnersuche beginnen, müssen die gebildeten Frauen dann mit Damen konkurrieren, die weniger gebildet und obendrein jünger sind. Zudem ist der Markt an Männern in allen Bildungsstufen knapp, und viele Männer heiraten liebend gerne Frauen, die weniger gebildet sind als sie selbst.

Neuere Forschungen der kanadischen Ökonomen Sylvain Dessy und Habiba Djebbari beschäftigten sich mit diesen Zusammenhängen. Mit ihnen konnte eine Erklärung dafür gefunden werden, warum die Männer den Frauen in hoch bezahlten Jobs zahlenmäßig überlegen sind. Frauen, so das Ergebnis, betreten den Heiratsmarkt eher in jungen Jahren, um dem Risiko zu entgehen, zu einem späteren Zeitpunkt im Leben auf diesem Markt keinen Erfolg mehr zu haben.

Aus den Studien geht hervor, dass zumindest einige Frauen entscheiden, aufgrund des konkurrenzstarken Heiratsmarktes weniger in ihre Ausbildung zu investieren, denn die Zeit in der Schule und auf dem College (die eine Heirat hinauszögern kann) kostet sie etliche Jahre ihrer Fruchtbarkeit. Und da der gebildete Mann eine junge, weniger gebildete Frau der älteren, höhergebildeten vorzieht, gibt es für sie durchaus einen Anreiz, die Schule zu verlassen und sich einen Mann zu suchen, solange sie noch jung sind.

Insbesondere gilt dies für Frauen, die trotz guter Ausbildung ihren komparativen Vorteil in der Rolle als Hausfrau und Mutter sehen und nicht in der Welt der Erwerbstätigen.

So oder so, die derzeitige Situation, die gebildeten Frauen geringere Heiratschancen bietet, klingt für mich nicht gerade nach einem Marktgleichgewicht – ein Markt ist immer dann aus dem Gleichgewicht, wenn das Angebot die Nachfrage übersteigt. Ich habe drei Ideen, wie man das Gleichgewicht auf diesem speziellen Markt wieder herstellen könnte.

Ganz gewöhnliche Hollywood-Ehen

Der Ökonom Gustaf Bruze hat Daten zum aktuellen Ehestand der vierhundert bekanntesten Filmstars untersucht und festgestellt, dass die meisten männlichen wie weiblichen Stars mit einer Person verheiratet sind, die einen ähnlichen Bildungsgrad hat wie sie selbst.

Im Feststellungszeitraum 2008 waren 52 Prozent der männlichen Schauspieler dieser Top-400-Liste verheiratet. Von den Schauspielerinnen waren es nur 38 Prozent, obwohl sie ein Durchschnittsalter von einundvierzig Jahren aufwiesen. Nur rund die Hälfte dieser verheirateten Filmstars war mit einer ebenfalls prominenten Person verheiratet (einem Model, Sänger, Musiker o. Ä.). Das durchschnittliche Heiratsalter der männlichen Schauspieler lag bei achtunddreißig Jahren, das der weiblichen bei fünfunddreißig Jahren. Die große Mehrheit war entweder nie verheiratet (27 Prozent) oder nur einmal verheiratet gewesen (45 Prozent) und lag damit knapp unter dem Durchschnitt der gewöhnlichen US-Bevölkerung, wohingegen die Wahrscheinlichkeit gar nicht zu heiraten etwas über dem Durchschnitt liegt. Zweimal verheiratet waren 20 Prozent, dreimal verheiratet waren 8 Prozent, was geringfügig über den durchschnittlichen Zahlen der gewöhnlichen US-Bevölkerung liegt.

Dass Hollywood-Ehen wenig beständig seien und häufiger geschlossen werden, entpuppte sich als reines Vorurteil. Tatsächlich scheint das Verhalten der Stars in puncto Heirat dem der Normalbürger ziemlich ähnlich zu sein. Aber im Gegensatz zu uns Normalbürgern, und das ist das eigentlich Interessante daran, ist ihr Einkommen nicht an den Bildungsgrad geknüpft, sondern vielmehr an Fähigkeiten, die man nicht in der Schule lernt. Daraus könnten wir folgern, dass der Bildungsgrad auf dem Hollywood-Heiratsmarkt keinerlei Rolle spielt, und dort vielmehr andere Eigenschaften zählen, die das Einkommen erhöhen – wie körperliche Attraktivität.

Doch weit gefehlt. Das Kuriose ist, dass der Bildungsgrad bei der Auswahl eines potenziellen Ehepartners sehr wohl eine Rolle zu spielen scheint; Filmstars scheinen genauso häufig nach einem Partner zu suchen, der einen ähnlichen Bildungsgrad hat wie die Durchschnittsbevölkerung. Es ist also nicht nur das Einkommen, das zählt, sondern es geht auch noch um etwas ganz anderes – darum, dass Menschen mit einem ähnlichen Bildungsgrad für gewöhnlich auch viele andere Dinge gemeinsam haben. Und Gemeinsamkeiten zu haben, das ist allem Anschein nach auch für Prominente wichtig.

Erstens: Männer müssten verstärkt in ihre Bildung investieren in der Hoffnung, ihre Position auf dem Heiratsmarkt zu verbessern. Es ist zwar eher unwahrscheinlich, dass junge Kerle ihre Heiratschancen ins Kalkül ziehen, wenn sie entscheiden, ob und wie lange sie ihre Ausbildung fortführen, ihre Chancen auf Sex allerdings wohl schon. Allein deswegen möchte man meinen, dass es in den Hochschulen/Universitäten mehr Männer als Frauen gibt (siehe Kapitel 2, ab S. 64).

Zweitens: Gebildete Frauen in Städten müssten sich andere Märkte für die Partnersuche erschließen – den ländlichen Heiratsmarkt beispielsweise. Dass gebildete Frauen in den Städten in der Überzahl sind, lässt darauf schließen, dass in den ländlichen Regionen geringer gebildete Männer in der Überzahl sind. Dank der enormen technischen Fortschritte in den letzten Jahrzehnten haben gebildete Arbeitskräfte heute eine gewisse räumliche und zeitliche Flexibilität in der Gestaltung ihrer Arbeitstage. Wären also die Frauen bereit, auch einen geringer gebildeten Mann zu heiraten, dann ließe sich ein Job in der Stadt mit einem Leben auf dem Lande sehr gut verbinden. (Nach aktuellen Erhebungen des Pew Research Center liegt der Anteil der Frauen, die mit einem geringer gebildeten Mann verheiratet sind, bei 28 Prozent und damit höher als der Anteil der Frauen – 19 Prozent –, die mit einem höhergebildeten Mann verheiratet sind.)

Ehen stärken das wirtschaftliche Klassensystem

Am Ende des Heiratsmarkts scheinen alle Kriterien wie Einkommen, Bildung, Religion, Körpergröße, Attraktivität und sogar Körpergewicht passé. Ein aktueller Aufsatz von Kerwin Kofi Charles, Erik Hurst und Alexandra Killewald zeigt ein zusätzliches Element auf, das bei der Partnersuche bedeutend scheint: das elterliche Vermögen.

Würden wir einen beliebigen Mann mit einem elterlichen Vermögen von weniger als 1000 Dollar in Kontakt mit einer beliebigen Frau bringen, so gäbe es lediglich eine 16-prozentige Chance, dass er eine Frau heiratet, deren elterliches Vermögen ebenfalls weniger als 1000 Dollar beträgt. Im wirklichen Leben aber sind 35 Prozent der Männer mit geringem elterlichem Vermögen mit Frauen verheiratet, deren elterliches Vermögen gleichermaßen gering ausfällt.

Würden wir einen beliebigen Mann, dessen elterliches Vermögen mehr als 100 000 Dollar beträgt, in Kontakt bringen mit einer beliebigen Frau, so gäbe es lediglich eine 39-prozentige Chance, dass er eine Frau heiratet, deren elterliches Vermögen ebenfalls mehr als 100 000 Dollar beträgt. Tatsächlich aber sind 60 Prozent dieser Männer mit Frauen verheiratet, die aus ebenfalls steinreichen Elternhäusern kommen, und nur 7 Prozent sind mit Frauen verheiratet, deren elterliches Vermögen bei weniger als 1000 Dollar liegt.

Dass das elterliche Vermögen eine Rolle für den Erfolg auf dem Heiratsmarkt spielt, ist aus vielerlei Gründen nicht überraschend. Es ist durchaus denkbar, dass man seinen zukünftigen Ehepartner in den gesellschaftlichen Kreisen seiner Eltern findet, oder dass man mit Menschen aus ähnlich vermögenden Verhältnissen mehr gemeinsame Interessen hat.

Geht man nun davon aus, dass das Vermögen bei der Partnersuche eine entscheidende Rolle spielt, so zeigt sich interessanterweise, dass die ehelichen Handelsgewinne daraus in den unterschiedlichen sozioökonomischen Gruppen offenbar nicht immer gleich hoch sind. Vermögende Personen haben weit mehr zu gewinnen als unvermögende. Diese Tatsache könnte erklären, warum Personen mit einem hohen Einkommen häufiger heiraten als Personen mit einem niedrigen Einkommen, da Einkommen (und Bildungsniveau) offenbar in einem Zusammenhang mit dem elterlichen Vermögen stehen.

Sie deutet auch darauf hin, dass die Kluft zwischen Reich und Arm im Lauf der Zeit nur noch größer werden wird. Die Kinder

der Wohlhabenden werden nicht nur das Vermögen ihrer Eltern erben, sondern auch das der Eltern ihres künftigen Ehepartners. Die Kinder der Armen werden die Schulden ihrer Eltern erben und dazu die Schulden der Eltern ihres künftigen Ehepartners. Und so wird sich der Wohlstand in den Händen eines immer kleiner werdenden Anteils privater Haushalte konzentrieren.

Drittens: Gebildete Frauen müssten sich dazu entscheiden, Single zu bleiben und keinen Mann zu heiraten, der eine geringere Bildung aufweist und ein geringeres Einkommen hat als sie selbst (was viele Frauen ja auch tun). So kommen sie zwar nicht in den Genuss der Vorteile einer Ehe (die wir bereits besprochen haben), aber der Markt stellt dennoch alle Angebote bereit, die sie brauchen (Samenbanken zum Beispiel). Zudem verfügen viele über ein Einkommen, das hoch genug ist, um sich zumindest einige der Güter und Dienstleistungen kaufen zu können, die ihnen auch eine Ehe geboten hätte. Für viele Frauen ist dies die optimale Lösung.

Hochzeit? Ja, aber … Hochzeit? Nein, danke!

Vieles von dem, was ich bislang ausgeführt habe, gilt nicht nur für heterosexuelle Paarbeziehungen, sondern auch für gleichgeschlechtliche. Einen Unterschied aber gibt es doch: Partner in gleichgeschlechtlichen Beziehungen sind nicht vom geschlechtsspezifischen Lohngefälle betroffen. Bei der Entscheidung, wie viel oder wenig Frau in ihre Karriere investieren will, fällt für die lesbische Frau ein Entscheidungsfaktor weg. Für sie steht nicht zu erwarten, dass sie einmal mit jemandem verheiratet sein wird, der ein höheres Gehalt bekommt als sie selbst.

Es gibt eine interessante Beobachtung, wonach lesbische Frauen ein um rund 6 bis 13 Prozent höheres Gehalt bekommen als heterosexuelle Frauen. Eine spezielle US-amerikanische Studie befasst sich mit diesem Gehaltsbonus für Lesben und gibt uns dabei auch einen Einblick in die Art und Weise, wie heterosexuelle Frauen, die einmal eine Heirat planen, in ihre Karrieren investieren.

Aus der Studie geht hervor, dass Lesben im Durchschnitt besser ausgebildet sind, vorwiegend in Städten wohnen, weniger Kinder haben und deutlich häufiger als andere Frauen über eine Fachqualifikation verfügen. Die Forscher nahmen diese Unterschiede genauer unter die Lupe (genauer gesagt verglichen sie Frauen miteinander, die in allen Bereichen ähnliche Merkmale besaßen und sich nur in ihrer sexuellen Orientierung unterschieden) und stellten dabei fest, dass der Gehaltszuschlag für Lesben durchaus besteht.

Eine mögliche Erklärung hierfür bringt uns wieder zu der Geschichte mit dem komparativen Vorteil: Männer wurden für ihre Arbeit außer Haus historisch bedingt höher bezahlt, während den Frauen der komparative Vorteil der Hausarbeit aufgenötigt wurde.

Das Lohngefälle zwischen Männern und Frauen mag mittlerweile weniger steil ausfallen. Geht eine Frau aber davon aus, dass sie eines Tages einen Mann heiraten wird, der ohnehin besser verdient als sie selbst, hat sie aus Investitionen in ihre eigenen Kompetenzen und Fähigkeiten, die ihr einen Vorteil am

Arbeitsmarkt verschaffen würden, weniger zu erwarten. Dieses »Humankapital«, wie Ökonomen die Investitionen in Bildung bezeichnen, umfasst nicht nur die schulische Bildung – die könnten Forscher anhand von Daten leicht überprüfen. Es umfasst auch eine ganze Reihe von Fähigkeiten, die sich auf dem Arbeitsmarkt buchstäblich auszahlen, die sich aber nicht an prüfbaren Daten festmachen. Dazu gehört zum Beispiel, wie groß die Leistungen sind, die eine Frau bereit ist aufzuwenden, um ihre eigene Karriere voranzubringen.

Für Frauen, die nicht die Absicht haben, einmal einen Mann zu heiraten, und sich auf die Zukunft mit einer Partnerin freuen, gibt es keinen Anreiz für eine Unterinvestition in das eigene Humankapital. Lesbische Frauen gehen Beziehungen mit Frauen ein, die besser verdienen, aber auch mit Frauen, die geringer verdienen. Frau = Herd, Mann = Versorger – diese Gleichung vom tradierten komparativen Vorteil geht für lesbische Frauen nicht auf. Insofern leuchtet es durchaus ein, dass sie mehr in ihre Fähigkeiten und Kompetenzen investieren, die ihnen einen Vorteil auf dem Arbeitsmarkt verschaffen.

Nasser Daneshvary, Jeffrey Waddoups und Bradley Wimmer haben diese These überprüft und den Gehaltszuschlag für Lesben am Beispiel zweier Gruppen untersucht. Die erste Gruppe bestand aus Frauen, die früher eine heterosexuelle Ehe geführt hatten, die zweite aus Frauen, die nie verheiratet waren. Die Grundannahme: Lesbische Frauen, die einmal mit einem Mann verheiratet waren (rund 44 Prozent der lesbischen Frauen in dieser Auswahl) hatten zu ihrer Ausbildungszeit (möglicherweise) die Erwartung, dass sie einmal einen Mann mit einem höheren Einkommen heiraten würden. Die Frauen, die nie verheiratet gewesen waren, hatten diese Erwartung vielleicht auch, wahrscheinlicher aber ist, dass sie sich zukünftig eine Beziehung mit einer anderen Frau ausmalten.

Aber lässt sich damit die Theorie untermauern, die den Gehaltszuschlag für lesbische Frauen damit erklärt, dass diese Frauen stärker in ihre marktfähigen Kompetenzen investiert haben? Nun, wie sich herausstellte, fällt der Gehaltszuschlag im Schnitt um rund 17 Prozent geringer aus, wenn die Frau eine Zeitlang mit einem Mann verheiratet war, was die Theorie halbwegs untermauert. Trotzdem liegt der Gehaltszuschlag für lesbische Frauen, die einmal verheiratet gewesen sind, immer noch bei 5,2 Prozent. Warum es ihn gibt, ist den Forschern weiterhin ein Rätsel.

Es gibt noch einen weiteren Beweis dafür, dass Frauen, die sich eine Heirat erwarten, zu Unterinvestitionen in ihre Karrieren neigen. Den Beweis liefert eine Gruppe von Frauen, die beim Blick in die Statistiken eigentlich davon ausgehen müssten, dass sie niemals heiraten werden – die fettleibigen Frauen. Die Gesundheitsökonomin Heather Brown stellte fest, dass fettleibige Single-Frauen besser verdienen als ähnlich ausgebildete Frauen mit einem niedrigeren Body Mass Index (BMI). Dieses Ergebnis ist ein wenig verwirrend, zumal es in einer gemischten Gruppe, die aus verheirateten und aus Single-Frauen besteht, oftmals die fettleibigen Frauen sind, die weniger verdienen.

Nachdem sie alle anderen Variablen überprüft hatte, die mit dem Lohn korrelieren (Berufstätigkeit, Gesundheit, Bildung, Alter, Zahl der Kinder usw.), kam Brown zu dem Ergebnis, dass der BMI-Wert bei verheirateten Männern und bei Single-Frauen positiv mit der Höhe des Gehalts verknüpft ist – je dicker, desto mehr Gehalt.

Bei Single-Männern und verheirateten Frauen ist er negativ verknüpft – je dicker, desto weniger Gehalt.

Brown erklärt sich das höhere Gehalt bei dickeren verheirateten Männern damit, dass Übergewicht die Männer auf dem Heiratsmarkt nicht in der gleichen Weise benachteiligt wie Frauen (die es dadurch schwerer haben, einen Mann zu finden). Aber es spornt sie an, verstärkt in ihre Karrieren zu investieren, um ihre mangelnde körperliche Fitness wettzumachen und ihre Ehefrauen zu entschädigen.

Diese Tatsache wird gestützt durch einen Aufsatz von Pierre-André Chiapori, Sonia Oreffice und Climent Quintana-Domeque – unter Verwendung von Statistiken aus den Vereinigten Staaten und neun europäischen Ländern. Sie fanden heraus, dass ein durchschnittlicher Mann mit 10 Kilogramm Übergewicht seine Ehefrau dadurch entschädigen kann, dass er 1 Prozent über dem Durchschnittslohn verdient. Übergewichtige Frauen hingegen sind auf dem Heiratsmarkt erheblich benachteiligt. Es besteht nicht nur eine geringere Wahrscheinlichkeit, dass sie jemals heiraten werden. Nein, selbst wenn sie heiraten, ist es zumeist ein Mann mit einem geringen Einkommen. Der BMI einer verheirateten Frau steigt, je kleiner das Einkommen des Mannes ist, mit dem sie verheiratet ist.

Laut Heather Brown ist übergewichtigen Frauen sehr wohl bewusst, dass ihre Heiratschancen gering sind, und dass der Zukünftige, wenn es doch zu einer Heirat kommt, wohl auch nicht viel verdienen wird. Deshalb investieren sie verstärkt in ihr Humankapital, um ihren Lebensstandard auf ein Niveau zu heben, wie es mit einer Heirat vielleicht zu erwarten gewesen wäre.

Denkbar ist auch, dass sie damit einem potenziellen Ehemann

einen Ausgleich dafür schaffen wollen, mit einer übergewichtigen Frau verheiratet zu sein. Es spricht sogar einiges dafür, dass diese Rechnung aufgehen kann, allerdings nicht ganz so glatt wie bei Männern.

Tatsächlich scheinen Frauen, die davon ausgehen, später einmal mit einem gut verdienenden Mann verheiratet zu sein, zu Unterinvestitionen in die eigene Karriere neigen. Es ist wichtig zu verstehen, welche ökonomischen Faktoren an der Produktion von Haushaltsgütern und Dienstleistungen verheirateter Paare beteiligt sind. Damit erhellen sich weitere Zusammenhänge, die etwa unser Verhalten bei der Partnerwahl erklären oder auch (teilweise zumindest) die Tatsache, dass das Lohngefälle zwischen Männern und Frauen trotz der enormen, beruflichen Erfolge erwerbstätiger Frauen nach wie vor besteht. Man ist leicht versucht zu glauben, dass dieses Lohngefälle allein das Produkt diskriminierender Arbeitgeber ist. Aber es scheint so, als würden die Heiratserwartungen einiger Frauen im Schnitt zu einer geringeren Produktivität der (weiblichen) Arbeitskraft und zu niedrigeren Löhnen für Frauen führen.

Bildung in interkulturellen Beziehungen

Hier kommt eine sehr interessante Frage: Wie entscheiden sich Menschen, wenn sie die Wahl haben zwischen einem Partner mit demselben Bildungsgrad wie sie selbst und einem Partner mit derselben ethnischen Herkunft?

Unter Verwendung der Daten des United States Census Bureau stellten Delia Furtado und Nikolaos Theodoropoulos Folgendes fest: Mit jedem zusätzlichen Schul- oder Studienjahr, das eine Person absolviert hat, sinkt die Wahrscheinlichkeit, dass diese Person mit einem Partner gleicher ethnischer Herkunft verheiratet ist, um 1,2 Prozent.

Daraus ergibt sich, dass die Wahrscheinlichkeit größer ist, außerhalb der eigenen ethnischen Gruppe zu heiraten, umso höher die Bildung ist. Ganz so überraschend ist dieses Ergebnis allerdings nicht, wenn man bedenkt, dass höhergebildete Personen sehr viel häufiger außerhalb ihres Herkunftsortes leben und arbeiten.

Interessant aber ist, dass in ethnischen Gemeinschaften, in denen der durchschnittliche Bildungsgrad vergleichsweise höher ist, kein Zusammenhang mehr zwischen Bildung und der Bereitschaft, außerhalb der eigenen ethnischen Gruppe zu heiraten, besteht. Personen mit einem vergleichsweise höheren Bildungsgrad heiraten tendenziell häufiger innerhalb der eigenen ethnischen Gruppe.

Beispiel: In West Palm Beach (Florida) weist ein/e Zuwanderer/in aus Guatemala im Schnitt sieben Jahre weniger Schuldbildung auf als die restliche Bevölkerung. Für eine/n Guatemalteken/in in dieser Stadt führt ein zusätzliches Jahr an Bildung zu einer um mehr als 5 Prozent geringeren Wahrscheinlichkeit, dass diese Person innerhalb der guatemaltekischen Gemeinschaft heiraten wird. Mehr Bildung bedeutet hier also eine höhere Wahrscheinlichkeit auf eine Ehe außerhalb der eigenen ethnischen Gruppe.

Anderes Beispiel: Eine indischstämmige Person in Pittsburgh verfügt im Schnitt über vier Jahre mehr Bildung als der Rest der Bevölkerung. Für eine/n Inder/in in dieser Stadt führt ein zusätzliches Bildungsjahr zu einer um fast 2 Prozentpunkte höheren Wahrscheinlichkeit, innerhalb ihrer ethnischen Gemeinschaft zu heiraten. Mehr Bildung bedeutet hier also eine geringere Wahrscheinlichkeit auf eine Ehe außerhalb der eigenen ethnischen Gruppe.

Ökonomen gehen gemeinhin davon aus, dass die Eltern für ihr Kind den Bildungsgrad wählen, der ihnen später einmal ein maximales Verdienstpotenzial ermöglicht. Es ist aber auch denkbar, dass Eltern für ihr Kind einen Bildungsgrad wählen, der ihm die größtmögliche Wahrscheinlichkeit bietet, später einmal innerhalb der angestammten ethnischen Gruppe zu heiraten (sofern sie eine starke Präferenz für intra-ethnische Ehen haben). Und dieser Bildungsgrad kann sich durchaus unterscheiden von dem, mit dem das Kind finanziell und materiell besser gestellt wäre. Der Zusammenhang zwischen inter-ethnischen Ehen und Bildungsgrad könnte auch erklären, warum Eltern in den verschiedenen ethnischen Gemeinschaften so unterschiedlich hoch in die Bildung ihrer Kinder investieren.

Zu guter Letzt

Ich erwarte natürlich nicht, dass sich meine Idee vom ökonomischen Eheversprechen durchsetzen wird. Aber vielleicht muss man einfach billigend in Kauf nehmen, dass niemand vollkommen ist. Ich möchte zum Beispiel gerne einen Mann finden, der ein ähnliches Bildungsniveau hat wie ich, weil ich es ganz schön fände, wenn wir hier eine gewisse Gemeinsamkeit hätten.

Aber vielleicht überlege ich es mir auch anders, wenn ich einen Mann kennenlerne, der weniger gebildet ist, dafür aber zum Beispiel einen extrem durchtrainierten Körper hat. Ich wäre durchaus bereit, diesen Kompromiss einzugehen. Und zwar nicht nur, weil knackige Männer hübsch anzusehen sind (aber hallo!), sondern auch, weil sie eine höhere Lebenserwartung haben. Zugegeben, ich hätte gerne einen Mann, der beides hat, eine gute Bildung und einen guten Körper, aber wenn ich den nicht kriegen kann (oder, um es genauer zu formulieren, wenn sich keiner finden lässt, der es mit mir aushält), dann muss ich mich eben entscheiden, was mir wichtiger ist – Körper oder Bildung.

Wie gesagt, ohne Einbeziehung der ökonomischen Kräfte bliebe unser Verständnis von der Welt unvollständig. Dies gilt insbesondere dann, wenn wir ergründen und verstehen wollen, nach welchen Kriterien wir unseren Lebenspartner auswählen.

Eines der wichtigsten Konzepte der Ökonomie ist das Konzept der *Opportunitätskosten*. Es beschreibt den potenziellen Nutzen, der uns entgeht, wenn wir uns für eine alternative Möglichkeit entscheiden. Wenn ich mich für eine feste Beziehung entscheide, dann entscheide ich, dass der Nutzen oder die Vorteile, die mir aus dieser Beziehung entstehen, größer sind als die Opportunitätskosten – dass sie größer sind, als in einer alternativen Beziehung zu sein oder auch in gar keiner Beziehung zu sein.

Opportunitätskosten unterliegen ökonomischen Kräften und entwickeln sich demzufolge entsprechend so, wie sich der Markt entwickelt. Kein Wunder also, dass sich auch unsere Kriterien für die Partnerwahl verändert haben, heute, da Bildung zu einer immer wichtigeren Determinante für unsere Verdienstchancen wird, da der einstige komparative Vorteil der Männer auf dem Arbeitsmarkt verschwunden ist und da es qualifizierte Arbeitskräfte in urbane Regionen zieht.

All diese ökonomischen Faktoren haben die Ehe modelliert und geprägt und werden dies auch in der Zukunft weiterhin tun. Diese Erkenntnis spielt für unser Verständnis der wechselseitigen Beziehung zwischen Ehe und Ökonomie eine wichtige Rolle. Männer wie Frauen ziehen bei wichtigen ökonomischen Entscheidungen ihr Potenzial auf dem Heiratsmarkt ins Kalkül. Auf die Zukunft bezogen wird die Entwicklung der Lohn- und Bildungskluft zwischen den Geschlechtern (um nur zwei Beispiele ökonomischer Folgen zu nennen) bis zu einem gewissen Grad davon geprägt sein, wie sich die einzelnen Personen auf dem Heiratsmarkt verhalten.

Mit der Heirat aber ist die Bedeutung der Opportunitätskosten nicht verschwunden; umso größer der Wert, den eine Person auf dem Heiratsmarkt hat (oder auch auf dem Wiederverheiratungsmarkt), umso größer ist ihre Verhandlungsmacht innerhalb der eigenen Ehe – ein Thema, das wir in Kapitel 6 (siehe S. 202) beleuchten werden. Zuerst aber wollen wir uns der »sehr guten Institution Ehe« aus rechtlicher und gesellschaftlicher Sicht widmen.

5

Die Ehe – eine sehr gute Institution

Die Ehe als Institution

»Die Ehe ist eine sehr gute Institution, aber ich bin nicht reif für eine Institution«, so sagte einmal die Hollywood-Schauspielerin Mae West. Und sie hatte Recht. Die Ehe ist eine sehr gute *Institution* im ökonomischen Sinne des Wortes. Für Ökonomen sind Institutionen schlicht Regelsysteme und gesellschaftlich verankerte Vorstellungssysteme, die das soziale Verhalten und Handeln der Menschen steuern. Während Soziologen und Anthropologen sich fünfzig Jahre lang die Köpfe heiß redeten, um die Ehe zu definieren, begnügen sich die Ökonomen mit der Erkenntnis, dass sich die Ehe auf das Handeln der Einzelnen in einer familiären Gemeinschaft bezieht, die sich durch zwei Mitglieder definiert.

Sich die Ehe als eine Institution zu denken ist sinnvoll, denn was es bedeutet, »verheiratet« zu sein, ist nicht in Stein gemeißelt. Ehe ist nicht gleich Ehe. Je nach Ort und Gemeinschaft gibt es beträchtliche Unterschiede und, ganz wichtig, diese Institution verändert sich im Lauf der Zeit. Als Angehöriger einer bestimmten Gemeinschaft kann man sich die darin anerkannte und gefestigte Form der Ehe nicht aussuchen (die ist durch die Gemeinschaft als Ganzes bestimmt). Gleichzeitig aber bestimmen andere Faktoren, *ökonomische* Faktoren, wie sich die Institution Ehe mit der Zeit entwickelt.

Nähert man sich dem Thema von der historischen Seite, so stellt man fest, dass es in den meisten menschlichen Gesellschaften auf der Welt ein System gab, das es einem Mann gestattete, mehr als nur eine Frau zu heiraten – ein System, das man heute als heterosexuelle Polygynie bezeichnet und das eine spezielle Form der Polygamie darstellt. Wenige Gesellschaften lebten das System der heterosexuellen Monogamie, in der ein Mann mit nur einer Frau in Gemeinschaft zusammenlebte. Und noch seltener gab es in Gesellschaften alternative Eheformen wie die Polyamorie (mehrere Männer und mehrere Frauen, die nicht miteinander verheiratet sein müssen) oder die Polyandrie (eine Frau ist mit mehr als einem Mann verheiratet).

Kleine Geschichte der Ehe

Die Art und Weise, wie unsere Vorfahren ihre ehelichen Beziehungen organisierten, war eng verbunden mit der Art und Weise, wie sie ihre Nahrung sammelten.

Jäger und Sammler in grauer Vorzeit (vor 5 bis 1,8 Millionen Jahren) lebten in Urhorden und ohne langfristige Paarbindungen zusammen. Männer und Frauen hatten Sex mit vielen

Partnern, und das Teilen von Nahrungsmitteln geschah meist im Tausch gegen sexuelle Gefälligkeiten (die übrigens nicht nur zwischen Männern und Frauen stattfanden, sondern auch zwischen gleichgeschlechtlichen Paaren). Da sich Früchte, Nüsse und Insekten auch sammeln ließen, wenn man schwanger war oder ein Neugeborenes zu hüten hatte, waren die Männer als Beschützer oder Ernährer überflüssig und mithin auch die Ehe bzw. eine feste Bindung.

Als das Klima milder wurde und die Wälder schwanden, zogen die Menschen in die Savannen. Ihre Nahrung bestand nun aus gesammelten Pflanzen, Fleischresten, die Raubtiere übrig gelassen hatten, und irgendwann aus dem Fleisch wilder Tiere, die die frühen Jäger unter Verwendung erster Werkzeuge erbeutet hatten. Der nun höhere Fleischanteil der Nahrung sorgte dafür, dass Babys früher geboren wurden und dadurch mehr mütterliche Fürsorge brauchten, um zu überleben. Da in dieser Zeit (vor 1,8 Millionen bis 23 000 Jahren) die Mittel unter den Männern gleichmäßig verteilt waren, war Monogamie die vorherrschende Bindungsform. Man könnte diese frühe Form der Ehe vielleicht am besten mit dem Begriff der »seriellen Monogamie« beschreiben, da die Paare nur so lange zusammenblieben, wie es für das Überleben ihrer Nachkommen notwendig war (ungefähr vier Jahre).

Mit dem Aufkommen des Ackerbaus vor 23 000 bis 10 000 Jahren, als die Menschen begannen, ihre eigenen Nahrungspflanzen anzubauen, verfestigten sich die monogamen Lebensformen: Die Erfindung des Pflugs vor mehr als 4000 Jahren führte zu einer ersten klaren Aufgabenverteilung zwischen Männern und Frauen. Ackerbau zu betreiben bedeutete auch, dass die Männer fortan Reichtum anhäufen konnten. Und damit war es vorbei mit der Gleichverteilung der Mittel, wie sie in frühen Epochen bestanden hatte. Trotz dieser Ungleichverteilung setzte sich die Monogamie durch, was sich möglicherweise dadurch erklärt, dass die Feldarbeit es den Ackerbauern unmöglich machte, auf mehr als eine Ehefrau aufzupassen.

Es gibt noch eine weitere Theorie, die von Brooks Kaiser und mir vorgebracht wird. Danach lag die Monogamie in der naturgemäßen Veranlagung des Menschen, denn diese Lebensform sicherte die größtmöglichen Überlebenschancen der Nachkommen. Zudem förderten bestimmte Formen der Landwirtschaft, insbesondere die Milchwirtschaft, das Fortbestehen der monogamen Ehe trotz der Ungleichverteilung der Mittel unter den Männern. Warum? Weil Milchvieh paarbindende Hormone produziert, die der Monogamie Vorschub leisteten. Unterstützt wird diese Theorie durch die Beobachtung, dass Gemeinschaften in Regionen, in denen die Viehwirtschaft vorherrschte (wie etwa in Europa), überwiegend monogam lebten, während Gemeinschaften in anderen Regionen (wie in Afrika) überwiegend Polygynie praktizierten.

In den meisten Länder hat sich heute die Monogamie als die einzig anerkannte rechtliche Form etabliert, doch praktiziert wird eine Form der Ehe, die man treffender mit dem Begriff »serielle Monogamie« beschreiben könnte. In diesem System können ein Mann oder eine Frau jederzeit mehrere eheähnliche Beziehungen haben (wie bei der Polygamie), dürfen aber nur mit einem Partner verheiratet sein.

Stellen wir nun die Ökonomien der Länder, in der die serielle Monogamie die institutionalisierte Form der Ehe ist, den Ländern gegenüber, in denen es die Polygamie ist, so zeigt sich, dass es ausnahmslos die Industriestaaten sind, in denen die Polygamie als Institution verworfen wurde. Bis heute ist den Ökonomen schleierhaft, wie der Mensch diesen Hang zur Monogamie entwickeln konnte (wir werden gleich noch erläutern, warum). Doch die Monogamie zeigt einen deutlichen Zusammenhang zwischen der Wirtschaftsnatur eines Landes und der rechtsgültig anerkannten Form der Ehe als Institution.

Ein zweites Beispiel für den Zusammenhang zwischen Wirtschaft und Ehe zeigt sich darin, dass die reichen Nationen dieser Welt heute zunehmend bereit sind, monogame Ehen auch zwischen zwei Männern oder zwei Frauen zu institutionalisieren (gleichgeschlechtliche Ehen oder auch eheähnliche Partnerschaften). Auch wenn einzelne Bürger in solchen Ländern diese Lebensgemeinschaften nicht als »Ehen« nach alttradierter Vorstellung verstehen wollen: Ein institutioneller Wandel bedarf nicht der Zustimmung aller; ein Wandel im Rechtsrahmen (will heißen, im Regelsystem) ist alles, was es braucht, um einen institutionellen Wandel zu vollziehen.

Die Beziehung zwischen gleichgeschlechtlicher Monogamie und dem Reichtum einer Nation gibt weniger Rätsel auf als die Beziehung zwischen serieller Monogamie und dem Reichtum einer Nation. Dass Länder im Laufe ihrer Geschichte überhaupt Reichtum anhäufen konnten, liegt mithin daran, dass sie die Rechte und Freiheiten eines jeden Menschen anerkannten und so ein innovationsfreundliches Umfeld schufen, in dem neue Technologien gedeihen konnten. In diesem staatlichen

Rahmen wurde es auch Juristen überhaupt erst möglich, für gleichgeschlechtliche Ehen zu kämpfen und die rechtliche Anerkennung gleichgeschlechtlicher monogamer Partnerschaften durchzusetzen. Dass gleichgeschlechtliche Ehen möglich werden, liegt folglich nicht an der wirtschaftlichen Entwicklung eines Landes. Es liegt vielmehr daran, dass Voraussetzungen und Eigenschaften erfüllt sind, in deren Rahmen sich beides entfalten kann – nationaler Reichtum ebenso wie eine Offenheit für den institutionellen Wandel der Ehe.

Wir befassen uns gleich noch ein wenig näher mit den Institutionen. Aber lassen Sie mich zuerst einen kleinen Bogen schlagen. Ich will Ihnen an einem Beispiel zeigen, welche Rolle die Wirtschaft spielt, wenn einzelne Haushalte entscheiden, wie ihre Ehe jeweils organisiert sein soll, und wie diese individuellen Entscheidungen zu mehrheitlich akzeptierten Organisationsformen in der Gesellschaft führen.

Bill Gates' Domizil

Das Domizil von Bill Gates ist mehr als 6600 Quadratmeter groß und trägt den Spitznamen Xanadu – benannt nach dem fiktiven Anwesen von Charles Foster Kane in Orson Welles' Film *Citizen Kane* (deutsch: »Bürger Kane«). Gates wohnt dort mit seiner Frau Melinda, und man darf getrost davon ausgehen, dass er darin ein weniger einsames Dasein führt als der Hausherr des originären (wenn auch fiktiven) Xanadu, der in seiner prunkvollen Villa alleine lebte und starb.

Stellen Sie sich folgendes fiktive Szenario vor: Bill Gates fühlt sich in seinem riesigen Domizil tatsächlich ein wenig einsam und beschließt eines schönen Tages, sich eine zweite Ehefrau zuzulegen. Platz genug für mehr als eine Familie wäre ja, insofern würde es also keinem schlechter gehen, nicht wahr?

Oh, doch. Melinda Gates. Ihr geht es damit vermutlich schlechter, als wenn sie die einzige Frau an Bills Seite geblieben wäre. Psychisch gesehen jedenfalls. Schlechter im wirtschaftlichen Sinne geht es ihr sicherlich nicht, denn es ist schwer vorstellbar, dass sie und ihre Kinder durch eine zweite Ehefrau im Haus materielle Einbußen zu erleiden hätten. Und auch wenn Melinda schon damals, als sie sich entschied, ihn zu heiraten, eine leise Ahnung gehabt hätte, dass ihr Bill sich irgendwann eine Zweitfrau nehmen würde, so war die Ehe mit ihm nicht die schlechteste Entscheidung. Als seine erste Frau nämlich ist sie heute wirtschaftlich allemal besser gestellt, als wenn sie andere Angebote wahrgenommen und beispielsweise einen ärmeren Mann geheiratet hätte, für den eine zweite Frau niemals infrage gekommen wäre.

Zugegeben, für die meisten von uns ein eher befremdliches Szenario, da wir uns kaum vorstellen können, in einem polygynen Haushalt zu leben. Aber genau das hat Melinda in unserem Beispiel billigend in Kauf genommen, als sie Bill ihr Jawort mit der leisen Ahnung gab, dass es einmal eine Zweitfrau geben würde. Insofern handelte sie bei ihrer Hochzeit in ihrem ureigenen Interesse und dem ihrer (späteren) Kinder. Sie wollte lieber mit einem hypothetisch polygynen Bill verheiratet sein als mit irgendeinem anderen Mann, obgleich sie damit rechnen musste, dass ihr irgendwann eine zweite Frau (buchstäblich) ins Haus stehen würde.

Die zweite Frau, die Bill in unserem Beispiel findet und heiratet, nennen wir sie Natalie, ist nun definitiv ebenfalls besser gestellt als zuvor. Sie ist mit einem der reichsten Männer der Welt verheiratet und ihr und ihren Kindern wird es fortan an nichts mangeln. Dass sie Bills zweite Ehefrau ist, mag ihr zwar nicht gefallen, aber auch sie hat in ihrem ureigenen Interesse und dem ihrer Kinder gehandelt, da sie wusste, dass Bill bereits mit Melinda verheiratet ist. Sie hätte sich auch dazu entschließen können, die einzige Frau eines anderen, wahrscheinlich ärmeren Mannes zu werden, oder Single zu bleiben. Die Tatsache, dass Natalie beschloss, Bills zweite Frau zu werden, zeigt, dass sie mit dieser Wahl und dieser Form der Ehe am glücklichsten ist.

Bill ist vermutlich auch besser dran. Er könnte sich einen ganzen Harem leisten, und seine finanziellen Mittel werden dadurch nicht signifikant schrumpfen.

Klingt ganz so, als ginge es jedem der Mitspieler in diesem fiktiven polygynen Haushalt in Xanadu mit dieser Form der Ehe besser als ohne sie – schließlich spielen sie ja alle bereitwillig mit. Das heißt nicht, dass die Polygynie für alle auch die Idealform der Ehe darstellt (insbesondere was die beiden Frauen betrifft), es ist nur die von ihnen bevorzugte Form aus der Reihe der für sie persönlich möglichen.

Dieses Beispiel wirft eine weitere Frage auf: Wenn steinreiche Männer wie Bill Gates mehr als eine Ehefrau finden können und jeder der Beteiligten aus der polygynen Eheform einen Vorteil zieht, warum werden solche Eheformen dann in den USA gesetzlich verhindert? Oder anders ausgedrückt: Warum ist die Monogamie in allen reichen Nationen, in denen reiche Männer erheblich reicher sind als arme, die institutionalisierte Form der Ehe?

Die Antwort auf diese Fragen läuft auf zwei Faktoren hinaus.

Erstens: Melinda Gates ist eine intelligente, gebildete Frau, und in Industrienationen, wo Bildung und Intelligenz einen hohen Stellenwert haben, hat sie auf dem Heiratsmarkt ziemlich viel Macht. Von sich aus wäre sie niemals bereit gewesen, die erste von zwei Ehefrauen zu werden, denn sie hätte leicht einen anderen Mann finden können, der sie gerne zu seiner ersten und einzigen Frau gemacht hätte. Klar, er hätte vielleicht nicht zu den reichsten Männern der Welt gehört, aber ich vermute mal, sie hätte sehr viel lieber auf einen Teil des Reichtums verzichtet, um ihren Mann für sich alleine zu haben.

Wenn Bill also eine Frau will, die bereit ist, die erste von zwei Frauen zu sein, so muss er sich eine suchen, die weniger intelligent und weniger gebildet ist als Melinda. Scheint machbar. Aber wenn er zudem intelligente und gebildete Kinder haben will, denn diese Eigenschaften stehen in der Wirtschaft von heute hoch im Kurs, so wird er dies wohl tunlichst bleiben lassen. Gewiss, einige reiche Männer sind mit weniger gebildeten, dafür äußerst attraktiven Frauen verheiratet. Doch auch diese Frauen haben eine große Marktmacht und könnten sich jederzeit für eine Form der Ehe entscheiden, in der sie die erste und einzige Ehefrau wären.

Insofern glaube ich, dass Bill bei *einer* Ehefrau bleiben würde, auch wenn es ihm gesetzlich erlaubt wäre, mehr als eine zu heiraten. Historisch betrachtet haben es reiche Männer in Industrienationen stets vorgezogen, eine ideale Ehefrau an ihrer Seite zu haben und eben nicht mehrere, weniger ideale Ehefrauen – ganz nach der Devise: Qualität vor Quantität.

Und so ist auch die Antwort auf die Frage, warum die Gesetze der Vereinigten Staaten polygyne Ehen unterbinden, ganz einfach zu beantworten. Im Laufe der Geschichte führten ökonomische Faktoren zu einer gesellschaftlichen Norm, nach der jeder Mann nur eine Ehefrau hatte. Und diese gesellschaftliche Norm schrieben die Gesetzesmacher in der Geburtsstunde der Konföderierten Staaten von Amerika einfach fest.

Zweitens: Wir müssen uns klarmachen, dass es eine weitere Person gibt, die wir in unserer fiktiven Geschichte bislang ignoriert haben. Nämlich den Mann, nennen wir ihn Charles, den Natalie geheiratet hätte, wenn es Bill nicht gegeben hätte.

Mit Bills Entscheidung, Polygamist zu werden, zieht Charles ganz klar den Kürzeren. Natürlich kann Charles eine andere heiratswillige Frau finden, nun, da seine Idealfrau Natalie mit Bill verheiratet ist. Aber er hätte lieber sie gehabt als irgendeine andere.

Und da Charles nun eine weniger ideale Frau heiratet, verliert ein anderer Mann seine Idealfrau und muss seinerseits eine weniger ideale Frau heiraten. Dies zieht sich in einer Linie fort, vom reichsten Mann hinunter bis zum ärmsten, bis irgendwo ganz am Ende ein Mann ganz ohne Aussichten ist, überhaupt je eine Ehefrau zu bekommen.

Geht man davon aus, dass es in einer polygynen Gesellschaft die gleiche Anzahl von Männern und Frauen gibt, so ist nach Adam Riese sonnenklar, dass einige Männer aufgrund der bestehenden institutionellen Regelung vom Heiratsmarkt (und möglicherweise auch von Sex) ausgeschlossen werden.

Aber warum sollten Gesetzesmacher (reiche und mächtige Männer!) die institutionelle Monogamie einführen und die

Frauen damit praktisch zwingen, ärmere Männer zu heiraten, zumal diese ihrerseits von einer polygynen Eheinstitution profitieren würden? Ein seltsamer Gedanke. Aber in einer Demokratie (wie auch in anderen politischen Systemen) käme es generell nicht gut an, wenn es Gesetze gäbe, die jede Menge unzufriedener, unverheirateter und sexuell enthaltsamer Männer generieren würden. Es gilt also, die Masse der ärmeren Männer zu besänftigen, die andernfalls (wie Charles) sexuell den Kürzeren ziehen würden.

Welcher ökonomische Gedanke dahintersteckt, werden wir gleich noch sehen. Zuvor noch ein kleiner Nachtrag: Charles Kane, der Bewohner des fiktiven Xanadu, mag zwar als trauriger und einsamer Mann gestorben sein, tatsächlich aber war er verheiratet, zweimal sogar. Nicht gleichzeitig, versteht sich, aber wie viele andere Männer auch führte er eine Zeitlang ein polygynes Leben mit einer Ehefrau und einer Geliebten. Und das geht bekanntlich nie gut aus, zumindest nicht in Hollywoodfilmen.

Kanes Geschichte zeigt, dass es die Polygamie als institutionalisierte Form oder auch die gesellschaftliche Toleranz alternativer Formen der Ehe gar nicht braucht, um als reicher Mann die eheliche Untreue oder die serielle Monogamie zu pflegen. Auf diese Themen können wir uns in Kapitel 8 (siehe S. 298) freuen, wenn es darum geht, inwiefern die Ökonomie die eheliche Untreue beeinflusst.

Monogamie-Mathematik

Ökonomische Analysen basieren auf mathematischer Logik. Und so will ich nicht versäumen, Ihnen ein Beispiel eines mathematischen Modells zu geben. Es gibt ein Konzept, das Ökonomen dazu dient zu beurteilen, ob ein bestehender Zustand der bestmögliche ist oder nicht. Es trägt den Namen Pareto-Effizienz oder Pareto-Optimum. Ein Zustand wird dann als pareto-effizient bezeichnet, wenn es keinen anderen Zustand mehr gibt, der eine der beteiligten Personen besser stellt, ohne eine andere Person schlechter zu stellen. In einer von Ökonomen regierten Welt wäre die Pareto-Effizienz ein Kriterium zur Beurteilung, ob eine Regierung gesetzliche Änderungen vornehmen sollte oder nicht – wie etwa Änderungen von Gesetzen, die die Monogamie institutionalisieren oder die gleichgeschlechtliche Ehe verbieten.

Lassen Sie uns ein bisschen »Monogamie-Mathe« machen, wie ich meine kleinen Bilderspiele nenne, die Sie unten sehen.

Alle ökonomischen Modellierungen verwenden Symbole, die bestimmte Bedeutungen übermitteln. Monogamie-Mathematik macht nichts anderes. Wir verwenden vier Symbole, die jeweils einen Mann oder eine Frau repräsentieren.

Die beiden Symbole in der ersten Modellierung stellen die Frauen dar, die entweder verheiratet oder auf Ehepartner-Suche sind. Sie sind entweder glücklich oder unglücklich:

Die beiden Symbole in der nächsten Modellierung stellen die Männer dar, die entweder verheiratet oder auf Ehepartner-Suche sind. Sie sind entweder glücklich oder unglücklich:

Der Einfachheit halber nehmen wir an, dass die Frauen alle ziemlich identisch sind, insofern alle Männer glücklich wären, mit einer von ihnen verheiratet zu sein. Die Männer jedoch sind allesamt verschieden, insofern sie verschiedene Eigenschaften mit in die Ehe bringen. Sie unterscheiden sich beispielsweise im Einkommen, eine Eigenschaft, die ich für unsere kleine Mathematik gebrauchen werde, aber es können genauso gut andere Eigenschaften sein: gute Gene, eine fürsorgliche Art – oder andere Dinge, die Frauen bei einem Partner suchen.

Für unser ökonomisches Beispiel gehen wir von drei Männern aus und ordnen sie nach der Höhe ihres Einkommens an, das sie mit in die Ehe bringen. Es ergibt sich folgendes Bild:

Jeder in diesem einfachen Modell wäre gerne verheiratet. Die heiratswilligen Männer und Frauen lernen sich kennen, indem sich zufällige Paarungen ergeben (ein Speed-Dating für Strichmännchen sozusagen). Die Männer sind allesamt glücklich mit ihrer jeweiligen potenziellen Partnerin, denn die Frauen unterscheiden sich nicht voneinander, und so macht jeder Mann seiner Partnerin einen Heiratsantrag. Die Frauen auf der anderen Seite sind entweder glücklich oder unglücklich, je nachdem, wie viel oder wenig Vermögen der potenzielle Ehepartner in die Ehe einbringen kann. Nach der Zufallspaarung ergibt sich nun dieses Bild:

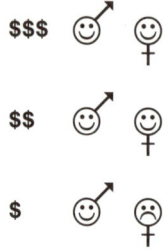

Jeder ist glücklich mit seinem potenziellen Ehepartner, außer der Frau, die zufällig an den Mann geriet, der am wenigsten Geld in die Ehe mitbringt.

Gibt es eine Möglichkeit, sie glücklicher zu machen?

Nun, wäre die Polygamie erlaubt, dann könnte sie glücklicher werden, indem sie den Heiratsantrag des armen Mannes ausschlägt und versucht, an den Mann heranzukommen, der das meiste zu bieten hat. Das würde dessen erste Frau zwar nicht freuen, aber in einer Gesellschaft mit einer institutionellen Polygynie hätte sie von vornherein davon ausgehen müssen, dass ihr reicher Gatte sich eine Zweitfrau nehmen würde, sobald diese verfügbar ist. Wäre sie lieber die einzige Frau des ärmsten Mannes anstatt einen reicheren Mann mit einer weiteren Frau zu teilen, würde sie das Heiratsangebot des reichen Mannes ausschlagen. Das tut sie aber nicht. Sie nimmt es an. Sie scheint also mit diesem reichen Mann offenbar glücklicher zu sein als mit den anderen beiden der drei verfügbaren Männer auf dem kleinen Schaubild.

In Gesellschaften mit institutioneller Polygamie und einer hohen Ungleichverteilung der Einkommen unter den Männern sehen die Formen der Ehe oft wie folgt aus:

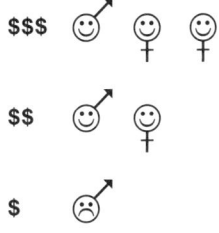

Jeder ist glücklich mit seinem Ehepartner, sofern er einen hat. Nur der Mann am unteren Ende der Einkommensverteilung geht leer aus.

Was lesen wir aus diesem einfachen mathematischen Modell? Nun, eine pareto-effiziente Verteilung besteht wie schon erwähnt dann, wenn es keine andere Verteilung gibt, die eine der beteiligten Personen besser stellen kann, ohne eine andere Person schlechter zu stellen. Nach dem Kriterium der Pareto-Effizienz muss die Verteilung nicht jeden zwingend glücklich machen und auch nicht zwingend gerecht sein.

Ist das in unserem Modell beschriebene Ehesystem pareto-effizient oder kann es verbessert werden, indem man beispielsweise die Monogamie einführt?

Die Einführung der Monogamie würde den Mann, der am wenigsten in die Ehe mitbringt, sicherlich glücklicher machen, denn die Frau, die ihm zuerst zugeordnet war, müsste dann seinen Heiratsantrag annehmen, wenn sie geheiratet werden will. Er wäre damit zwar besser gestellt, sie hingegen schlechter, denn diese Entscheidung hätte sie nicht getroffen, wenn sie die Möglichkeit gehabt hätte, einen reicheren Mann zu heiraten. Dies deutet darauf, dass das bestehende System der institutionalisierten Polygamie pareto-effizient ist. Es mag nicht perfekt sein, denn irgendwer ist noch immer unglücklich, aber es ist so perfekt wie es unter der gegebenen Verteilung der Mittel perfekt sein kann.

Prostituierte oder Ehefrau?

Die Frau in unserem Modell an der Seite des armen Mannes hat die Wahl. Sie kann sich aussuchen, ob sie die einzige Ehefrau des armen Mannes oder eine von mehreren des reichen Mannes sein will. Gut, es gibt Alternativen, darunter die Möglichkeit, sich einen zweiten armen Mann zu suchen und beide zu heiraten. Dann hätte sie erstens mehr Mittel, und zweitens kämen alle Männer unter die Haube. So gesehen wäre es durchaus sinnvoll, wenn Gesellschaften, die Polygynie erlauben, auch die Polyandrie erlauben.

In der Wirklichkeit existieren solche institutionellen Formen der Ehe kaum.

Eine mögliche Erklärung dafür stammt von den Ökonomen Lena Edlund und Evelyn Korn: Stehen die Frauen vor der Wahl, entweder die Ehefrau von vielen Ehemännern zu sein oder eine von vielen Ehefrauen, so antworten sie häufig: »Nein, danke. Dann bin ich lieber Prostituierte.«

Wie wir bereits wissen, bleiben viele Männer unverheiratet, wenn die Polygynie als Form der Ehe gestattet ist. Und da unverheiratete Männer natürlich auch gerne Sex haben wollen, bleibt ihnen oft nur die Möglichkeit, eine Prostituierte aufzusuchen (es sei denn, sie haben keine Skrupel, sich auch mit einer verheirateten Frau sexuell zu vergnügen).

Folglich erhöht die polygyne Eheform die Nachfrage nach Prostituierten und treibt den Preis nach oben, den Männer bereit sind, für Sex zu bezahlen. Dieser Preisanstieg animiert die Frauen, die Prostitution der Ehe vorzuziehen, was wiederum zu hohen Prostitutionsraten in polygynen Gesellschaften führt und erklärt, warum die Polyandrie neben der Polygynie kaum existiert.

Die Vorstellung, dass Frauen (die anderenfalls Ehefrauen geworden wären) bereit sind, sich zu prostituieren, wenn der Preis nur hoch genug ist, mag schamlos klingen, aber Steven Levitt und Sudhir Alladi Venkatesh machten im Zuge ihrer Studie zur Prostitution in Chicago eine interessante Beobachtung: Steigt die Nachfrage nach Prostituierten am Wochenende der Feierlichkeiten zum 4. Juli (dem Unabhängigkeitstag der USA; Anm. d. Übers.), begeben sich aufgrund der höheren Bezahlung auch Frauen auf diesen Markt, die sich zuvor nicht als Prostituierte verdingten.

Die gleiche Logik, und das nur am Rande, erklärt, warum sich in China, wo es zahlenmäßig mehr Single-Männer als Single-Frauen gibt, viele Frauen lieber prostituieren, als zu heiraten.

Der Männerüberschuss auf dem chinesischen Markt macht Sex für die Frauen zu einem profitablen Geschäft, rentabel genug, um dafür gut und gerne auf die Vorteile einer Ehe zu verzichten.

Hätten wir unser einfaches Modell mit der institutionellen Monogamie begonnen, und das will ich hier noch einmal betonen, so hätte sich ergeben, dass auch diese Form der Ehe das Kriterium der Pareto-Effizienz erfüllt. Würde man in Gesellschaften mit institutioneller Monogamie die Polygamie einführen, würden die Frauen besser gestellt, die anderenfalls gezwungen wären, einen Mann am unteren Ende der Mittelverteilung zu heiraten. Gleichzeitig aber wären die Männer, die nun leer ausgehen würden, schlechter gestellt.

Man könnte aber auch sagen, dass die institutionelle Monogamie pareto-effizient ist, insofern sie das Kriterium der ökonomischen Effizienz nicht erfüllen würde, wenn sie durch die institutionelle Polygynie ersetzt würde. Dann nämlich würden manche Personen besser gestellt (reiche Männer und ihre Ehefrauen), was auf Kosten anderer Personen ginge (der ärmeren Männer), die nun schlechter gestellt wären.

Lassen Sie mich hierzu auf zwei Dinge hinweisen. Erstens: Würde man in Gesellschaften mit institutioneller Polygamie, in denen es den Frauen freisteht, Heiratsanträge von Männern auszuschlagen, die Monogamie einführen, so wäre das für die Männer ein Vorteil, für die Frauen ein Nachteil. Der Grund dafür ist, dass die institutionelle Monogamie die Frauen zwingt, Männer zu heiraten, die sie nicht geheiratet hätten, wenn sie eine andere Wahl gehabt hätten.

Zweitens: Je ungleicher die Verteilung der Mittel unter den Männern ist, desto mehr Anreiz besteht für eine Frau, Teil eines polygynen Haushaltes sein zu wollen. In einem polygynen Haushalt sind die zur Verfügung stehenden Mittel auf mehrere Personen verteilt – nicht nur auf mehrere Frauen, sondern auch auf mehrere Kinder. Wenn also der reichste Mann über 50 Prozent mehr Mittel verfügt als der ärmste Mann, dann wird dieser Unterschied wohl nicht zur Polygynie führen, denn in diesem Falle wäre die zweite Frau immer noch besser gestellt, als wenn sie mit dem ärmeren Mann verheiratet wäre. Die einzige Bedingung, unter der sich die Frau entscheiden würde, die zweite Ehefrau des reichen Mannes zu werden, wäre die, dass er über beträchtlich mehr Mittel verfügt als der arme – mindestens über das Doppelte, wahrscheinlich aber über noch mehr.

Nun, wie wir wissen, ist die Polygamie in den meisten reichen Ländern nicht gestattet. Und unser Modell zeigt, warum dem so ist. Ein Merkmal vieler reicher Länder in der modernen Welt ist, dass der Wohlstand extrem ungleich verteilt ist. Die reichsten Männer in den USA sind nicht nur zwei- oder dreimal so reich wie die ärmsten Männer. Nein, sie sind sogar Hunderte Male reicher als diejenigen mit mittlerem Einkommen.

Ginge es den reichen Männern einzig und allein um die Anzahl der Ehefrauen, dann hätten die reichen Nationen die Polygynie längst als die vorherrschende Form der Ehe institutionalisiert. Die Tatsache, dass sie dies nicht getan haben, bedarf einer etwas komplexeren ökonomischen Erklärung als die, die unser Modell beschreibt.

»Es ist eine allgemein anerkannte Wahrheit, dass ein Junggeselle im Besitz eines schönen Vermögens nichts dringender braucht als eine Frau«[4] – oder zwei

Historisch betrachtet hatten reiche Männer schon immer mehr Söhne als arme Männer, was mit ein Grund sein dürfte, warum die reichen Nationen die Polygynie nicht eingeführt haben. Nicht nur, weil reiche Männer mehr Kinder hatten, sondern auch, weil erfolgreiche Männer im Schnitt mehr Söhne hatten als nicht erfolgreiche, arme Männer (das Verhältnis von Söhnen zu Töchtern bei US-Präsidenten war lange Zeit ein überzeugendes Argument dafür, doch haben die letzten drei Präsidenten – ohne einen einzigen Sohn – diese Verhältnisgröße über den Haufen geworfen). Geht man nun davon aus, dass den reichen Männern am Wohlergehen ihrer Söhne gelegen war, dann haben sie natürlich die institutionelle Monogamie unterstützt, auch wenn ihnen die Polygamie vielleicht lieber gewesen wäre.

Wer schon einmal einen historischen Roman gelesen hat, etwa von Jane Austen, weiß, dass die Söhne reicher Männer früher nicht unbedingt selbst zu reichen Männern wurden. Wirtschaftshistoriker wie Gregory Clark und Gillian Hamilton zeigen, dass der begüterte englische Landadel vor der Industriellen Revolution zwar mehr Kinder hatte, die das Erwachsenenalter erreichten, viele davon später aber in wirtschaftlich niedriger gestellte Klassen abrutschten: Erbschaftsgesetze begünstigten die ältesten Söhne, die jüngeren blieben auf sich alleine gestellt.

---

4 aus Jane Austen: *Stolz und Vorurteil*

Ein reicher Vater hätte vielleicht gerne mehr als eine Ehefrau gehabt und hätte die Durchsetzung der entsprechenden Gesetze auch beeinflussen können. Doch die institutionelle Polygynie hätte die Wahrscheinlichkeit verringert, dass die Söhne, die das Vermögen nicht erbten, heiraten und eine Familie gründen. Aber selbst wenn diese Söhne geheiratet hätten (sie wären ja nicht gänzlich verarmt gewesen, nur ärmer als ihre älteren Brüder), die Polygynie hätte das Angebot an Frauen verringert, die als Ehefrau für den Sohn eines Adelsmannes infrage gekommen wären. Die Polygynie hätte jede nachfolgende Generation von Männern gezwungen, Frauen zu heiraten, die einer unteren Klasse angehören, denn alle Töchter der höheren Klassen wären ausschließlich mit den reichsten Männern verheiratet gewesen.

So wie die Erbschaftsgesetze die Verwässerung des Familienvermögens verhinderten (indem sie den ältesten Sohn mit dem größten Teil des Vermögens begünstigten), so verhindern die Gesetze der Monogamie die Verwässerung der Familiengene.

Gleichwohl steigert die Polygynie die Nachfrage nach Ehefrauen, was den Wert der Frauen auf dem Heiratsmarkt deutlich erhöht. Die Väter der Mittel- und Unterschicht wären wohl alle glücklich gewesen, wenn ihre Töchter »nach oben« geheiratet hätten. Ich frage mich aber, wie es den Vätern der Oberschicht gefallen hätte, wenn ihre Töchter nur eine von vielen Ehefrauen gewesen wären. Gewiss, ihre Töchter hätten mehr Chancen gehabt, nach ganz oben zu kommen (weil beispielsweise mehr Frauen die Chance gehabt hätten, den König zu heiraten), aber so ein gesellschaftspolitischer Wert ist schnell dahin, wenn sich die eigene Tochter gegen mehrere Ehefrauen im gleichen Haushalt behaupten muss.

Treibt uns die Monogamie in den Alkohol?

Zugegeben: Wenn ich in einem Haushalt leben würde, in dem mein Ehemann mehr als eine Frau hat, dann müsste Alkohol her. In den modernen Industrieländern handelt es sich bei Personen in polygynen Beziehungen entweder um Mormonen oder Muslime. Und in beiden Traditionen ist Alkohol verboten. Gibt es einen Zusammenhang zwischen Monogamie und Alkoholkonsum? Treibt uns die Monogamie in den Alkohol?

Die Ökonomen Maria Squicciarini und Jo Swinne werfen diese Frage in einem Arbeitspapier der American Association of Wine Economists auf und stellen fest, dass in präindustriellen Gesellschaften, in denen die Polygynie die vorherrschende Eheinstitution war, weniger Alkohol konsumiert wurde als in den Gesellschaften, in denen die Monogamie vorherrschte. Des Weiteren fanden sie heraus, dass der Alkoholkonsum stieg, wenn sich weitgehend polygame Gesellschaften zu weitgehend monogamen Gesellschaften entwickelten.

Beide Tatsachen legen einen Zusammenhang zwischen Monogamie und Alkoholkonsum nahe.

Doch bevor Sie nun vorschnell irgendwelche Schlüsse daraus ziehen, will ich Sie darauf hinweisen, dass es keinerlei Beweise gibt, dass die Monogamie uns trinkfreudiger oder die Trinkfreude uns umgekehrt monogamer macht. Die Wahrheit ist, dass Monogamie und Alkoholkonsum kaum in einem Zusammenhang miteinander stehen und es einen dritten Faktor gab (höchstwahrscheinlich die Industrialisierung), der ganz unabhängig davon sowohl die Monogamie als auch den Alkoholkonsum förderte.

Wir wissen bereits, warum die Monogamie in der industrialisierten Welt heute vorherrschend ist, doch auch der Alkoholkonsum ist eng verknüpft mit der Industrialisierung. Technologische Innovationen, die Hand in Hand gingen mit der Industrialisierung, machten die Produktion von billigem Alkohol möglich und bescherten den Haushalten ein Einkommen, das hoch genug war, um außer den Dingen, die man zum Überleben brauchte, wie Nahrung und Obdach, auch andere Dinge zu kaufen – Luxusgüter wie Alkohol etwa. Und mit der Industrialisierung kam die Urbanisierung. Städte boten viele Möglichkeiten, Alkohol zu konsumieren, und lieferten damit Impulse, die die Entwicklung einer Trinkkultur förderten.

Natürlich erklärt dies nicht, warum die beiden großen Religionen, in denen Polygynie erlaubt ist, den Alkoholkonsum verbieten. Doch wenn es um religiöse Lehren geht, stößt die Ökonomie mit ihren Erkenntnissen an ihre Grenzen und zieht an dieser Stelle einen Schlussstrich.

Dies ist in der Tat ein stichhaltiges Argument dafür, warum reiche westliche Länder die Polygynie in der Vergangenheit nicht institutionalisiert haben. Doch es ist nicht das einzige. Ein weiterer Grund ist der, dass die meisten europäischen Länder eine lange Geschichte der dezentralisierten Macht haben. Und die Monogamie war ein Geschenk der Machthaber an das Volk, um sich dessen dauerhafte Unterstützung zu sichern.

George Bernard Shaw bringt dieses Argument in seinem *Maxims for Revolutionists* von 1903 auf den Punkt:

»Jedes Ehesystem, das die Mehrheit der Bevölkerung zu Enthaltsamkeit zwingt, wird gewaltsam zerstört werden unter dem

Vorwand, dass es gegen die Sittlichkeit verstoße. Das System der Polygamie, unter modernen demokratischen Bedingungen praktiziert, wie bei den Mormonen, wird durch die Revolte der Masse benachteiligter Männer zugrunde gerichtet, die dadurch zu Enthaltsamkeit gezwungen werden; denn der Mutterinstinkt treibt eine Frau dazu, ein Zehntel eines erstklassigen Mannes der exklusiven Verfügung über einen drittklassigen vorzuziehen.«

Auch ein autoritärer Machthaber hätte klug daran getan, die Monogamie einzuführen, um sich an der Macht zu halten. Der Ökonom Nils-Petter Lagerlöf entwickelte hierzu ein Modell, das auf folgender Idee basiert: Ein autoritärer Herrscher wird die Polygynie gesetzlich verbieten lassen, wenn er die Masse des Volkes damit begütigen kann – auch wenn er sich damit selbst auf nur eine Ehefrau beschränken müsste.

Wie gesagt, ist das Maß der Ungleichverteilung sehr hoch, können reiche Männer viele Frauen heiraten, denn die Frauen sind lieber die zweite, dritte oder vierte Ehefrau eines reichen Mannes als die einzige eines armen Mannes. Als armer Mann in einem Land zu leben, in dem andere Männer sehr viel reicher sind, ist die eine Sache. Eine ganz andere aber ist es, als armer Mann niemals heiraten zu können, weil alle anderen Männer mehr als eine Ehefrau haben. Ist die Ungleichverteilung hoch, sowohl was den Reichtum als auch die sexuellen Beziehungen betrifft, lehnt sich das Volk auf, um die Herrscher eines Landes zu vernichten. In einer solchen Situation hätten die Herrscher vielleicht immer noch gerne mehrere Ehefrauen, wohl aber nicht um den Preis, von einem zornigen Mob geköpft zu werden. Und so institutionalisieren sie, im Bestreben, die vergleichsweise armen Männer ruhig zu halten, die Monogamie für alle.

Ein Herrscher wollte sicher sein, dass nicht nur seine Herrschaft von Dauer ist, sondern auch die seiner Nachfahren. Gesetze konnten jederzeit geändert werden, ganz so, wie es dem Machthaber gerade beliebte. Und Gesetze zur Einführung der Monogamie ließen sich umso besser durchsetzen, wenn man die Staatskirche auf seiner Seite hatte. Indem ein Herrscher die Staatskirche darin bestärkte, die Monogamie im Moralkodex eines Landes zu verankern, stieg er in der Gunst seiner Untertanen mehr, als wenn er schlicht Gesetze erlassen hätte, die jederzeit wieder hätten aufgehoben werden können.

All dies liegt in der Vergangenheit. Dennoch hat die Monogamie in den Industrienationen trotz der immer weiter aufgehenden Einkommensschere zwischen Reich und Arm bis heute Bestand. Dass wir in den westlichen Ländern keine Polygynie haben, steht auch in Zusammenhang damit, welche Werte wir unseren heranwachsenden Kindern vermitteln. Und so steht zu vermuten, dass die polygame Form der Ehe in der Mehrheit der Haushalte keinen Einzug halten würde, auch wenn wir die Gesetze insoweit änderten, dass eine Ehe mit mehreren Partnern rechtsgültig anerkannt und erlaubt wäre.

Ein Rätsel namens Monogamie

Wir stehen vor einem Rätsel. Das Rätsel heißt Monogamie. (Nicht zu verwechseln mit dem »Mythos der Monogamie«, den wir in Kapitel 8, ab S. 287, zum Thema haben, wenn es um eheliche Untreue geht.) Wie kann es sein, dass die Monogamie angesichts der immer größer werdenden Einkommenskluft zwischen Reich und Arm weiterhin besteht? Die Ökonomen Omer Moav, Eric Gould und Avi Simhon tragen dazu bei, dieses Rätsel zu erhellen, und erklären, warum die westlichen Industrienationen die Monogamie trotz einer enorm ausgeprägten Ungleichheitsverteilung institutionalisieren konnten.

In reichen Nationen genießen Frauen das Recht zu arbeiten und eigenes Vermögen zu erwirtschaften. Viele Frauen in der westlichen Welt sind finanziell nicht von ihren Männern abhängig, so wie es in anderen Ländern der Fall ist, wo Frauen einen nur begrenzten Zugang zu Bildung, Arbeit und Besitztum haben. Eine Frau, die in einem reichen Industrieland wohnt, könnte also jederzeit einen Mann heiraten, der in einer Pappbehausung auf der Straße lebt. Hungern würde sie deshalb nicht, denn sie ist nicht auf ihn angewiesen, um zu überleben.

Aus heutiger Sicht ergibt unsere kleine Monogamie-Mathematik wohl nicht viel Sinn; die Frau in der modernen Gesellschaft muss sich nicht entscheiden, ob sie lieber die alleinige Ehefrau eines armen Mannes sein will oder die Zweitfrau eines reichen Mannes – sie kann auch Single bleiben, wenn sie das will, und ist meist auch in der Lage, für sich und ihre Kinder alleine aufzukommen.

Doch Eheinstitutionen sind historisch gewachsen; die Monogamie wurde etabliert, lange bevor Frauen eine Schule besuchen, eigenständig Geld verdienen oder Besitztum erwerben konnten. Dass die westlichen Länder mit ihrem hohen Maß an finanzieller Ungleichheit die Polygynie nicht eingeführt haben, kann sich also nicht nur dadurch erklären, dass die moderne Frau nicht gewillt ist, polygyne Eheformen einzugehen.

Erwerbstätige waren früher fast ausschließlich in der Landwirtschaft beschäftigt, und wie viel jemand verdiente, hing eher von Muskelkraft denn von Geisteskraft ab. Als dann die Industrialisierung einsetzte, wurden fachliche Kompetenzen immer wichtiger. Arbeitskräfte mit einem höheren Humankapital (in der ökonomischen Fachsprache auch bezeichnet als personengebundene Wissensbestandteile in den Köpfen der Mitarbeiter) wurden nach und nach besser bezahlt als Arbeiter mit einem geringeren Humankapital. Und diese Veränderungen wirkten sich auch in den Haushalten aus, die nun in ganz anderer Weise in ihre Kinder investierten. Die Industrialisierung verschob die Präferenzen weg von kinderreichen Haushalten, in denen die Nachkommen über wenig oder gar keine Ausbildung verfügten, hin zu Haushalten mit weniger Kindern, die eine bessere Ausbildung bekamen.

In Kapitel 1 (siehe S. 29) sprachen wir davon, dass die Geburtenraten bereits mit Anbruch der Industriellen Revolution um 1800 zu sinken begannen. Dieser Rückgang war eine unmittelbare Reaktion auf die bestehenden Arbeitsmarktbedingungen (das heißt auf den erhöhten Bedarf an angelernten Arbeitskräften). Die Kinder sollten die besten Möglichkeiten bekommen, später einmal gutes Geld zu verdienen, und das ging nur, wenn es nicht allzu viele waren.

Die Lösung des Rätsels, das um die Frage kreist, warum die Industrienationen die Monogamie eingeführt haben, ist also genau dort zu suchen – im Wandel der präindustriellen zur industriellen Welt und den damit immer stärker hervortretenden Unterschieden.

In vorindustrieller Zeit hatten reiche Männer üblicherweise auch deshalb höhere Einkommen als andere Männer, weil sie Zugang zu mehr Ressourcen wie etwa Ländereien hatten. Sie legten Wert darauf, viele Kinder in die Welt zu setzen, die ihnen als Arbeitskräfte bei der Landarbeit dienten und so das Einkommen des gesamten Haushalts erhöhten. Setzt man viele Kinder mit einem hohen Einkommen gleich, dann unterschieden sich die Ehefrauen damals nicht sehr voneinander; sie ähneln praktisch den Frauen in unserem Monogamie-Mathematik-Beispiel.

In der industrialisierten Welt verfügen reiche Männer üblicherweise über ein höheres Einkommen, da sie ein hohes Maß an Humankapital vorweisen (Bildung zum Beispiel). Sie legen größten Wert auf die Bildung ihrer Kinder, denn sie wissen, dass Qualifikationen und Kompetenzen später das Einkommen ihrer Kinder bestimmen werden. Es empfiehlt sich also, eine Ehefrau zu haben, die über umfangreiche Kompetenzen verfügt, damit die Kinder ebenfalls über umfangreiche Kompetenzen verfügen. Demzufolge erhöht die Industrialisierung die Nachfrage nach »hochqualifizierten«, gut ausgebildeten Ehefrauen. Und die erhöhte Nachfrage wiederum erhöht den Wert dieser Frauen auf dem Heiratsmarkt.

Das ökonomische Argument hier folgt dem Gedanken, dass sich die Monogamie als die dominante eheliche Institution deshalb entwickeln konnte, weil die Nachfrage nach hochqualifizierten Kindern den Wert hochqualifizierter Frauen auf dem Heiratsmarkt erhöhte. Und das wiederum machte es selbst reichen Männern sehr viel schwerer, sich mehr als eine Frau leisten zu können.

(Der hier verwendete Begriff vom »Wert« einer Ehefrau bezieht sich auf das erwerbsspezifische Humankapital, das bestimmend dafür ist, inwieweit ein Mann seiner Frau Zugeständnisse machen und ihr eine gewisse Verhandlungsmacht einräumen muss, damit er sie als Frau überhaupt gewinnen kann. Ist der »Wert« einer Ehefrau sehr hoch, so muss er ihr in haushaltsbezogenen Entscheidungen ein hohes Maß an Mitsprache gewähren – auch in der Entscheidung über die Zahl seiner Ehefrauen.)

Ist also das Einkommen unter Männern sehr ungleich verteilt, könnte dies die Gesellschaft dazu bewegen, die Polygamie einzuführen. Ist hingegen das Bildungsniveau unter Frauen sehr ungleich verteilt, so könnte dies die Gesellschaft dazu bewegen, die Monogamie einzuführen. In der modernen Industriegesellschaft dominiert mittlerweile der zweite Effekt, das Bildungsniveau der Frauen.

Daraus ergeben sich einige interessante Aspekte. Zum einen wäre dies eine Erklärung dafür, warum Ehefrauen mehr Verhandlungsmacht in Industriegesellschaften haben, in denen gelernte Fachkräfte höhere Löhne erhalten. Zum anderen erklärt es, warum Männer und Frauen lieber einen Partner mit einem ähnlichen Bildungsniveau heiraten, wenn qualifizierte Fachkräfte sehr viel höhere Löhne bekommen als unqualifizierte Arbeiter. Und schließlich stimmt es überein mit der Erkenntnis, dass selbst in ärmeren Ländern reiche Männer mit einer hohen Bildung tendenziell weniger (besser gebildete) Ehefrauen und auch weniger (besser gebildete) Kinder haben als reiche Männer mit einer geringeren Bildung.

In Bezug auf die Frage, was das beste System wäre: Wenn wir davon ausgehen, dass Kinder in ärmeren Ländern von der

Abschaffung der Polygynie profitieren würden (die Meinungen darüber gehen auseinander), dann könnte dieses Ziel damit erreicht werden, in eine höhere Bildung zu investieren. Bildung, die allen zugänglich ist, dürfte die Industrialisierung ankurbeln und zu höheren Löhnen für gut ausgebildete Arbeiter führen. Vor allem die Frauen erhöhen mit einer guten Bildung ihr erwerbsspezifisches Humankapital und steigern damit ihre Verhandlungsmacht innerhalb der Ehe, was wiederum eine geringere Zahl an Ehefrauen und Kindern in den einzelnen Haushalten zur Folge haben dürfte.

Die wichtigste Folgerung aus diesen ökonomischen Betrachtungen zur Ehe als Institution ist meiner Ansicht nach die Folgende: Selbst wenn die modernen, westlichen Nationen die Polygamie rechtsgültig erlauben würden, würden sich nur sehr wenige Menschen für diese Form der Ehe entscheiden. Ich weiß, ich habe gesagt, dass die Legalisierung der Polygamie nicht pareto-effizient ist, weil die ärmeren Männer auf dem Heiratsmarkt leer ausgehen würden. Doch wenn nur eine geringe Zahl von Menschen diese Form der Ehe praktizieren würde, dann wären die Folgen daraus ebenfalls sehr gering. Außerdem sieht die Sache in der Realität ganz anders aus, denn viele Frauen ziehen es vor, Single zu bleiben, anstatt einen Mann zu heiraten, den sie als Ehemann nicht wollen. So gesehen leistet die wirtschaftliche Unabhängigkeit der Frauen einen weit größeren Beitrag zum Junggesellentum als die legalisierte Polygamie es je könnte.

Gleichgeschlechtliche Ehen in den USA – Ein langer Weg

Die größte Veränderung, die die Institution der Ehe im vergangenen Jahrzehnt erfahren hat, war die Anerkennung der Lebensgemeinschaft zwischen zwei Menschen gleichen Geschlechts, die zahlreiche Staaten in ihren Rechtsordnungen gefestigt haben.

Wie ich eingangs sagte, sind Institutionen Regelsysteme und gesellschaftlich verankerte Vorstellungssysteme, die unser soziales Verhalten und Handeln steuern. Verändern sich die Institutionen, dann meist deshalb, weil sich die Vorstellungen verändern. Und die Veränderung der Vorstellungen führt zu einer Veränderung der (Rechts-)Regeln, die der Institution ihre formale Geltung verleihen.

Die Einstellungen in Bezug auf die gleichgeschlechtliche Ehe haben sich im Laufe der vergangenen zwei Jahrzehnte in erstaunlicher Weise verändert. Das Interessante dabei: Institutionen können sich offenbar nicht nur weiterentwickeln, institutionelle Veränderungen sind offenbar auch nicht von jedermann innerhalb einer Gemeinschaft abhängig, in der sich der Wandel der gesellschaftlichen Vorstellungssysteme gerade vollzieht.

Ich will Ihnen eine Geschichte erzählen, die diese Entwicklung anschaulich macht.

Vor etlichen Jahren durchforstete eine sehr gute Freundin unserer Familie das Internet nach unserem Familiennamen und lernte so die Ehefrau meines Cousins in Südafrika kennen. Die beiden Frauen wurden Freundinnen und verliebten sich schließlich ineinander. Es folgten die Scheidung (von meinem

Cousin) und die Heirat der beiden Frauen (oder etwas rechtlich Ähnliches, da die gleichgeschlechtliche Ehe in Südafrika damals nicht legalisiert war). Die kanadischen Einwanderungsgesetze erlaubten der Ex-Ehefrau meines Cousins die Einreise nach Kanada – nun als neue Ehefrau unserer guten Freundin –, und die beiden leben bis heute (sehr) glücklich zusammen.

Die große Frage damals lautete: Wer sagt es Dad? Ich liebe meinen Vater, aber er hat uns nicht gerade den Eindruck vermittelt, als wäre er ein Anhänger der gleichgeschlechtlichen Ehe. Doch wie sich herausstellte, hatten wir ihn unterschätzt; man brauchte es ihm gar nicht zu sagen (er mag zwar keine liberalen Ansichten haben, aber blöd ist er sicherlich nicht). Und zu unserer aller Überraschung war er begeistert, dass die beiden ihr gemeinsames Glück gefunden hatten.

Ich hätte nie gedacht, dass er seine Meinung in puncto gleichgeschlechtliche Beziehung so radikal ändern könnte.

Im Kern geht es in dieser Geschichte darum, dass Menschen ihre Vorstellungen und Überzeugungen ändern können. Und diese Entwicklungen sind die Grundlage für institutionelle Veränderungen.

Wie in Kapitel 1 (siehe S. 48) bereits erörtert, hat sich die öffentliche Meinung zu gleichgeschlechtlichen Beziehungen über die letzten Jahrzehnte hinweg rasant verändert. Nach Erhebungen der Gallup Organization ist in den letzten fünfzehn Jahren die Zahl derer, die sich gegen die rechtliche Anerkennung der gleichgeschlechtlichen Ehe aussprechen, in den USA um unglaubliche 23 Prozentpunkte zurückgegangen.

Diese größere gesellschaftliche Akzeptanz der gleichgeschlechtlichen Ehe rührt teilweise daher, dass die jüngere Generation heute toleranter ist. Und da die junge Generation einen größeren Anteil an der Gesamtbevölkerung hat, verändern sich auch die Vorstellungen des Durchschnitts. Man spricht hier von »Kohorteneffekten«. Doch die meisten Veränderungen von Vorstellungen, die sich im Laufe der vergangenen fünfzehn Jahre vollzogen haben, sind nicht auf Kohorteneffekte zurückzuführen, sondern auf Menschen; Menschen wie meinen Vater, die ihre Einstellung zur gleichgeschlechtlichen Ehe änderten.

Aus einer Analyse des Soziologen Dawn Michelle Baunach geht hervor, dass der Kohorteneffekt für nur 33 Prozent der veränderten Einstellungen zwischen 1988 und 2006 verantwortlich ist. Nach 2006 gibt es hierzu keine Erhebungen mehr. Aber mit Blick in die Zukunft wage ich zu behaupten, dass sich die Dynamik dieser Entwicklung fortsetzen wird.

Der institutionelle Wandel wurde also möglich, weil zahlreiche Menschen ihre Meinung zur gleichgeschlechtlichen Ehe geändert haben, und nicht nur, weil die weniger tolerante, ältere Generation durch eine tolerantere, jüngere Generation ersetzt wurde. Doch wie sich herausstellt, ist die Toleranz nicht ganz gleichmäßig auf alle gesellschaftlichen Gruppen verteilt. Nicht im Geringsten, um noch deutlicher zu werden.

Zusammenziehen vor der Ehe?

Zwei Drittel der Amerikaner, die jüngst geheiratet haben, lebten vor ihrer Ehe bereits zusammen. Eine schlechte Idee, erfahrungsgemäß zumindest. Im Schnitt führen Paare, die vor der Ehe zusammenlebten, eine weniger gute Ehe, die mit größerer

Wahrscheinlichkeit in einer Scheidung endet. Auch wirtschaftlich gesehen fahren sie schlechter und häufen im Laufe ihrer Ehe weniger Reichtümer an als Paare, die vor ihrer Heirat nicht zusammenlebten.

Doch die aktuellen Studien von Jonathan Vespa und Matthew Painter machen Paaren, die aus ihren wilden Ehejahren profitieren wollen, Hoffnung. Auch wenn es stimmen mag, dass Paare, die in wilder Ehe gelebt haben, nach dem Gang zum Traualtar schlechter abschneiden, so gibt es auch eine kleine Gruppe, bei denen es danach sogar wesentlich besser läuft als bei den Paaren, die die Erfahrung des vorehelichen Zusammenlebens nicht gemacht haben.

Die Forscher fanden heraus, dass die Ehen der seriellen wie auch die der einmaligen »Wildwohner« sowohl niedrigere Einkommen aufweisen als auch ein geringeres Wohlstandsniveau. Diejenigen, die vor der Ehe mit ihrem späteren Ehepartner zusammenlebten (und nur mit ihm und keinem zuvor), starten zwar mit einem (um rund 5 Prozent) geringeren Vermögen in die Ehe als die, die vor der Ehe nicht zusammenlebten, doch steigt ihr Wohlstandsniveau nach dem Jawort vor dem Traualtar vergleichsweise doppelt so schnell an (um rund 2 Prozent pro Jahr).

Das bedeutet, dass sich das Wohlstandsniveau der Paare, die vor ihrer Hochzeit mit ihrem gegenwärtigen Ehepartner zusammenlebten, dem Niveau derjenigen Paare angleicht, die vor ihrer Heirat nicht in wilder Ehe lebten.

Der finanziell so unglückliche Start der »wilden« Paare in die Ehe sowie ihr geringes Wohlstandsniveau rührt nicht etwa daher, dass das Zusammenleben an sich schlecht ist für eine spätere Ehe. Es ist vielmehr so, dass diejenigen, die heiraten, ohne zuvor zusammengelebt zu haben, sehr viel zuversichtlicher in die Ehe starten und daher auch sehr viel stärker in ihre Beziehung und ihr gemeinsam geführtes Portfolio investieren wollen. Zum Beispiel sind sie eher gewillt, ihre Ressourcen zu bündeln und ein Haus zu kaufen, als es vielleicht jemand wäre, der bereits etliche Trennungen hinter sich hat – wie etwa ein serieller »Wildwohner«.

Eine zweite Erklärung dafür, warum einmalige »Wildwohner« sich besser schlagen als serielle, ist die, dass erstere die Heirat aus verschiedenen Gründen immer wieder aufzuschieben scheinen. Während serielle »Wildwohner« das voreheliche Zusammenleben als eine Art Probezeit betrachten, um zu sehen, ob die Beziehung funktioniert, schieben die einmaligen »Wildwohner« die Heirat aus anderen Gründen auf – sie wollen erst dann heiraten, wenn sie Studium oder Ausbildung beendet oder die Mittel für einen Hauskauf beisammen haben. Es scheint, als würden diese Gründe zum langfristigen Erfolg einer Ehe beitragen.

Die öffentliche Meinung in den USA ändert sich zwar zugunsten der rechtlich anerkannten Ehe unter gleichgeschlechtlichen Paaren, doch innerhalb einzelner sozialer Gemeinschaften gehen die Meinungen darüber weit auseinander – und das ist vielleicht das wichtigste Ergebnis dieser wissenschaftlichen Untersuchung. Demokraten wurden im Vergleich zu den Republikanern toleranter, und nicht evangelikale Christen änderten ihre Meinungen zu einem größeren Prozentteil als die evangelikalen Protestanten.

Die wachsende Kluft, so Baunach, liegt darin begründet, dass die Menschen in manchen gesellschaftlichen Gruppen ge-

lernt haben zu akzeptieren, dass die Legalisierung der gleichgeschlechtlichen Ehe nichts mit Moral, sondern mit der Gewäh-
rung gleicher Rechte zu tun hat.

Ich frage mich allerdings, ob es nicht vielleicht eher daran
lag, dass einzelne Personen aus den toleranteren Gruppen Gelegenheit hatten, Ehen zwischen Personen gleichen Geschlechts
in ihrem persönlichen Umfeld zu erleben. So jedenfalls war es
in meiner Familie, und anscheinend auch in der Familie von
Präsident Barack Obama. Die Statistiken zeigen, dass es sehr
viel schwerer ist, gegen die gleichgeschlechtliche Ehe zu sein,
wenn man Nachbarn, Kollegen oder Familienmitglieder glücklich vereint sieht.

Und ganz nebenbei bemerkt: Sie können gerne einmal den
Pareto-Effizienz-Test durchspielen, um zu prüfen, ob mit der
Einführung der gleichgeschlechtlichen Ehe irgendjemand auf
Kosten eines anderen besser gestellt wäre. Wenn nicht (und davon gehe ich einmal aus), ist die Veränderung der Ehegesetze
gemäß dem Kriterium der Pareto-Effizienz als wohlfeile Verbesserung zu betrachten.

Zu guter Letzt

»Die Ehe ist eine sehr gute Institution ...« – und eine, die ver-
ständlicher wird, wenn man sie durch die Brille des Ökonomen
betrachtet. Eheinstitutionen können sich mit der Zeit verändern, und ökonomische Faktoren spielen eine wichtige Rolle bei dieser Entwicklung. Das haben unsere beiden Beispiele
zur Monogamie bzw. Polygamie und zur gleichgeschlechtlichen

Ehe sehr schön gezeigt. Institutionen liegen per definitionem außerhalb der Meinungen und Vorstellungen des Einzelnen, dessen Verhalten und Handeln sie steuern. Denn zumindest in der Theorie repräsentieren sie die Vorstellungen der Gemeinschaft und nicht die von einigen Wenigen innerhalb dieser Gemeinschaft. Die Vorstellungen der Gemeinschaft wiederum sind geprägt von der Natur der Ökonomie, in der wir leben.

Gesellschaften in weitgehend industrialisierten Nationen haben die Polygamie als Institution verworfen, weil in diesen Ökonomien die geistige Fähigkeit der erwerbstätigen Bevölkerung als wichtig erachtet wird. Viele Männer ziehen es daher vor, weniger, dafür aber gut ausgebildete Kinder zu haben. Und da sich dieses Ziel mit der Monogamie leichter erreichen lässt, hat die Gemeinschaft sich auf die Ansicht verlegt, dass die monogame Ehe der polygamen vorzuziehen sei.

In vielen Industrieländern führt die veränderte Einstellung gegenüber gleichgeschlechtlichen Paaren auch zu einer Veränderung der Institution Ehe. Die erfolgte Aufwertung und Anerkennung ihrer Rechte prägt auch aktuell die öffentliche Meinung, und so kann sich auch die Institution Ehe wandeln.

Die Entwicklung der Institution namens Ehe im rechtlichen Sinne wird auf kurze Sicht nicht zwangsläufig bestimmt durch die öffentliche Meinung, sondern vielmehr durch die Meinung derjenigen, die die Macht haben, den rechtlichen Rahmen dafür festzulegen. Eins aber lernen wir aus der Geschichte der Polygynie: Sofern die Entscheidungsträger nicht eingreifen, werden demokratische (wie auch autoritäre) Gesellschaften auf lange Sicht Institutionen etablieren, die die Vorstellungen der großen Mehrheit widerspiegeln, ungeachtet der persönlichen Präferenzen der Machthaber und Entscheidungsträger jedweder Hierarchie.

Auch Bill Gates würde sich wahrscheinlich mit nur einer Ehefrau begnügen, selbst wenn ihm gesetzlich zwei gestattet wären, denn durch die gegebenen ökonomischen Bedingungen hat seine Ehefrau Melinda innerhalb ihrer Ehe genügend Verhandlungsmacht, um auf der monogamen Form bestehen zu können. Und aus eben jenen Bedingungen heraus sind Gesetze, die polygame Ehen verbieten, für die meisten Paare in den Industrienationen irrelevant, während gleichzeitig ein drastischer Wandel der Beziehungsformen möglich wird. Die Ökonomie spielt in der Gestaltung der »modernen« Familienbilder nach wie vor eine wichtige Rolle.

6

Irgendwer muss die Brötchen ja verdienen!

Die Ehe besteht aus Kompromissen

Beginnen wir mit einer kleinen Geschichte, die Ihnen sehr viel schöner illustrieren kann als ich, um was es in diesem Kapitel geht. Es ist die versprochene Fortsetzung der Geschichte von Jane, in der Jane ein Jahr, nachdem sie ihr ausschweifendes Studentenleben beendet hatte, eine Ehe einging. Sie wissen ja bereits, wie gut diese Ehe lief, da Jane im dritten Abschnitt ihres Lebens wieder unverheiratet ist. Aber auch wenn sie ihren Traumprinzen nicht gefunden haben mag, so liefert ihr geplatzter Traum vom ewig währenden Partnerglück doch eine recht taugliche Beschreibung dafür, wie sich eine Ehe infolge mächtiger ökonomischer Kräfte entwickelt.

Jane hatte keinen Universitätsabschluss und war nicht erwerbstätig, stellte aber recht bald fest, dass ihre Heiratsmarktdefizite in puncto Bildungsniveau und Erwerbspotenzial durch ihre Jugend mehr als ausgeglichen wurden: Im zarten Alter von neunzehn Jahre zog sie mit einem Mann zusammen, der neun Jahre älter war und finanziell so gut ausgestattet, dass er ihr die dringend benötigte Stabilität bieten konnte. Diese Stabilität jedoch hatte ihren Preis: Sie musste um die halbe Welt reisen, um mit einem weitgehend Unbekannten zusammenzuziehen, den sie bis zu dieser Entscheidung nur zweimal gesehen hatte.

Jane brachte jugendliche Frische mit in die Beziehung sowie die Bereitschaft, ein neues Leben zu beginnen, und verzichtete damit zwangsläufig auf die Alternative, einen etwa gleichaltrigen Ehemann in ihrer geliebten Heimat zu finden. Ihr Ehemann, John, brachte Bildung und Einkommen mit und verzichtete damit zwangsläufig auf die Alternative, eine Ehefrau mit einem ähnlichen Bildungs- und Einkommensniveau zu finden. Weder Jane noch John bekam also, was er/sie andernfalls hätten haben können, doch in dieser Phase ihres Lebens bekamen sie zumindest das, was sie brauchten.

Und nun war Jane, die um die halbe Welt gereist war, nur um mit John zusammen zu sein, tiefunglücklich. Abgesehen davon, dass sie sich einsam und isoliert fühlte, fand sie sich in einer Beziehung wieder, in der sie keinerlei Verhandlungsmacht besaß – aufgrund ihres Bildungsdefizits und ihres jugendlichen Alters war sie ja nicht in der Lage, zum Haushaltseinkommen beizutragen. Entscheidungen, die andere Paare gemeinsam treffen würden, traf John alleine und unabhängig von Janes Wünschen. Wo sie wohnten, ob sie Kinder haben würden oder nicht (und wie viele), mit wem sie befreundet waren, wie sie die Arbeit im Haushalt aufteilten und wann sie Sex hatten – all diese Entscheidungen traf John.

Zu allem Übel waren die ökonomischen Bedingungen miserabel, sodass John trotz seiner guten Bildung nicht in der Lage war, einen Job mehr als ein Jahr zu behalten. Innerhalb von fünf Jahren waren John und Jane neunmal umgezogen, fünfmal davon in andere Städte (darunter einmal auch zurück in Janes Heimat), alles nur, um Johns Karriere am Laufen zu halten. Die Umzüge bedeuteten, dass Jane permanent unausgelastet war, allein dastand und nicht in der Lage war, in Entscheidungsfragen irgendeine Verhandlungsposition zu erringen. Tatsächlich hatte sie im Laufe der Jahre, während das erste Baby gekommen und John immer wieder arbeitslos geworden war, was die Familie in eine zunehmend verzweifelte finanzielle Lage stürzte, immer weniger zu melden.

Doch Janes große Chance sollte kommen. Nach einer besonders langen Phase der Arbeitslosigkeit, in der John über ein Jahr lang keinen Job fand, eröffnete er ihr, dass er zurück auf die Universität wolle, in der Hoffnung, mit einem weiteren Abschluss seine Chancen auf dem Arbeitsmarkt zu verbessern. Er sagte, Jane solle sich einen Ganztagsjob suchen, damit sie die zusätzlich anfallenden Kosten für das Studium auffangen könnten. Doch die Tatsache, dass John inzwischen zwanzig Monate arbeitslos war und sie mittlerweile bei Janes Eltern wohnten, hatte das Machtgleichgewicht innerhalb ihrer Beziehung verschoben. Und so entschied Jane, sich gegen Johns Wünsche zu stellen und sich für ihre eigenen einzusetzen. Es klappte. Sie bewarb sich an der gleichen Universität wie John und bekam einen Studienplatz.

Der Preis des Mädchennamens

Nimmt eine Frau den Namen ihres Ehemannes an, vermittelt das potenziellen Arbeitgebern, dass die Bewerberin weniger intelligent, weniger ehrgeizig, weniger arbeitswütig und eher familienorientiert ist. Einer experimentellen Studie von Marret Noordewier, Femke van Horen, Kirsten Ruys und Diederik Stapel zufolge haben Frauen, die sich zu einer Namensänderung entschließen, niedrigere Löhne und weniger Jobangebote zu erwarten.

Frauen, die sich dafür entscheiden, ihren Mädchennamen bei einer Heirat zu behalten, sind tendenziell gebildeter als Frauen, die den Namen ihres Mannes annehmen. Laut statistischen Erhebungen, durchgeführt von Gretchen Gooding, liegt die Wahrscheinlichkeit, dass eine Frau mit einem Master-Abschluss den Namen ihres Mannes *nicht* annimmt, um 2,8 Prozent höher als bei einer Frau mit einem geringeren Bildungsabschluss. Bei einer Frau mit einem Staatsexamen ist die Wahrscheinlichkeit, dass sie ihren Mädchennamen nicht ablegt, fünfmal höher als bei einer Frau, deren Bildungsabschluss unter dem Bachelor liegt. Bei einer Frau mit einem Doktortitel liegt sie sogar 9,8-mal höher.

Frauen, die ihren Mädchennamen behalten, haben überdies weniger Kinder. In den Niederlanden, wo dieses Experiment durchgeführt wurde, hat eine Frau, die den Namen ihres Mannes annimmt, im Schnitt 2,2 Kinder – eine Frau, die ihren Mädchennamen behält, hingegen nur 1,9. Frauen, die den Namen ihres Gatten annehmen, arbeiten weniger Stunden außer Haus (22,4) als diejenigen, die ihren Mädchennamen behalten (28,3). Das mag daran liegen, dass sie mehr Kinder haben, oder daran, dass sie traditionelle Familienwerte hochhalten. Außerdem verdient eine Frau, die den Namen ihres Mannes angenommen hat, auch weniger – 960 Euro gegenüber 1156 Euro.

In einem weiteren Experiment bekamen die Probanden eine von zwei E-Mails zu lesen, mit der sich eine hypothetische Frau um eine Stelle bewarb. Anschließend sollten die Probanden die Aussichten der Frau auf die Stelle bewerten und das Gehalt für die Bewerberin nach eigenem Ermessen beziffern. Die Probanden stuften die Bewerberin, die den Namen ihres Mannes angenommen hat, als weniger intelligent, weniger ehrgeizig und unselbständiger ein. Sie räumten ihr weniger Chancen auf den Job ein und setzten ihr Gehalt bei 861 Euro monatlich weniger an als das der Frau, die ihren Namen behalten hatte.

Spielt der Name einer Frau wirklich eine Rolle, wenn sie sich um einen Arbeitsplatz bewirbt? Wenn das Klischee lautet, dass eine Frau, die den Namen ihres Mannes angenommen hat, mehr familien- und weniger berufsorientiert ist, dann soll es uns nicht wundern, dass sie bei der Jobauswahl benachteiligt wird gegenüber all den Frauen, die laut Klischee unabhängig und ehrgeizig sind.

Wenige Wochen später hatten John und Jane samt Baby eine Familienwohnung auf dem Campus bezogen. Und während John all seine Zeit in sein Studium steckte, versuchte Jane den Balance-Akt zwischen Baby und Studium zu meistern.

Als John zwei Jahre danach einen Job in einer anderen Stadt fand, weigerte sich Jane mitzukommen. Nachdem er auch diesen Job drei Monate später wieder verloren hatte, ließ sie ihn erneut einziehen, doch mittlerweile stand ihre Beziehung schwer auf der Kippe.

Vier Jahre lang hatten sie eine Ehe geführt, in der John das Sagen gehabt hatte. Er besaß die Macht, alle Entscheidungen zu treffen. Nun aber hatte sich ein neues Gleichgewicht eingestellt, Bildungs- und Beschäftigungschancen waren gleich verteilt und Jane hatte somit mehr zu sagen. Ein Unding für John.

Gegen Ende ihrer Beziehung sagte er: »Ehe hat mit Kompromissen nichts zu tun.« Und was den Großteil ihrer gemeinsamen Beziehungszeit angeht, so viel muss man ihm lassen, hatte er damit absolut Recht.

Frauen haben in den vergangenen dreißig Jahren in ihren Ehen sehr viel mehr Verhandlungsmacht gewonnen, was daran liegt, dass ökonomische Kräfte die ungleichen Bedingungen für männliche und weibliche Akteure auf dem formalen Arbeitsmarkt einander angeglichen haben. Doch die gleichen Kräfte, die dafür sorgen, dass sich die Einkommenskluft zwischen Ehemann und Ehefrau langsam schließt, sorgen auch dafür, dass die Einkommensschere zwischen Reich und Arm immer weiter aufgeht – ein Faktor, der nach Meinung etlicher Ökonomen die steigende Zahl von Scheidungen erklären könnte. Doch die Ehe ist neuerdings im Aufwind, da sie überraschend Unterstützung aus zwei unerwarteten Ecken erhält – vonseiten der Wirtschaft und der Technologie. Die wirtschaftliche Lage ist unsicher, und die Zahl der Menschen, die einen Internetzugang haben, ist sprunghaft angestiegen.

Bevor wir uns diesen Themen zuwenden, will ich noch einen besonderen Heiratsmarkt beschreiben, der es Männern wie Frauen ermöglicht, auf der Suche nach der einen großen Liebe ihrer »romantischen« Konjunkturlage vor Ort zu entkommen, zumindest zeitweilig. Es ist der internationale Heiratsmarkt.

Freihandelsabkommen – keine Einigkeit in Sicht

Erinnern wir uns an Kapitel 4 (siehe S. 124) und die Frage, warum Menschen überhaupt heiraten. Es geht ihnen, wie gesagt, unter anderem darum, die Gewinne aus einem Ehe-Handelsabkommen zu maximieren. Nun gibt es eine Gruppe von Männern, die diesen Ansatz sehr wörtlich nehmen – sie importieren Ehefrauen in ihr Land und untergraben damit die binnenwirtschaftlichen Kräfte, die dahingehend wirken, den Frauen innerhalb der Ehe mehr Verhandlungsmacht einzuräumen.

Bevor ich auf diese Art der Ehe näher eingehe, will ich erklären, wie die Ökonomie das Entscheidungsverhalten von Paaren betrachtet, wenn es um Fragen geht, die das Wohlergehen der ganzen Familie betreffen.

Wer schon einmal verheiratet war, der weiß, dass Verhandlungen einen wichtigen Teil im Prozess der Entscheidungsfindung darstellen. Wie vorhandene Mittel unter den Familienmitgliedern aufgeteilt werden sollen, einschließlich der Kinder, ist eine Frage, über die Paare am meisten verhandeln. Eine weitere Entscheidung, die häufig verhandelt wird, dreht sich um die Aufteilung der Zeit – der Arbeitszeit (Broterwerb und Hausarbeit) und der Freizeit (Heim und Hobbys). Viele Paare verhandeln darüber, wie viele Kinder sie haben wollen und wie viel Zeit jeder Elternteil zur Kinderbetreuung beitragen soll. Und die Verhandlungen hören an der Schwelle zum Schlafzimmer nicht auf. Viele Paare verhandeln, wie oft sie Sex haben und welche sexuellen Handlungen sie gerne praktizieren würden.

Ökonomen sprechen von »Verhandlungsmacht«, um zu beschreiben, wie dominant sich der eine Partner in einer Verhandlungssituation gegenüber dem anderen verhält und wie effektiv er sich durchsetzt. Haben zwei Menschen in einer Beziehung eine gleichwertige Verhandlungsmacht, sind sich aber uneins, so haben beide eine 50-prozentige Chance, dass die schlussendliche Entscheidung die ist, die sie favorisieren. Im extremen Falle, wenn eine Person die gesamte Verhandlungsmacht innehat, macht es keinerlei Sinn, bei Meinungsverschiedenheiten zu verhandeln, denn letztlich trifft diese Person sämtliche Entscheidungen so, wie sie ihr gefallen.

Als die Männer den komparativen Vorteil auf dem Arbeitsmarkt hatten, blieben die Frauen meist zu Hause und verrichteten die Arbeit, die Ökonomen gerne als »Heimproduktion« bezeichnen. Während der letzten fünfzig Jahre stiegen die Löhne für Frauen relativ zu denen für Männer stark an und ließen den komparativen Vorteil der Männer auf dem Arbeitsmarkt schrumpfen.

Gleichzeitig wurden Haushaltsgeräte, sprich die Technologie der Heimproduktion, sehr viel effizienter. Es war daher nicht mehr unbedingt notwendig, dass sich ein Familienmitglied vollzeitlich mit der Heimproduktion beschäftigte (die Diskussion darüber findet sich in einem wichtigen Aufsatz von Jeremy Greenwood, Ananth Seshadri und Mehmet Yorukoglu). Im Zuge dieser Entwicklung weitete sich auch der Dienstleistungssektor aus. Viele der Dienstleistungen, die früher die Frauen zu Hause erbrachten, gab es nun zu kaufen und waren – den Niedriglöhnen für ungelernte Arbeitskräfte sei Dank – auch für viele Familien erschwinglich.

Der indische Heiratsmarkt in der Krise

In Indien werden Dating-Websites immer beliebter, vor allem bei den gebildeteren Bevölkerungsgruppen und insbesondere bei indischen Frauen, die einen Ehemann in einem anderen Land suchen. Angesichts der aktuellen globalen Rezession jedoch stellt das Einkommen dieser potenziellen Ehemänner im Ausland heute einen sehr viel unsichereren Faktor als in der Vergangenheit dar.

Suchen die potenziellen indischen Bräute trotzdem auch anderswo nach einem Versorger? Wenn ja, können wir der bereits langen Liste einen weiteren kollabierten Markt hinzufügen: den der gut betuchten, nichtansässigen indischen Bräutigame.

Nach Auswertungen von indischen Internetseiten gibt es derzeit eine Prioritäten-Verschiebung bei den Suchkriterien indischer Frauen – weg von den nichtansässigen indischen Männern (von denen viele Jobs im IT-Bereich und im Finanzwesen haben) und hin zu ortsansässigen Beamten. Verdenken kann man es den Damen nicht. Das Leben als Ehefrau eines Regierungsbeamten mag zwar nicht ganz so luxuriös erscheinen wie das als Ehefrau eines in den USA ansässigen Bankiers, aber sicherer ist es allemal.

Unter den Eheoptimisten sind es nicht nur die Frauen, deren Prioritäten sich ändern. Es scheint, als führe der ökonomische Abwärtstrend dazu, dass Männer nun vermehrt nach erwerbstätigen Frauen suchen (2008 stieg die Zahl um 15 Prozent). Diese Ergebnisse lassen darauf schließen, dass indische

Männer angesichts einer zunehmend unsicheren Beschäftigungssituation verstärkt nach Frauen suchen, die ihnen eine gewisse Absicherung bieten können, sollten sie selbst ihren Job verlieren – und indische Frauen zunehmend nach Männern mit einem sicheren Einkommen.

Der technologische Fortschritt machte die Frauen frei und gab ihnen die Chance, in die eigene Karriere zu investieren und ihr Humankapital zu vermehren – Wissen und Fähigkeiten, die zu einer höheren Produktivität auf dem Arbeitsmarkt und einem höheren Einkommen führen.

Höhere Löhne für erwerbstätige Frauen und die Möglichkeit, in die eigene Karriere zu investieren, bedeutete, dass die Frauen, die es leid waren, in Haushaltsverhandlungen ständig zu verlieren, nun eine Alternative zur Heirat hatten: Sie konnten ihren Mann verlassen und für sich alleine sorgen.

Dies impliziert, dass die Männer, die ihre Entscheidungsmacht nicht teilen oder darauf pochen, dass alle Differenzen zu ihren Gunsten beigelegt werden, jetzt einem weitaus größeren Scheidungsrisiko ausgesetzt waren als zuvor. Da die Frauen nunmehr in der Lage waren, ihre Ehemänner zu verlassen, und zwar in Gesetz und Praxis, waren die Männer angespornt, ihre Verhandlungsmacht in Haushaltsfragen mit ihren Ehefrauen zu teilen.

Die Ökonomie betrachtet außer der Haus- und Erwerbsarbeit noch weitere Einflussfaktoren, die auf die Verteilung der Verhandlungsmacht zwischen Eheleuten einwirken. Zum Beispiel haben sehr attraktive Frauen eine größere Verhandlungsmacht als weniger attraktive, da sie jederzeit einen anderen Ehemann finden könnten, sollten sie mit der Verteilung der Entscheidungsmacht in der bestehenden Ehe unzufrieden sein. Junge, schwule Männer, die mit wesentlich älteren Männern eine Beziehung führen, haben ebenfalls mehr Entscheidungsmacht, da sie, genau wie die attraktiven Frauen, jederzeit einen neuen Partner finden könnten, sollte die bestehende Beziehung enden. Männer, die mit ausländischen Frauen verheiratet sind, deren rechtlicher Status im Land des Ehemannes abhängig ist von einer intakten Ehe, besitzen die volle Entscheidungsmacht. Natürlich nur unter der Voraussetzung, dass diese Ehefrauen lieber eine Ehe führen, in der sie keinerlei Macht haben, als zurück in ihr Heimatland abgeschoben zu werden.

Und damit kommen wir zurück zum Thema internationale Ehen.

Die Entscheidungsmacht mit ihren Ehefrauen zu teilen ist ein Gedanke, mit dem sich nicht alle Männer anfreunden können. Einige Männer suchen nach einer »braven Ehefrau«, worunter einer Website zufolge (siehe unten) eine Frau zu verstehen ist, die anerkennt, dass ihr Gatte der Herr des Hauses ist, ein Mann, dessen Autorität sie niemals infrage stellen würde.

Wer als Mann also eine Frau sucht und die ökonomischen Kräfte, die verheirateten Frauen in Industrienationen mehr Verhandlungsmacht beschert haben, umgehen möchte, der schaut sich am besten auf einem Heiratsmarkt um, der von Frauen dominiert ist, die auch auf dem Arbeitsmarkt benachteiligt sind – und das sind die Heiratsmärkte in weniger entwickelten Ländern.

Jedes Jahr streichen Hunderte von internationalen Heiratsvermittlern Millionensummen von Möchtegern-Bräutigamen ein, die bereit sind, auf entfernte Märkte auszuweichen, um eine

»brave« Ehefrau zu finden. Und in Reaktion darauf sind jedes Jahr Tausende ausländische Frauen (und auch einige schwule Männer) bereit, die Chance auf ein neues und besseres Leben in einem für sie fremden Land zu ergreifen.

Internationale Heiratsvermittler verkaufen die Idee der interkulturellen Ehe, indem sie den Männern suggerieren, dass ausländische Frauen sehr viel eher bereit dazu sind, sich den Wünschen ihres Ehemannes zu unterwerfen.

Aber machen Sie sich unter www.goodwife.com gerne selbst ein Bild davon. Dort findet sich unter anderem das folgende Zitat:

»Uns Männer zieht es immer mehr weg von dem Typ Frau, den wir heute so kennenlernen. Mit ihrem emanzipatorisch-feministischen Getue nach dem Motto ›Zuerst komme ich‹ wollen sie uns unterbuttern, wollen Macht und Kontrolle. Doch das turnt viele Männer ab. Sie wenden den Blick zurück und suchen nach einer eher traditionell gesinnten Partnerin.«

Diese und Hunderte ähnliche Websites fördern die Vorstellung, dass Frauen aus ökonomisch benachteiligten Ländern dankbar sein werden für die Privilegien, die ihre westlichen Ehemänner ihnen bieten können, und demzufolge wohl kaum verlangen, dass die Haushaltsmittel nach ihren Bedürfnissen oder denen ihrer Kinder aufgeteilt werden. Was diese Websites nicht erwähnen, aber implizieren, ist, dass Frauen, die unglücklich mit diesem Arrangement sind, nicht wirklich glaubwürdig mit Scheidung drohen können – solange der Mann die Entscheidungsmacht hat, können sie sich den Mund fransig reden.

Auf der anderen Seite haben ausländische Ehefrauen, die berufliche Fähigkeiten und Bildung mitbringen, gute Aussichten, auf dem Arbeitsmarkt die gleichen Chancen zu bekommen wie einheimische Frauen, sobald sie sich eingewöhnt und Sprachbarrieren überwunden haben. Bieten sich dann Gelegenheiten, unabhängig von einem Mann zu leben, so gibt es Grund zur Annahme, dass die gleichen ökonomischen Kräfte, die zu einer größeren Verhandlungsmacht einheimischer Ehefrauen geführt haben, auch fremdländische Ehefrauen ermutigen, sich verstärkt in Haushaltsentscheidungen einzubringen.

Vielleicht liegt es ja an eben diesem Konflikt zwischen den Erwartungen der einheimischen Ehemänner und denen der fremdländischen Ehefrauen, dass für interkulturelle Beziehungen ein so hohes Maß an häuslicher Gewalt und an Scheidungen belegt ist.

Interessanterweise aber sagt die ökonomische Theorie (siehe Kapitel 4, S. 121), dass die Gewinne aus einem beziehungsinternen Handel am größten sind, wenn jeder Partner unterschiedliche Fähigkeiten mit in die Ehe bringt. Wenn diese Theorie stimmt, dann wären einheimische Ehemänner mit fremdländischen Ehefrauen besser dran als einheimische Ehemänner mit einheimischen Ehefrauen. Warum? Weil fremdländische Ehefrauen einen komparativen Vorteil in der Heimproduktion haben, was das erwerbsspezifische Humankapital ihrer einheimischen Männer auf dem Arbeitsmarkt erhöht und ihnen dort einen komparativen Vorteil verschafft. Außerdem sind fremdländische Ehefrauen mit einheimischen Männern finanziell besser gestellt als einheimische Ehefrauen mit einheimischen Männern, weil ihre Ehemänner einen Wettbewerbsvorteil auf dem Arbeitsmarkt haben, wodurch sie sich um die Kindererziehung und das Heim kümmern können.

Wie gesagt, der ökonomischen Theorie zufolge ist das Wohlergehen in Ehen größer, in denen jeder Partner unterschiedliche

Fähigkeiten einbringt. Und das bestätigen auch die gesammelten Daten von über 8000 australischen Haushalten. Aber stimmt es auch, dass Mann und Frau in interkulturellen Ehen, in den Ehen also, die die besten Chancen auf größtmögliche Gewinne aus diesem Haushaltsabkommen haben, am glücklichsten sind? Dieser Frage gingen Mathias Sinning und Shane Worner nach, und es stellte sich heraus, dass dies nicht der Fall ist.

Im Durchschnitt ergab sich nach Auswertung der Angaben der befragten Paare folgendes Bild: Das eheliche Glücksempfinden (auf einer Skala von eins bis zehn) ist dann am höchsten, wenn beide Partner aus dem gleichen Land stammen. Und am niedrigsten ist es, wenn die Partner aus unterschiedlichen Ländern kommen.

Entgegen der ökonomischen Theorie sind die glücklichsten Ehen offenbar die, in denen die Partner sich untereinander eher ähnlich sind, nicht verschieden. Dies erklärt, warum wir tendenziell nicht nach einem Partner suchen, der vollkommen andere Fähigkeiten hat als wir selbst, sondern einen, der uns ähnlich ist. Dieses Verhalten mag die Gewinne aus dem ehelichen Handelsabkommen, sprich aus der Haushaltsproduktion, nicht maximieren – aber es macht uns ganz offenbar glücklich.

Unter Kollegen im falschen Körper

Das geschlechtsspezifische Lohngefälle besteht fort – trotz der von Frauen erzielten ökonomischen Gewinne und den Rechtsvorschriften, die einer Diskriminierung aufgrund des Geschlechts entgegenwirken. Ökonomische Argumente können dieses Lohngefälle teilweise erklären (beispielsweise damit, dass es für die Arbeitgeber teurer wird, wenn Frauen ihre Karriere unterbrechen, weil sie Kinder bekommen), aber gibt es auch Beweise dafür, dass die Einkommenskluft existiert, weil Arbeitgeber die Frauen diskriminieren?

In der Erwerbsbevölkerung gibt es eine ganz besondere Gruppe von Männern, deren Erfahrungen sehr wohl Beweise für Diskriminierung liefern könnten. Es sind die Personen, die sich auf halber Strecke ihres Berufslebens entschieden, nach außen nicht mehr als Frauen erkennbar zu sein, und zu Männern wurden.

Die Soziologin Kristen Schilt sprach mit Mann-zu-Frau-Transsexuellen und fand heraus, dass ältere weiße transsexuelle Männer größere Autorität und größeren Respekt genossen, als sie dies als Frau erfahren hatten. Sie hatten das Gefühl, nun stärker wahrgenommen zu werden und stießen auf sehr viel weniger Widerstand, wenn sie ihre Meinung äußerten. Einige berichteten sogar, dass sie gemaßregelt wurden, wenn sie als Frau Ideen eingebracht hatten, aber honoriert wurden, wenn sie sich als Mann so verhielten. Man gab ihnen mehr Mittel und Unterstützung für ihre Arbeit, was sich in einer verbesserten Arbeitsleistung und in der Folge wiederum auch in ihrem Gehalt niederschlug.

Viele der Männer in dieser Studie gaben an, dass sie als Männer für zusätzliche Aus- und Fortbildungen größere Anerkennung bekamen, als sie es zuvor als Frau erfahren hatten, und daher vermehrt postakademische Ausbildungen absolvierten, um in den Genuss von Bonuszahlungen zu kommen.

Wenn sie das Heft in die Hand nahmen, so berichten viele der Teilnehmer in Schilts Studie, wurde dies als durchaus positiv gesehen, was vor ihrer Wandlung nicht der Fall gewesen war. Damals war dasselbe Verhalten von Chefs und Kollegen als über-zogen profilierungssüchtig interpretiert worden.

Afrikanische transsexuelle Männer hingegen hatten den Ein-druck, dass sie ihrem Frust am Arbeitsplatz nicht Ausdruck verleihen konnten, ohne als aggressiv bezeichnet zu werden. Asiatische Männer mussten sich anhören, zu passiv zu sein, was sie zuvor als Frau nicht zu hören bekommen hatten. Jung aussehende transsexuelle Männer litten darunter, keinem Ma-cho-Klischee zu entsprechen und unerfahren zu erscheinen.

Die Studie mag zwar kein Beweis für eine Lohndiskriminie-rung aufgrund des Geschlechts sein, aber sie suggeriert, dass Arbeitgeber gut nachdenken sollten, wenn es um die Beurtei-lung der Kompetenzen ihrer Angestellten geht. Wenn weibliche Arbeitnehmer als weniger kompetent wahrgenommen werden als ihre männlichen Kollegen, oder man sie nicht mit den ent-sprechenden Mitteln versorgt, damit sie ihren Job gut erledigen können, dann kann die geschlechtsspezifische Lohnkluft nur geschlossen werden, wenn Frauen in ihrem Job erheblich mehr Leistung bringen als Männer.

Akademischer Abschluss = stabilere Ehe

1970 hatten 28 Prozent aller Ehemänner eine höhere Bildung als ihre Ehefrauen, dennoch verdienten nur 4 Prozent der Ehefrau-en mehr als ihre Ehemänner. 2007 hatten lediglich 19 Prozent al-ler Ehemänner eine höhere Bildung als ihre Ehefrauen, doch nun verdienten 22 Prozent der Ehefrauen mehr als ihre Ehemänner.

Der große Wandel in den letzten dreißig Jahren zeigt sich darin, dass Frauen nicht nur genauso oder höher gebildet sind als ihre Ehemänner. Nein, es besteht zudem eine weitaus größere Wahrscheinlichkeit, dass sie auch mehr verdienen.

Nun, eine höhere Bildung und ein höheres Einkommen machen es den verheirateten Frauen leichter, aus einer unglücklichen Ehe auszubrechen. Aber ist das höhere Bildungsniveau unter den Frauen auch verantwortlich für die höheren Scheidungsraten?

Lesben sind die besseren Sparer

Eine neuere Studie von Brighita Negrusa und Sonia Oreffice stellt die Hypothese auf den Prüfstand, dass Paare in gleichgeschlechtlichen Beziehungen ihre Finanzen anders planen als heterosexuelle Paare. Die Studie ergab, dass Frauen in gleichgeschlechtlichen Beziehungen deutlich bessere Sparer sind als Männer in gleichgeschlechtlichen Beziehungen oder als heterosexuelle Ehepaare.

Die Autoren setzten die Hypothekenzahlungen der Paare zum Wert ihres Hauses ins Verhältnis, um ein Maß dafür zu bekommen, wie gut sie mit Geld umgehen können. Paare, die darin sehr gut sind, werden ihre Hypothek im Schnitt schneller abbezahlen als solche, die weniger sparwillig sind.

Verglichen mit heterosexuellen, verheirateten Paaren und schwulen Paaren bezahlen lesbische Paare fast 9 Prozent mehr auf die jährlich gerechnete Hypothek ab, auch dann, wenn man Alter, Erziehung und sozioökonomische Faktoren (einschließlich der Zahl der im Haushalt lebenden Kinder) einbezieht.

Dies ist nicht der einzige Beweis dafür, dass Lesben die besseren Sparer sind. Betrachtet man das Einkommen von Seniorinnen – Rentnerinnen in lesbischen Beziehungen – stellt sich heraus, dass sie im Schnitt über 4715,35 Dollar mehr an Sozialleistungen und Renteneinkommen verfügen als heterosexuelle verheiratete Paare. Auch schwule Männer haben ein höheres Einkommen als verheiratete Paare, aber das ist wohl eher auf die Tatsache zurückzuführen, dass Männer im Allgemeinen mit einem höheren Einkommen in Rente gehen als Frauen.

Dass Frauen in gleichgeschlechtlichen Ehen die besseren Sparer sind, hat zwei mögliche Gründe (neben der Tatsache, dass sie weniger Kinder haben als heterosexuelle Frauen). Erstens: Die Lebenserwartung der Frauen liegt allgemein höher, und so müssen sie besser vorsorgen, um für die Zeit nach dem Erwerbsleben gut gerüstet zu sein.

Zweitens: Die Beziehungsstabilität. Die erhobenen Daten hierzu stammen aus einem Zeitraum vor der Legalisierung gleichgeschlechtlicher Ehen (in irgendeinem Bundesstaat); die Zukunftsplanung lesbischer Frauen war damals also eine unsichere Angelegenheit, da sie davon ausgehen mussten, dass sie nicht in gleichem Maße abgesichert sein würden wie heterosexuelle Paare (worauf ja viele auch bis heute noch warten).

Wenn die beobachtete höhere Sparrate bei lesbischen Frauen die Unsicherheiten rund um den rechtlichen Status dieser Beziehungen widerspiegelt, so steht gewiss zu erwarten, dass die Sparraten in gleichgeschlechtlichen Beziehungen sinken werden, sobald sie rechtlich anerkannt sind.

Einem Aufsatz von Philip Oreopoulos und Kjell Salvanes zufolge lautet die Antwort auf diese Frage Nein. Sie fanden heraus, dass höhergebildete Menschen sich wesentlich seltener scheiden lassen.

Eine Person ohne Highschool-Abschluss beispielsweise hat ein Scheidungsrisiko von 16 Prozent, bei einer Person mit einem Highschool-Abschluss hingegen liegt es bei 10 Prozent, und bei einer Person mit einem Hochschulabschluss liegt es gar nur noch bei 3 Prozent.

Wenn Ihnen diese Zahlen jetzt sehr niedrig vorkommen, wo wir doch wissen, dass 50 Prozent aller Ehen geschieden werden, dann haben Sie Recht. Aber die 50 Prozent kommen zustande, weil erstens die Berechnungsverfahren ziemlich ungenau sind (jawohl, das sind sie), und weil man zweitens häufig sämtliche Eheschließungen und sämtliche Ehescheidungen in einem bestimmten Beobachtungszeitraum ins Verhältnis setzt. Und da gebildete Personen mit einer größeren Wahrscheinlichkeit heiraten als gering gebildete Personen, sind die Ergebnisse, die deutlich zeigen, dass gebildete Paare sich weniger häufig scheiden lassen, umso überzeugender.

Warum lassen sich gebildete Paare weniger häufig scheiden? Vielleicht sind sie auf dem Heiratsmarkt eine heißer begehrte Ware und landen daher in qualitativ höherwertigen Ehen. Oder vielleicht liegt es daran, dass sie ihre Ehepartner sorgfältiger aussuchen, weil sie schon etwas älter sind, wenn sie heiraten. Vielleicht aber sind höher gebildete Heiratswillige auch bessere Verhandlungsführer, was es ihnen leichter macht, auch steinige Pfade zu meistern. Eine Scheidung ist für gut verdienende Paare außerdem sehr teuer, weshalb es vernünftig erscheint, sie zu vermeiden. Denkbar ist auch, dass gut gebildete Menschen weniger um ihre Arbeitsplätze fürchten müssen und damit in ihrer Ehe einen Stressfaktor weniger haben.

Kleine Randbemerkung: Betsey Stevenson und Justin Wolfers machten eine interessante Entdeckung. Gering gebildete Menschen lassen sich nicht nur öfters scheiden (die Wahrscheinlichkeit, dass die Ehe noch intakt ist, wenn beide Partner 45 Jahre alt sind, liegt bei geringer gebildeten Paaren um 10 Prozentpunkte niedriger als bei Paaren, die eine höhere Bildung haben), sondern heiraten danach auch seltener wieder, und wenn doch, besteht eine höhere Wahrscheinlichkeit, dass sie sich wieder scheiden lassen.

Ich habe zwar keinen direkten Beweis dafür, dass eine Ehe besser funktioniert, wenn die Frau mehr Mitspracherecht hat, doch die geringen Scheidungsraten bei gebildeten Paaren legen nahe, dass es zumindest nicht zu noch mehr unglücklichen Ehen führt.

Die Reichen werden reicher, die Armen lassen sich scheiden

Nach Ansicht der Ökonomen Adam Levine, Robert Frank und Oege Dijk werden die Reichen reicher, und die Ehe zahlt den Preis dafür.

Wie wir bereits wissen, beeinflusst die immer größer werdende Kluft zwischen Reich und Arm auch das Sexualverhalten. In Kapitel 7 (siehe ab S. 240), wo wir über Promiskuität bei Teenagern sprechen, werden wir dies noch weiter untermauern.

Doch die wachsende Kluft scheint auch die Scheidungsraten in die Höhe zu treiben.

Nur um Ihnen einmal ein Beispiel zu geben, wie breit diese Kluft mittlerweile geworden ist, hier ein paar Zahlen: Die unteren 20 Prozent der Einkommensbezieher verzeichneten in den Jahren zwischen 1979 und 2003 einen Lohnanstieg von lediglich 9 Prozent, während die Höchstverdiener im obersten 1-Prozent-Bereich sich über einen Anstieg von beachtlichen 201 Prozent freuen konnten.

Gleichzeitig scheinen alle weniger sparfreudig geworden zu sein. In den USA zum Beispiel fiel die private Sparquote von 10 Prozent Mitte der 1970er-Jahre auf heute nahezu null – eine Beobachtung, im Zuge derer viele Analysten die Vermutung äußern, dass das exzessive Konsumverhalten in den letzten Jahren die tiefe Rezession in jüngster Zeit mit verursacht habe.

Dass die privaten Sparquoten gefallen sind, hat mehrere Gründe. Der Hauptgrund aber ist der, dass wir heute mehr konsumieren als jemals zuvor. Wir geben nicht nur unser gesamtes Einkommen aus, wir nehmen auch Kredite auf, ohne unser zukünftiges Einkommen dagegen abzuwägen, nur um mehr konsumieren zu können, als wir verdienen. Während die Einkommen der reichen Haushalte weiter steigen, geben auch alle weniger Reichen immer mehr Geld aus. Man will schließlich mithalten.

Um uns klarzumachen, wie so etwas funktioniert, stellen wir uns vor, wir würden in einer Gemeinschaft leben, in der alle gleich sind – jeder hat das gleiche Einkommen, das gleiche große Haus, das gleiche schicke Auto … und jeder sieht gleich gut aus (als kleine Zugabe!).

Nun stellen wir uns weiterhin vor, dass eine Familie, nennen wir sie Familie Müller, eine satte Lohnerhöhung bekommt und beschließt, ein noch größeres Haus zu bauen und ein noch schickeres Auto zu kaufen. Der Konsumanstieg animiert die Menschen in der Umgebung: »Mensch, wenn die Müllers ein größeres Haus verdienen und ein schickeres Auto, dann habe ich das auch verdient!«

Und so beginnt jede Familie nach und nach, einen immer größeren Teil ihres Einkommens auszugeben, um Dinge zu kaufen, die sich mit denen der Müllers messen lassen können. Und wahrscheinlich bezahlen sie diesen gesteigerten Konsum, indem sie Ersparnisse reduzieren. Doch indem sich dieser Effekt immer weiter fortsetzt, sich bis in einkommensschwache Gemeinschaften hinein ausbreitet, kann es zu einer Verbrauchsentwicklung kommen, die übermäßige wirtschaftliche Härten verursachen kann – vor allem dann, wenn die Menschen anfangen, Hypotheken auf ihre Häuser aufzunehmen, um ihre Rechnungen bezahlen zu können.

Nur um mit den Müllers mitzuhalten hat jeder in unserem Beispiel viel zu viel konsumiert und viel zu wenig gespart.

Die Reichen werden also immer reicher, und jeder will mithalten – buchstäblich um jeden Preis! Extremes Konsumverhalten setzt die Familien unter Druck: Man arbeitet mehr, nimmt längere Pendelstrecken in Kauf, unternimmt alles, um sich ein größeres Haus leisten zu können, während die Zahl derer, die pleitegehen, steigt und steigt. Kein Wunder, dass dieses Konsumwettrennen und die finanziellen Härten auch eine große Belastungsprobe für eine Ehe darstellen.

Robert Frank und seine Koautoren fanden heraus, dass Bezirke mit hohen Ungleichheiten (bezogen auf Einkommen und Konsumkraft) auch hohe Scheidungsraten haben; ein 1-prozentiger Anstieg der Ungleichheit in einem Bezirk geht einher mit einem 1,2-prozentigen Anstieg der Scheidungsrate. In nur zehn Jahren (von 1990 bis 2000) bewirkte der Anstieg der Einkommensungleichheit einen 5-prozentigen Anstieg der Scheidungsraten.

Eine mögliche Erklärung dafür (abgesehen von dem Druck, den ein exzessives Konsumverhalten erzeugt) könnte sein, dass ein hohes Maß an Ungleichheit Männer wie Frauen gleichermaßen animiert, nach neuen Ehepartnern mit höherem Einkommen zu suchen, damit sie sich weiterhin all die Dinge kaufen können, die sie vermeintlich brauchen, um in einer höchst ungleichen Gesellschaft Schritt halten zu können. Gepriesen sei das Internet, kann ich da nur sagen, denn es bietet eine billige Möglichkeit, nach einem neuen heiratswilligen Partner zu suchen.

Scheidung dank Internet?

Wer im Netz schon einmal als Suchbegriff den Satz »Warum lassen sich Leute scheiden?« eingegeben hat, der weiß, dass viele Experten die Online-Dating-Websites und soziale Netzwerke für eheliche Untreue und Scheidung verantwortlich machen. Das Internet mache Männern und Frauen, die andernfalls treu geblieben wären, einen Seitensprung allzu leicht, so heißt es.

Doch so verbreitet diese Ansicht sein mag, sie trifft schlicht nicht zu, wie ein aktueller Aufsatz von Todd Kendall überzeugend darlegt. Es könnte sogar sein, dass diese neue Leichtigkeit, eine/n Geliebte/n im Netz zu finden, die Scheidungsraten tatsächlich reduziert und nicht erhöht.

Erinnern Sie sich an das Partnersuch-Modell, das ich herangezogen habe, um zu erklären, warum Singles auf der Suche nach Liebe in urbane Zentren ziehen? Das Internet operiert genauso wie eine Stadt, da es die Suchkosten reduziert. Und es bietet sogar eine kleine Sonderzugabe, die es auch verheirateten Menschen erlaubt, eine Suche zu starten, ohne dass der Partner es merkt.

Wenn die Suchkosten hoch sind, das wissen wir bereits, sind die Ehen meist von geringerer Qualität, da Männer wie Frauen sich lieber für einen »geringerwertigen« Partner entscheiden, anstatt höhere Kosten für einen längeren Suchzeitraum auf sich zu nehmen (das heißt, sie setzen ihren Reservierungswert eher niedrig an, wie wir es in Kapitel 4, siehe S. 135 bezeichnet haben). Sind die Suchkosten aber niedrig, so sind die Ehen meist von höherer Qualität, da Männer und Frauen die Suche so lange fortsetzen können, bis sie jemanden finden, der perfekt auf ihr Suchbild passt, ohne dafür hohe Kosten zu bezahlen (sie setzen ihren Reservierungswert eher hoch an).

Ebenso sehr wie Online-Dating und soziale Netzwerke die Suchkosten verringern, müsste der verstärkte Zugang zum Internet zu allgemein höherwertigeren Ehen führen.

Dies impliziert, dass der verstärkte Zugang zu Online-Dating-Websites und sozialen Netzwerken die Scheidungswahrscheinlichkeit auf der einen Seite verringern müsste (weil die Qualität der Ehen steigt), sie auf der anderen aber gleichzeitig auch erhöhen (weil verheiratete Personen weiterhin im stillen Kämmerlein nach neuen Partnern suchen können). Um sagen zu können, welcher dieser beiden Faktoren den größeren Einfluss auf die Scheidungsraten hat, müssen wir einen Blick auf die Statistik werfen.

Todd Kendall wertete für seine Studien die Daten von 43 552 Paaren aus und fand heraus, dass es keinerlei Zusammenhang gibt zwischen dem Zugang zum Internet und der Scheidungswahrscheinlichkeit. Des Weiteren stellte er fest, dass es bei Paaren, bei denen der Mann das Internet täglich nutzt, mit einer geringeren Wahrscheinlichkeit zu einer Scheidung kommt gegenüber den Paaren, bei denen der Mann das Internet weniger häufig nutzt. Bezogen auf das Nutzungsverhalten der Frau und der Scheidungswahrscheinlichkeit lässt sich keinerlei Relation feststellen.

Wir wissen natürlich nicht, was diese Männer und Frauen im Netz so alles treiben – ob sie shoppen, sich Pornos herunterladen o. Ä. Aber auch ohne diese Informationen ist es ein ziemlich schlüssiger Beweis dafür, dass Websites für das Online-Dating und soziale Netzwerke keine wesentliche Ursache für Scheidungen sind. Dies impliziert natürlich nicht, dass kein verheiratetes Paar im Internet nach neuen Partnern sucht. Es impliziert lediglich, dass diese Menschen auch dann nach neuen Partnern suchen würden, wenn das Internet nicht verfügbar wäre.

Gleitmittel: Frühindikator der wirtschaftlichen Entwicklung?

Können Ökonomen aufgrund der Marktbeobachtung für Sexspielzeuge eine Rezession vorhersagen?

Wir Ökonomen, versponnen wie wir manchmal sind, finden schon interessante Methoden, um den Markt nach Anzeichen für einen bevorstehenden Sinkflug zu durchleuchten. Irgendwann haben wir genug von trockenen Bestandsaufnahmen oder Produktionskapazitäten und wenden uns anderen konjunkturellen Frühindikatoren zu – wie etwa dem Verkauf von Hamburgern oder der Frage, ob Donut-Buden vermehrt in den Stadtzentren auftauchen oder nicht.

Einer der berühmtesten Frühindikatoren für eine Rezession ist der Lippenstift. Leonard Lauder, bis 1999 Geschäftsführer der Kosmetikfirma Estée Lauder, beobachtete, dass auf dem Weg in eine Rezession der Verkauf von Lippenstiften steigt – der kleine erschwingliche »Wohlfühl-Luxus« hilft den Frauen über die trübe Stimmung hinweg und liefert den Ökonomen prima Daten, die wirtschaftliche Stimmung zu bemessen.

Nun, 2007 und 2008 versagten die Lippenstiftverkäufe als Indikator für die wirtschaftliche Talfahrt. Die Umsätze auf dem Kosmetikmarkt haben in den letzten Jahren unter dem Strich weitgehend stagniert. Stattdessen boomt ein weiterer »Wohlfühl-Markt«: der Markt für Gleitmittel und Sexspielzeuge.

2009 fanden Marktforscher heraus, dass die Umsätze von Gleitmitteln und Sexspielzeugen in Zeiten einer Rezession steil nach oben schießen. Auch hier ist der Grund der, dass Menschen in wirtschaftlich schweren Zeiten nach preiswerten Mitteln suchen, um sich wohlzufühlen (oder vielleicht, um in harten Zeiten buchstäblich einen »Harten« zu kriegen?).

Ob sich der Zusammenhang zwischen wirtschaftlicher Stimmung und den Umsätzen auf dem Sexmarkt bestätigt, wird sich in der konjunkturellen Erholungsphase zeigen. »Erschlaffen« die Umsätze von Gleitmitteln und Vibratoren in den kommenden Jahren, nun, dann steht der Gewinner fest!

In diesem Fall sollten wir vielleicht einschlägige Wirtschafts-fachblätter wie *The Economist* darauf aufmerksam machen, damit sie über den Sexspielzeugmarkt berichten. Die nämlich scheinen meine Sichtweisen zu teilen, wenn es um »stimulieren-de« ökonomische Analysen geht.

Eine weitere Studie stammt aus den Niederlanden. In ihr wur-de ebenfalls die Beziehung zwischen Ehequalität und Internet unter die Lupe genommen und ergab, dass Personen, die das Internet vergleichsweise häufig nutzen, in ihrer Ehe vergleichs-weise glücklicher sind.

Peter Kerkhof, Catrin Finkenauer und Linda Muusses wer-teten Daten verheirateter Paare aus und stellten einen Zusam-menhang zwischen häufiger Internetnutzung und glücklichen Ehen fest. Diese zeichnen sich aus durch Partner, die weniger Geheimnisse voreinander haben, die sich einander inniger ver-bunden fühlen und eine größere Leidenschaft füreinander ver-spüren als andere Paare.

Bei zwanghaften Internet-Nutzern sieht das Bild allerdings völlig anders aus. Internet-Süchtige erleben eine schwinden-de Intimität und Leidenschaft in ihrer Ehe, verbringen weni-ger Zeit mit ihrem Partner und halten vieles vor ihm geheim. Die Qualität ihrer Ehe fiel insgesamt schlechter aus und schien sich mit der Zeit auch immer weiter zu verschlechtern. Aber nicht, weil sie ihre ganze Zeit im Netz verbrachten, vielmehr weil sich der zwanghafte Charakter ihre Verhaltens negativ auf ihre Ehe auswirkte.

Ehe als Lebensversicherung

Wie wir zu Beginn des Kapitels gesehen haben, gab es in Janes Ehe viele Probleme, vor allem wegen Johns Widerwilligkeit, mit Jane in wichtigen Familienentscheidungen zu verhandeln. Doch am Ende war es seine Arbeitslosigkeit, die das schwache Fundament ihrer Beziehung langsam zerfressen hatte.

Abgesehen von dem hohen Tribut, den eine wirtschaftliche Durststrecke einer Ehe abverlangt, hat sich mit dem Verlust des Arbeitsplatzes einer der Gründe erledigt, warum man überhaupt geheiratet hat – nämlich der, eine zusätzliche Stütze zu haben, wenn es mal nicht so gut läuft. Wenn die Ehe eine Form der Versicherung für harte Zeiten sein soll, dann ist diese Versicherung für einen der Partner im Grunde genommen futsch, wenn der andere seinen Job verliert.

Ein Arbeitsplatzverlust reduziert die Motivation, als Paar zusammenbleiben zu müssen. Für Beziehungen, die auf einem festen Fundament stehen, gilt dies wahrscheinlich nicht – schließlich hat eine Versicherung keinen Zweck, wenn der Versicherer just in dem Augenblick abspringt, da man notgedrungen Forderungen erhebt. Aber nicht alle Beziehungen haben ein festes Fundament, und so ist ein Arbeitsplatzverlust für viele Paare der sprichwörtliche Tropfen, der das Fass zum Überlaufen bringt.

Mein Ehemann – eine Ramschanleihe

Wenn es um finanzielle Entscheidungen geht, sind Frauen im Allgemeinen weniger risikofreudig als Männer; sie sind risikoscheu. Single-Frauen sind risikoscheuer als verheiratete Frauen, woraus wir schließen, dass die Risikobereitschaft verheirateter Frauen, historisch gesehen jedenfalls, größer ist.

Wenn wir uns den Ehemann als eine weitere Aktie im Depot vorstellen (neben Anleihen und Immobilien), leuchtet das Verhalten der verheirateten Frauen durchaus ein, aber nur, wenn der Ehemann einen risikoarmen Aktivposten darstellt. Mit dieser zusätzlichen sicheren Anlage (sprich, einem Ehemann) im Depot kann sie es sich leisten, zum Ausgleich riskantere Anlagen anzukaufen. Insofern sind verheiratete Frauen eigentlich nicht weniger risikoscheu als Single-Frauen. Es scheint nur so, wenn wir ihre sichere Aktie, den Ehemann, außer Acht lassen.

Doch da gibt es ein ganz großes Aber: In den vergangenen vierzig Jahren hat sich die Aktie namens Ehemann von einem sicheren Aktivposten immer mehr zu einer Ramschanleihe entwickelt – ein einst renditestarker Posten mit einem heute hochriskanten Standardwert. Hinzu kommt die Schwankungsanfälligkeit im Immobilienmarkt, sodass das Risiko einer Ehemann-Aktie im Laufe der Zeit kontinuierlich gestiegen ist.

Wenn dem so ist, und wenn die Ehemann-Aktie die größere Risikobereitschaft verheirateter Frauen erklärt, dann müsste die Diskrepanz in Sachen Risikoanleihen zwischen verheirateten Frauen und Single-Frauen kleiner werden, wenn die Scheidungsraten steigen.

Eine aktuelle Studie der italienischen Ökonomen Graziella

Bertocchi, Marianna Brunetti und Costanza Torricelli zeigt, dass diese Diskrepanz seit den frühen 1990er-Jahren, als verheiratete Frauen vermehrt in die Arbeitswelt eintraten und sich in ihrem Investitionsverhalten immer mehr dem Verhalten der Männern anglichen, sogar größer wurde. Doch das änderte sich zu Beginn des 21. Jahrhunderts wieder; seither ist die Diskrepanz beträchtlich geschrumpft, und das Investitionsverhalten verheirateter Frauen hat sich dem der Single-Frauen angenähert, sodass auch sie heute ein ebenfalls eher risikoscheues Verhalten an den Tag legen.

Während die Scheidungsraten in vielen Ländern über mehr als ein Jahrzehnt relativ konstant geblieben sind, stiegen die Scheidungszahlen in Italien innerhalb von nur drei Jahren (2000 bis 2002) um 45 Prozent. In Zeiten also, in denen eine Heirat offenbar ein Risiko darstellt, hat sich die Risikoaversion verheirateter Frauen der von Single-Frauen angenähert. Und das wiederum stimmt mit unserer Hypothese überein: Verheiratete Frauen passen ihr Depot mit weniger riskanten Aktien dem Markt an, in Reaktion auf das erhöhte Risiko, das mit der »Ramschanleihe Ehemann« verbunden ist.

Judith Hellerstein und Melinda Morrill suchen in aktuellen Studien nach Beweisen, die einen Zusammenhang zwischen Arbeitslosigkeit und Scheidung belegen, und kamen zu einem überraschenden Ergebnis: In wirtschaftlich guten Zeiten lassen sich Paare sehr viel eher scheiden als in wirtschaftlich schlechten Zeiten. Steigt die Arbeitslosenquote um einen Prozentpunkt, dann fällt die Scheidungsrate ebenfalls um einen Prozentpunkt.

Für dieses an sich unlogische Ergebnis gibt es zwei mögliche Gründe.

Erstens: Es gibt Paare, die sich eher in einer Rezession scheiden lassen (die, die ihren Job tatsächlich verloren haben), und es gibt Paare, die in einer Rezession eher verheiratet bleiben (die, die ihren Job noch haben, aber fürchten, ihn zu verlieren).

Ihre Autoversicherung kündigen Sie ja auch nicht just in dem Moment, in dem das Unfallrisiko am größten ist; auch wenn Sie sie eigentlich längst abstoßen wollten, warten sie ab, bis das Risiko vorüber ist. Dass die Scheidungsraten steigen, wenn die Arbeitslosenquote sinkt, liegt möglicherweise auch daran, dass wirtschaftliche Verbesserungen die Unsicherheiten in der Beschäftigungssituation mindern, was die Notwendigkeit einer Versicherung, wie die Ehe sie bietet, wiederum verringert.

Zweitens: Die fallenden Immobilienpreise machen einen Verkauf des gemeinsamen Hauses schwierig, dessen Wert nun unter den Erwartungen bleibt oder gar unter dem Wert der Hypothek.

Stellen Sie sich vor, Sie wären verheiratet, wünschten aber, Sie wären es nicht. Sind die Immobilienpreise gefallen, dann ist der Kauf eines neuen Heims (oder zwei, denn als getrenntes Paar brauchen Sie zwei) erschwinglicher als vor der Rezession. Fallende Immobilienpreise könnten Sie also durchaus dazu ermutigen, Ihre Beziehung zu beenden (da sich ein neues Heim nun sehr preiswert finden lässt).

Wenn dem so ist, müssten die Scheidungsraten steigen, wenn die Immobilienpreise fallen – und umgekehrt.

Laut den Studien von Martin Farnham, Lucie Schmidt und Purvi Sevak halten Paare lieber an ihren mehr als unglücklichen Ehen fest, als Eigenkapital zu verlieren, das sie mit einem gemeinsamen Heim langfristig aufgebaut haben (obwohl es sich anbieten würde, zwei neue Häuser zu kaufen, wenn der Markt im Sinkflug ist). Die emotionale Barriere, ein Haus mit Verlust zu verkaufen, so die Autoren, lässt die Paare an ihrem Heim und ihrer Ehe festhalten in der Hoffnung, den finanziellen Verlust in der Zukunft mindern zu können.

Farnham, Schmidt und Sevak fanden heraus, dass ein Rückgang der Immobilienpreise um 10 Prozent die Scheidungsrate bei höhergebildeten Paaren (die mit höherer Wahrscheinlichkeit ein Eigenheim besitzen) um sagenhafte 29 Prozent senkt. Entsprechend der Tatsache, dass die Immobilienpreise zwischen April 2006 und August 2010 um das Dreifache (30 Prozent) gesunken sind, müsste es nach diesem Ergebnis einen massiven Rückgang der Scheidungsraten gegeben haben.

Bei all jenen, die keine Eigenheimbesitzer sind, hatten die fallenden Immobilienpreise den gegenteiligen Effekt auf die Scheidungsraten; ein Rückgang der Immobilienpreise um 10 Prozent erhöhte die Scheidungsrate bei Paaren mit einem geringeren Bildungsabschluss um sagenhafte 20 Prozent.

Demzufolge haben Rezessionen durchaus einen destruktiven Effekt auf die Ehe, aber dieser Effekt macht sich vorwiegend in den ärmeren Haushalten bemerkbar. Eigentlich nicht verwunderlich, wenn man bedenkt, dass gering qualifizierte Jobs von einer Rezession am schlimmsten betroffen sind. 2010 war eine Person mit einer geringen Bildung dreimal so stark gefährdet, arbeitslos zu werden, wie eine Person mit einem akademischen Abschluss.

Sofern die Entscheidung, sich scheiden zu lassen oder nicht, in Zusammenhang mit Arbeitslosigkeit und Immobilienpreisen steht, so ist möglicherweise auch die Entscheidung zu heiraten mit der wirtschaftlichen Lage verbunden. Erhebungen des United States Census Bureau zufolge fielen die Eheschließungsraten in der Altersgruppe zwischen fünfundzwanzig und vierunddreißig Jahren zwischen 2006 und 2010 insgesamt um 5 Prozent (von 49 Prozent auf 44 Prozent). Dass die Eheschließungsraten seit Jahrzehnten stetig fallen, ist eine unverrückbare Tatsache, doch der Abwärtstrend während dieser jüngsten Rezession war aus einem Grund etwas anderes: Während die Eherate bei gebildeten Paaren nahezu konstant blieb, brach sie bei Paaren, die nur einen Highschool-Abschluss oder einen noch geringeren Bildungsabschluss hatten, um 10 Prozentpunkte drastisch ein im Vergleich zum vorangegangenen Jahrzehnt.

Ob dieser Rückgang der Eheschließungen bei gering gebildeten Arbeitnehmern in Zusammenhang steht mit der wirtschaftlichen Rezession, ist bis dato nicht bewiesen. Aber es gibt etliche Beweise dafür, dass die Ehe in ihrer Funktion als Versicherung in jüngster Zeit immer mehr ersetzt wird durch ein unverbindliches Zusammenleben, das als Versicherung fungiert.

Laut einer Studie von Rose Kreider stieg die Zahl heterosexueller Paare, die unverheiratet zusammenleben, zwischen 2009 und 2010 um 13 Prozent. Den zahlenmäßig größten Anstieg in diesem Zeitraum verzeichnete Kreider bei den Paaren, bei denen mindestens ein Partner arbeitslos war; lediglich bei 39 Prozent der Paare, die im Feststellungszeitraum zusammenzogen, hatten beide Partner eine feste Anstellung – gegenüber 50 Prozent der Paare, die bereits vor 2009 zusammengewohnt hatten.

Die Männer dieser »neuen« Paare fanden weniger wahrscheinlich eine neue Anstellung als die Männer, die bereits vor

2009 in einer Paarbeziehung waren; bei 24 Prozent dieser »neuen« Paare war der Mann arbeitslos (gegenüber nur 14 Prozent der »alten« Paare, die bereits vor 2009 zusammengewohnt hatten).

Sieht also ganz danach aus, als fungiere das Zusammenleben als eine Form von »Überbrückungsversicherung« – Männer und Frauen sind bereit, ihrem Partner in wirtschaftlich harten Zeiten eine temporäre Versicherung zu gewähren, aber nicht bereit, die volle Eheversicherung abzuschließen.

Ob sie ihr Verhalten ändern, wenn es wieder bergauf geht, bleibt abzuwarten. Eins aber ist sicher: Ob es mit der Wirtschaft bergab (Rezession) oder bergauf geht (Boom), beides kann Paare in ihrer Beziehungsgestaltung signifikant beeinflussen.

Zu guter Letzt

Interessanterweise ist der Nutzen der Ehe als Versicherung in wirtschaftlich instabilen Zeiten der Grund dafür, dass Jane letztendlich entschied, für sich selbst einen relativ rezessionssicheren Beruf zu ergreifen und Akademikerin zu werden. Als sie diese Entscheidung traf, hatte John bereits mehrmals seinen Job verloren. So konnte es keinesfalls weitergehen. Ihr war klar, dass sie diejenige war, die eine sichere Anstellung finden müsste, um die Familie über Wasser zu halten. Sie hätte sich zwar gleich einen Job suchen können, der ihr ein höheres Einkommen sicherte, doch ihre Entscheidung war unter den gegebenen wirtschaftlichen Umständen für sie beide als Paar goldrichtig. Es war klug von ihr, die Sache umsichtig anzugehen.

Janes Geschichte macht uns einmal mehr bewusst, dass die Ehe ein wirtschaftliches Arrangement ist. Sie hilft uns außerdem zu verstehen, inwiefern sich die Ehe im Laufe der vergangenen fünfzig Jahre verändert hat, und nicht zuletzt auch zu erkennen, wie es mit ihr zukünftig weitergeht.

In Kapitel 1 (siehe S. 21) sagte ich, dass laut einer Studie des Pew Research Center 44 Prozent der jungen Erwachsenen heute keinen Sinn mehr in der Ehe sehen und sie als Institution für überholt halten. Diese Einstellung ist mit annähernder Sicherheit auf die Tatsache zurückzuführen, dass sich die Ehe in Reaktion auf die zunehmende finanzielle Unabhängigkeit der Frauen gewandelt hat. Die finanzielle Unabhängigkeit der Frauen jedoch macht die Ehe nicht bedeutungslos. Im Gegenteil. Sie erhöht den Wert der Ehe als Form der Versicherung für wirtschaftlich harte Zeiten, da Familien nicht länger auf den Mann als Alleinverdiener angewiesen sind.

Aus ökonomischer Perspektive liegt die größte Veränderung in der Art und Weise, wie wir Menschen heute einen Partner wählen. Als Ökonomen begannen, sich mit der Ehe zu beschäftigen, bildeten sie ein handelstheoretisches Prinzip auf die Ehe ab, das besagt, dass Gegensätze sich anziehen. Tatsächlich aber wählen Männer und Frauen – im Zuge der gesellschaftlichen Entwicklungen, die Frauen unabhängiger machten und Scheidungen erleichterten – heute Ehepartner, die ihnen sehr ähnlich sind. Eine mögliche Erklärung für dieses Phänomen (neben denen, die wir bereits erörtert haben) ist die, dass die Führung eines gemeinsamen Haushaltes gemeinsame Entscheidungen notwendig macht, was Männer und Frauen dazu bewegt, sich einen Partner zu wählen, dessen Ziele mit den eigenen weitgehend übereinstimmen.

Dieses Suchkriterium, so finde ich zumindest, signalisiert eine Verbesserung der Ehequalität und ist ein guter Indikator dafür (auch wenn immer weniger Menschen den Bund fürs Leben schließen), dass die Paare glücklicher sind als die vorangegangener Generationen. Diese Beobachtung und die Tatsache, dass die Ehe Paaren eine größere finanzielle Stabilität gibt, legt nahe, dass es äußerst unwahrscheinlich ist, dass die Ehe als Institution in der Zukunft überflüssig wird. Sie wird anders sein, das ja, doch das ist nicht sonderlich überraschend, zumal wir wissen, dass die ökonomische Umgebung die Organisationsform der Ehe beeinflusst und dass diese ökonomische Umgebung stets im Wandel begriffen ist.

Wir beenden damit das Thema Ehe und kehren zurück zu einem Thema, das wir bereits in der ersten Hälfte des Buches angeschnitten haben: Promiskuität. Bei den promiskuitiven Personen des nächsten Kapitels handelt es sich nicht um erwachsene Männer und Frauen (wie in Kapitel 1, ab S. 20) und auch nicht um College-Studenten (wie in Kapitel 2, ab S. 55). Nein, es geht um die neue Generation sexuell aktiver Jugendlicher. Und Sie werden überrascht sein zu erfahren, dass diese Jugendlichen die erste Generation seit Langem sind, die weniger sexuell aktiv ist als ihre Eltern.

7

Eine neue Generation wird erwachsen

Jugendliche und Sex – Die neue Normalität

Ich sprach unlängst mit dem Sohn einer Freundin über sein Liebesleben. Er ist groß und gut aussehend, und so ging ich davon aus, dass er mit seinen siebzehn Jahren eine Freundin hat. »Ne«, sagte er, »bloß keine Mädchen, bevor ich einundzwanzig bin.« »Wie, und bis dahin nur Jungs?«, erwiderte ich.

Und das meinte ich gar nicht mal spöttisch. In einigen vorindustriellen Gesellschaften wurden junge Männer zu gleichgeschlechtlichen Beziehungen ermuntert, um vorehelichen Nachwuchs zu vermeiden und Heiraten aufzuschieben. Was eindrücklich zeigt, dass das, was wir unter einem »normalen« sexuellen Verhalten verstehen (insbesondere wenn es um Heranwachsende geht), in Wirklichkeit kulturell und ökonomisch determiniert ist. In der einen Kultur gelten gleichgeschlechtliche Beziehungen unter Jugendlichen als vorteilhaft für die Gesellschaft insgesamt (die weibliche Fruchtbarkeit wird gehemmt), in der anderen als nachteilig (die traditionelle heterosexuelle Ehe wird untergraben).

Es gibt einen Zusammenhang zwischen der ökonomischen Umgebung und dem, was Gesellschaften als akzeptables Sexualverhalten bei Jugendlichen erachten. Ich will Ihnen einige Beispiele geben, um diesen Zusammenhang zu erhellen.

Das erste bezieht sich auf den Zusammenhang zwischen dem Alter der sexuellen Mündigkeit – dem sogenannten Schutzalter, ab dem eine Person vom Gesetz her als einwilligungsfähig in Bezug auf sexuelle Handlungen gilt – und der Lebenserwartung. Das wirtschaftliche Wohlergehen beeinflusst die Gesundheit der Menschen und damit auf der gesellschaftlichen Ebene die durchschnittliche Lebenserwartung. Ist die Lebenserwartung niedrig, geht dies auch mit einem sehr niedrigen Schutzalter für Frauen einher. Im 16. Jahrhundert lag es in Großbritannien beispielsweise bei gerade einmal zehn Jahren. Die durchschnittliche Lebenserwartung lag damals bei siebenunddreißig Jahren. Wenn zu erwarten steht, dass die Menschen nicht lange leben werden, so ist einer Gesellschaft daran gelegen, so früh wie möglich mit der Fortpflanzung zu beginnen. Insofern beeinflusst die durchschnittliche Lebenserwartung (eine sozioökonomische Größe) die gesellschaftlichen Normen, die das Alter der akzeptierten sexuellen Mündigkeit bestimmen.

Das nächste Beispiel betrachtet den Zusammenhang zwischen dem Alter, ab dem junge Menschen zum Heiraten ermutigt werden, und dem demografischen Druck. Zugegeben, das Beispiel, das ich soeben angeführt habe, ist kein sonderlich gutes. Zur damaligen Zeit nämlich war Grund und Boden in Großbritannien nur äußerst begrenzt verfügbar. In einer weitgehend landwirtschaftlich geprägten Gesellschaft gab es fest-gelegte Landflächen, und jeder Zuwachs in der Bevölkerung bedrohte das Wohlergehen eines jeden Einzelnen. In Ermange-lung verlässlicher Verhütungsmethoden war ein strenges Verbot des vorehelichen Geschlechtsverkehrs eine gute Methode, die Fortpflanzung zu begrenzen und so dem Bevölkerungswachs-tum und mithin einem höheren Ressourcenverbrauch entge-genzuwirken. Begrenzte Ressourcen wie Land sorgen für eine Anhebung des Alters, das eine Gesellschaft als »heiratsfähig« einstuft. Im 17. Jahrhundert lag das durchschnittliche Heirats-alter der Frauen in Großbritannien bei fünfundzwanzig; die gesellschaftlichen Normen wirkten einer frühen Heirat entge-gen – ein Mittel, das Bevölkerungswachstum einzuschränken und so eine Verschlechterung des Lebensstandards zu verhin-dern.

Das billigende Einverständnis, mit der eine Gesellschaft auf Teenager reagiert, die früh Mütter werden, hängt mit einer wei-teren ökonomischen Größe zusammen – mit der volkswirt-schaftlichen Rendite (bezogen auf das gesteigerte zukünftige gesamtwirtschaftliche Einkommen) in Relation zur Bildung. Haben minderjährige Mütter trotz Lehre oder Ausbildung kein hohes Einkommen für die Zukunft zu erwarten, so ist die Ge-sellschaft ihnen gegenüber eher wohlgesonnen; in diesem Fall nämlich wird die frühe Mutterschaft kaum Einfluss haben auf die künftige Entwicklung der Gesamtwirtschaft. In industriali-sierten Ländern jedoch, wo besser gebildete Arbeitnehmer we-sentlich mehr verdienen können als geringer gebildete, beginnt sich diese Einstellung zu wandeln. Da mit einem höheren Aus-bildungsniveau eine höhere Arbeitsproduktivität einhergeht, ist die Gesellschaft den minderjährigen Müttern (auch wenn sie verheiratet sind) nun weniger wohlgesonnen, denn ihr Wegfall auf dem Arbeitsmarkt begrenzt den Produktivitätsfortschritt in der Gesamtwirtschaft.

Ökonomische Faktoren beeinflussen auch, in welchem Maße eine Gesellschaft die sexuelle Aufklärung ihrer Kinder als angemessen empfindet. Unsere Vorfahren machten sich keine Gedanken darum, wann der richtige Zeitpunkt dafür sei, mit den Kindern »darüber« zu reden. Früher waren die Wohnungen klein, und Kinder schliefen mit den Eltern oft in einem Raum. Die Vorstellung, unsere Kinder vor dem Wissen um Sexualität »schützen« zu müssen hängt in direkter Weise mit der Größe unserer Wohnungen und Häuser zusammen. Mit zunehmendem Wohlstand wurden die Kinder in puncto Sexualität immer länger im Unklaren gelassen und Aufklärungsgespräche zu einem Tabu.

Nicht zuletzt hatte auch der technologische Fortschritt einen immensen Einfluss auf die gesellschaftliche Meinung zu gleichgeschlechtlichen Beziehungen und zur Geschlechtsidentität. Durch die Entwicklung des Internets beispielsweise konnten Lesben, Schwule, Bisexuelle und Transsexuelle entdecken, dass es überall auf der Welt Gleichgesinnte gab. Insofern wurden Menschen, deren sexuelle Ausrichtung nicht dem »Mainstream« entsprach, durch die technologischen Innovationen ermutigt, ihre Neigungen auszuleben und auch in die Öffentlichkeit zu tragen. Dieser offene Umgang mit Sexualität hat zu einer Verschiebung der sozialen Normen geführt, wobei ökonomische Faktoren einmal mehr eine Rolle gespielt haben.

Wie sich Normen und Einstellungen in Bezug auf das Sexualverhalten von Jugendlichen verändert haben, erzähle ich Ihnen gleich. Zuerst eine andere Geschichte:

Sarah, die wir in Kapitel 2 (siehe S. 57) kennengelernt haben, war trotz ihrer ungewollten Schwangerschaft fest entschlossen, ihr Studium am College abzuschließen. Sarah war keine Jungfrau mehr, als diese Geschichte begann, in der Highschool allerdings, und das wird Sie vielleicht überraschen, hatte sie jedoch keinerlei sexuelle Beziehungen gehabt. Erst zu Beginn ihrer Studentenzeit wurde sie sexuell aktiv, ihr Stipendium war gesichert, und sie hatte sich zum Wintersemester eingeschrieben – ihr erstes Semester, das sie verpatzen sollte, da sie ja, wie wir wissen, ungewollt schwanger wurde.

Niemand hat Sarah je gefragt, ob sie überhaupt studieren will. Für ihre Familie und ihren Freundeskreis war das selbstverständlich, und etwas anderes stand gar nicht zur Debatte. Aber diese Erwartungen waren nicht der Grund dafür, dass sie in der Highschool sexuell zurückhaltend war (schließlich waren viele ihrer Freundinnen sexuell äußerst aktiv). Es lag vielmehr daran, dass sie seit der zehnten Klasse mit einem ruhigen Jungen namens Troy befreundet war.

Sarah war nicht mit Troy zusammen, sie verbrachte nur gerne ihre Zeit mit ihm, und als er sie eines Tages einlud, bei ihm zu übernachten, willigte sie ein, weil sie davon ausging, dass ihre Beziehung platonisch sei. Sarahs Mutter protestierte, denn sie kannte sich mit dem Verhalten männlicher Teenager besser aus als Sarah, erlaubte ihr dafür aber, nach der Schule mit zu ihm nach Hause zu gehen.

Troy lebte in einem Viertel, in dem Sarah noch nie gewesen war, in einem Haus inmitten einer Sozialbausiedlung. Er wohnte dort zusammen mit seiner Tante (auf die das Sozialamt die Vormundschaft übertragen hatte, seit man Troy mit neun Jahren aus der Obhut der Mutter genommen hatte), deren Baby und seinem achtzehnjährigen Cousin. Als Sarah zu Besuch war, lernte sie neben diesen »Stammbewohnern« auch die siebzehnjährige Freundin des Cousins kennen, die ihr zehn Monate altes Baby vorbeibrachte, um sich einen freien Nachmittag mit ihren Freundinnen im Einkaufszentrum zu gönnen.

Zwei Dinge hinterließen während dieses Besuchs bei Sarah nachhaltig Eindruck und prägten ihre spätere sexuelle Entscheidungspraxis.

Zum einen waren es die Wohnverhältnisse, in denen Troy lebte: Nie zuvor hatte sie eine Wohnung gesehen, die in einem derart ärmlichen und schlechten Zustand war; es machte sie traurig und tat ihr von Herzen leid für ihren Freund. Wichtiger noch, sie war schockiert zu sehen, dass kleine Kinder in derart erbärmlichen Verhältnissen aufwuchsen. Wenn sie sich ihr eigenes späteres Leben als Mutter vorstellte, so wünschte sie sich so viel mehr, als diese Familie den beiden Babys jemals würde geben können.

Zum anderen war es eine Frage, die sie Troy stellte. Sie wollte wissen, ob er sich für das kommende Schuljahr ebenfalls für die Mathe- und Englischkurse zur Vorbereitung auf das College angemeldet hätte. Sie wusste, dass Troy ein guter Schüler war, und wunderte sich daher, als er unsicher zu seiner Tante sah, anstatt ihre Frage spontan zu beantworten. Die aber winkte zu Sarahs Erstaunen nur ab. »Wieso willst du deine Zeit verschwenden mit Kursen, die nur die brauchen, die aufs College gehen wollen?«

Zum ersten Mal wurde Sarah klar, dass Zukunftsoptimismus ein Privileg ist, das nicht alle ihre Freunde genießen. Später erkannte sie, dass die sexuellen Entscheidungen, die jene Freunde trafen (zum Beispiel leichtherzig Schwangerschaften zu riskieren), mit pessimistischen Zukunftserwartungen zusammenhingen, mit einem Pessimismus, den sie nicht teilte.

Gesetze gegen Sex

Gesetzgebungen, die den einvernehmlichen Geschlechtsverkehr unter Teenagern zur Straftat machen, sind eine Methode, das Maß der sexuellen Aktivität unter Jugendlichen zu verringern.

2009 wurde in Kanada das gesetzliche Einwilligungsalter für sexuelle Handlungen von vierzehn auf sechzehn Jahre erhöht, in der Annahme, dass jüngere Jugendliche (Vierzehn- und Fünfzehnjährige) unfähiger sind als ältere (Sechzehn- bis Siebzehnjährige), vernünftige Entscheidungen in Sachen Sex zu treffen. Bonnie Miller, David Cox und Elizabeth Saewyc legen ihrer Studie diese veränderte Gesetzeslage zugrunde, um zu überprüfen, ob jüngere Jugendliche schlechtere Entscheidungen in Sachen Sex treffen als ältere. Sie untersuchten die Daten von über 26 000 Jugendlichen und stellten fest, dass die sexuellen Entscheidungen der Vierzehn- bis Fünfzehnjährigen nicht schlechter ausfallen als die der Sechzehn- bis Siebzehnjährigen. Des Weiteren stellten sie fest, dass bei Kindern unter zwölf das Gefährdungspotenzial und die Schutzbedürftigkeit am größten sind.

Von den 3 Prozent der Schüler in dieser Studie, die vor ihrem zwölften Lebensjahr Geschlechtsverkehr hatten, berichteten mehr als 40 Prozent, dass ihr erster Sexualpartner ein Erwachsener über zwanzig gewesen sei. Hingegen berichteten dies nur 1,3 Prozent derer, die beim ersten Geschlechtsverkehr vierzehn Jahre alt waren. Bei denjenigen, die beim ersten Geschlechtsverkehr fünfzehn Jahre alt waren, lag der Anteil der erwachsenen Sexualpartner wieder höher, aber immer noch unter 6 Prozent.

In Kanada kam es im Zuge der Änderung des gesetzlichen Einwilligungsalter für sexuelle Handlungen überwiegend innerhalb der eigenen Altersgruppe zu sexuellen Handlungen; weniger als 2 Prozent der Jungen und 3 bis 5 Prozent der Mädchen hatten ihr »erstes Mal« mit einem Erwachsenen, der mehr als fünf Jahre älter war. Die Wahrscheinlichkeit, unter Einfluss von Drogen oder Alkohol sexuelle Handlungen vorzunehmen, war in der Gruppe der jüngeren Teenager gleich groß wie in der Gruppe der älteren (der Sechzehn- bis Siebzehnjährigen). Jedoch berichtete die Gruppe der Jüngeren häufiger, dass sie bei ihrem letzten Geschlechtsverkehr ein Kondom benutzt hätten (83 Prozent gegenüber 74 Prozent der Älteren). Hinzu kommt, dass Mädchen in der jüngeren Altersgruppe, die bereits Sexualkontakt gehabt hatten, neben einem Kondom auch sehr viel häufiger hormonell verhüteten.

Hinter den Gesetzgebungen, die den einvernehmlichen Geschlechtsverkehr unter Jugendlichen juristisch regeln, steht die Auffassung, dass junge Teenager sich nicht selbst schützen können vor den potenziell doch sehr ernsten »erwachsenen« Konsequenzen sexueller Handlungen. Doch wie diese Studien hinreichend belegen, treffen jüngere Teenager ebenso vernünftige Entscheidungen in Sachen Sex wie ältere, und zwar unabhängig von der Gesetzeslage.

Es wäre übertrieben zu sagen, dass Sarah zu diesem Zeitpunkt und an jenem Ort beschloss, ihre restliche Zeit an der Highschool enthaltsam zu verbringen; Erkenntnis braucht Zeit. Doch wie sich zeigte, geriet Sarah nie in eine Situation, in der sie das Gefühl hatte, dass die Befriedigung ihres sexuellen Verlangens das damit verbundene Risiko wert gewesen wäre. Sie war nun der Ansicht, dass ein unverbindliches Abenteuer etwas war, das bis zum College warten konnte.

Sarah verlor Troy irgendwann in der elften Klasse aus den Augen. Er hatte die Schule geschmissen. Doch am Abend des Abschussballes musste sie an ihn und seine Familie denken. Ihre Mutter hatte sie und ihre zwei besten Freundinnen direkt vor der Tür abgesetzt. Und als sie über den »roten Teppich« schritten, sah sie, dass links und rechts jede Menge Menschen Spalier standen – nein, keine Paparazzi oder fotografierwütige Eltern, sondern minderjährige Mütter mit Babys auf dem Arm. Viele frühere Klassenkameradinnen, die durch ihre Schwangerschaften nicht weiter zur Schule hatten gehen zu können (oder zumindest nicht zu diesem Abschlussball), waren an jenem Abend gekommen, um ihre aufgeputzten Freundinnen zu bestaunen.

Natürlich war es für Sarah nicht neu, dass etliche ihrer früheren Klassenkameradinnen im letzten Schuljahr Mütter geworden waren, eine von ihnen war gar mit ihrem zweiten Kind schwanger, doch der scharfe Kontrast zwischen den strahlenden Ballköniginnen und den jungen Müttern in schlabberigen Hosen machte ihr bewusst, wie unterschiedlich ihre Lebenswege doch waren.

Vielleicht haben Sie Sarah verurteilt, als sie sich damals in ihrem ersten Semester am College zu einer Abtreibung entschied, und das steht Ihnen frei, aber Sie sollten wissen, dass diese Entscheidung nicht leichtfertig fiel. Sarah hatte nicht überlegen müssen, wie ihr Leben sich mit einem Kind verändern würde – sie wusste es bereits.

Nicht jeder tut es!

Jugendliche in den USA sind heute weniger sexuell aktiv als jede andere Teenager-Generation seit Mitte der 1980er-Jahre. Nach Angaben der Centers for Disease Control hatten 2010 weniger als die Hälfte aller Teenager Sexualverkehr (42 Prozent der männlichen und 43 Prozent der weiblichen Jugendlichen). Zweiundzwanzig Jahre zuvor waren es 51 Prozent der weiblichen Jugendlichen und 60 Prozent der männlichen gewesen. Teenager ersetzen den »regulären« Beischlaf auch nicht nur durch andere Sexualpraktiken (wie Oral- oder Analsex) – 46 Prozent der männlichen und 49 Prozent der weiblichen Jugendlichen zwischen fünfzehn und siebzehn Jahren hatten noch nie sexuelle Kontakte mit einer anderen Person.

Über 92 Prozent der sexuell aktiven männlichen Teenager und 86 Prozent der weiblichen gaben an, beim letzten Geschlechtsverkehr ein Verhütungsmittel verwendet zu haben. Trotz dieser offenkundigen Sorgfalt kamen im gleichen Jahr

367752 Neugeborene zur Welt, deren Mütter zwischen fünfzehn und neunzehn Jahre alt waren. Dies bedeutet, dass fast 3,5 Prozent der Frauen in dieser Altersgruppe ein Kind zur Welt gebracht haben. Zwar ist diese Zahl von 1991 bis 2010 um ein Drittel gesunken, doch die USA haben noch immer die höchste Teenager-Geburtenrate unter den Industrieländern. Sie liegt beispielsweise mehr als doppelt so hoch wie im Nachbarland Kanada.

Der Grund dafür ist nicht etwa, dass kanadische Teenager signifikant weniger sexuell aktiv wären; laut Statistik hatten 43 Prozent aller kanadischen Jugendlichen zwischen fünfzehn und neunzehn Jahren bereits Geschlechtsverkehr.

Der Rückgang der Teenager-Geburten ist nicht auf den erleichterten Zugang zu Abtreibungen zurückzuführen. Die Teenager-Abtreibungsrate war 2006 in den USA nicht einmal halb so hoch wie 1991 (sechzehn Abtreibungen auf eintausend Frauen gegenüber siebenunddreißig auf eintausend).

Wie die Forscher auf dem Gebiet des Gesundheitswesens John Santelli und Andrea Melnikas herausfanden, steht der Rückgang der Teenager-Geburtenraten zwischen 1991 und 2005 keineswegs in einem Zusammenhang mit dem Rückgang der sexuellen Aktivität unter Jugendlichen oder dem erleichterten Zugang zu Abtreibungen, sondern ist gänzlich der Tatsache geschuldet, dass Verhütungsmittel für Jugendliche heute zum Sexualleben dazugehören. Dies ist umso wahrscheinlicher, da die Teenager, die ihre sexuellen Aktivitäten verringert haben, andernfalls Verhütungsmittel eingesetzt hätten. Insofern hat ihre Entscheidung, nicht sexuell aktiv zu sein, keinerlei Auswirkung auf die Schwangerschaftsraten.

In den USA ist das Sexualverhalten außerdem sehr von der ethnischen Gruppe abhängig, der die Jugendlichen angehören. Weiße, sexuell aktive, weibliche Teenager nahmen mit größerer Wahrscheinlichkeit die Pille als schwarze oder lateinamerikanische: 39 Prozent der weißen weiblichen Teenager nahmen die Pille gegenüber 14 Prozent der schwarzen und 17 Prozent der lateinamerikanischen weiblichen Teenager.

Für schwarze und lateinamerikanische Frauen ist es mehr als doppelt so wahrscheinlich als für weiße Frauen, im jugendlichen Alter Kinder zu gebären: 2,4 Prozent der weißen Mädchen zwischen fünfzehn und neunzehn haben 2010 ein Kind geboren gegenüber 5,2 Prozent der schwarzen und 5,6 Prozent der lateinamerikanischen.

Schwarze und lateinamerikanische Jugendliche werden tendenziell nicht nur häufiger schwanger, sondern haben tendenziell auch mehrere Kinder geboren, noch bevor sie zwanzig Jahre alt sind. Schwarze und lateinamerikanische Teenager zusammengenommen machen rund 34 Prozent der Gesamtzahl der Jugendlichen aus, sie stellen aber 58 Prozent der Mädchen, die 2009 ihr erstes Kind auf die Welt brachten. Wie wir wissen, waren sie in der Feststellungsgruppe überrepräsentiert. Erwähnenswert ist noch, dass die schwarzen und lateinamerikanischen auch 66 Prozent der Teenager-Mütter stellen, die 2009 bereits ihr zweites Kind geboren haben, 73 Prozent der, die ihr drittes und 80 Prozent der, die gar ihr viertes oder weitere geboren haben.

Erstaunlicherweise gebaren in den USA 1316 Frauen im Alter zwischen fünfzehn und neunzehn bereits ihr viertes Kind oder darüber hinaus.

Die unterschiedlichen Geburtenraten unter den ethnischen Gruppen erklären sich teilweise durch die unterschiedlichen Einstellungen in Bezug auf Teenager-Schwangerschaften. Auf die Frage »Würdest du dich freuen, wenn du jetzt schwanger würdest?« antworteten nur 8 Prozent der weißen Teenager »ein bisschen« oder »sehr« gegenüber 19 Prozent der lateinamerikanischen Teenager-Frauen und 20 Prozent der schwarzen.

Junge Frauen sind die Gruppe, die am meisten gefährdet ist, sich mit sexuell übertragbaren Krankheiten zu infizieren; Jugendliche zwischen fünfzehn und vierundzwanzig repräsentieren nur 25 Prozent der sexuell erfahrenen Bevölkerung, dennoch treten nach Schätzungen der Centers for Disease Control fast die Hälfte aller Neuerkrankungen in dieser Altersgruppe auf. Sie sind viermal häufiger von Chlamydien oder Gonorrhö betroffen und zweimal häufiger von Syphilis als die Gesamtbevölkerung.

Schwarze Teenager, die mit einer sexuell übertragbaren Krankheit infiziert sind, sind auch hier wieder überrepräsentiert. 2009 waren sie sechzehnmal häufiger von Chlamydien betroffen, siebenmal häufiger von Gonorrhö und zwanzigmal häufiger von Syphilis als weiße junge Frauen.

Diese empirischen Daten deuten darauf, dass Infektionen mit sexuell übertragbaren Krankheiten unter Teenagern im Gegensatz zur sexuellen Aktivität und zu Schwangerschaften unter Teenagern nicht rückläufig sind. Das scheint unlogisch, aber es gibt eine ökonomische Erklärung dafür.

Und während sich die Sexualität von Teenagern in manchen sozioökonomischen Gruppen in positiver Weise verändert, gibt es andere, in denen Jugendliche einen hohen Preis für ihre sexuelle Aktivität bezahlen. Um dies zu verstehen, müssen wir erkennen, dass Teenager auf eine sich stets verändernde ökonomische Umgebung reagieren, eine, in der wir alle leben.

Eine Kultur der Verzweiflung

Es mag Ihnen aufgefallen sein, dass zu Sarahs Abschlussball Jugendliche aus unterschiedlichen sozioökonomischen Klassen gekommen waren. Das Einzugsgebiet dieser Schule umfasst nämlich zwei sehr unterschiedliche Viertel; in einem der Viertel sind die Bewohner wohlhabend und gut gebildet, in dem anderen leben sie in Sozialwohnungen und beziehen vielfach Sozialhilfe.

Was Ihnen zudem aufgefallen sein mag, als der Abend des Abschlussballs beschrieben wurde, sind die hohen Schwangerschaftsraten. Mit rund zweihundert Schülern an dieser Schule hätte man vielleicht mit nicht mehr als acht Teenager-Müttern gerechnet, aber hier, an dieser Schule, lag die Zahl sehr viel höher.

Warum die Schwangerschaftsraten an Sarahs Schule so derart hoch waren, erklärt eindrücklich eine Studie der Ökonomen Melissa Schettini Kearney und Phillip Levine. Sie besagt, dass die unterschiedlichen ökonomischen Umgebungen, aus der die Schüler kommen, eine wichtige Rolle spielen.

In den USA lassen sich von einem Bundesstaat zum nächsten große Unterschiede in puncto Teenager-Schwangerschaften feststellen. Diese Unterschiede machten sich die beiden Ökonomen zunutze, um herauszufinden, welche Rolle die Einkommensungleichheiten bei den Schwangerschaftsraten spielen. In

Bundesstaaten mit einem hohen Maß an Einkommensungleich-heit, so führen sie an, habe sich unter den sozial schwächer ge-stellten Bewohnern eine »Kultur der Verzweiflung« entwickelt. Diese Kultur verringere die unter den Teenagern wahrgenom-menen Kosten, die mit einem Baby während der Highschool-Zeit verbunden sind, da die jungen Mädchen (wahrscheinlich zu Recht) davon ausgingen, dass sie nie eine Chance auf ei-nen sozialen Aufstieg haben würden, egal ob sie Mutter wer-den oder nicht.

Kultur ist für unsere Begriffe meist etwas, das außerhalb von uns als Mensch besteht, und deshalb auch etwas außerhalb der Welt um uns herum; etwas, das wir erben wie braune Augen oder hässliche Füße. Für Ökonomen ist Kultur *endogen* – et-was, das innerhalb einer bestimmten Gesellschaft determiniert ist durch die ökonomische Umgebung dieser Gesellschaft. Ja, wir erben unsere Kultur, teilweise deshalb, weil wir ihre öko-nomische Umgebung erben. Verändert sich die ökonomische Umgebung, verändert sich auch die Kultur dieser Gesellschaft.

Gratiskondome an Schulen – Keine Erfolgsgeschichte

Es gibt eine psychologische Barriere, die überschritten wird, wenn eine Person zum ersten Mal Geschlechtsverkehr hat. Im ökonomischen Sinne kommt dies der Zahlung eines Fixpreises gleich, einem Preis, der einmalig anfällt.

Um diesen Fixpreis nicht zahlen zu müssen, entschließen sich Jugendliche vielleicht nicht allzu schnell zu diesem Schritt. Aber haben sie ihre Jungfräulichkeit erst einmal verloren, so steigt die Wahrscheinlichkeit, dass sie erneut Geschlechtsverkehr haben werden, da der Fixpreis bereits bezahlt ist.

Wenn die Schulen an Jugendliche Kondome ausgeben und dies in der Folge den erwarteten Preis des Verlusts der Jungfräulichkeit tatsächlich senkt, könnte dies durchaus dazu führen, dass die Promiskuität unter Jugendlichen steigt, sowohl kurzfristig als auch langfristig. Jugendliche haben früher Geschlechtsverkehr (kurzfristig) und pflegen diesen künftig auch weiter (langfristig). Kurzfristig gesehen mag es zu einem hohen Gebrauch an Kondomen kommen, und die Teenager-Schwangerschaften gehen zurück, langfristig aber könnten die Schwangerschaftsraten unter Teenagern wieder ansteigen, da Kondome oft unsachgemäß benutzt werden.

Ein Simulationsszenarium, durchgeführt von den Ökonomen Peter Arcidiacono, Ahmed Khwaja und Lijing Ouyang, ergab Folgendes: Wenn man die Verfügbarkeit von Kondomen für vierzehnjährige Schüler beschränkt, steigt die Häufigkeit von ungeschütztem Geschlechtsverkehr im ersten Jahr nach Einführung dieser Maßnahme um 8 Prozent an, drei Jahre später um 4 Prozent. Doch während mehr Schüler ungeschützten Verkehr haben, entscheiden sich andere dazu, gar keinen zu haben; der Anteil der sexuell aktiven Teenager fällt um 3 Prozent im ersten Jahr nach Einführung der Maßnahme, und um 5 Prozent drei Jahre später.

Trotz der Zunahme von ungeschütztem Geschlechtsverkehr sind die Schwangerschaftsraten in der Simulationsstudie in allen drei Jahren gefallen. Es ist folglich eine gute Maßnahme, den Zugang zu Verhütungsmitteln zu beschränken, um Schwangerschaften zu reduzieren.

Doch diese Schlussfolgerung hat einen Haken. Die Jugendlichen in der Simulationsstudie waren sehr jung (vierzehn Jahre) und reagierten besonders spontan auf diese Maßnahme, denn sehr wahrscheinlich hätte es sie im Unterschied zu älteren Jugendlichen einiges mehr an Überwindung gekostet, in einen Laden zu marschieren und Kondome zu kaufen. Insofern mag die Simulationsstudie einiges über ihr Sexualverhalten aussagen, weniger Aufschluss allerdings gibt sie darüber, wie ältere Jugendliche auf einen beschränkten Zugang zu Kondomen reagieren würden. Zudem lässt sie die Möglichkeit außer Acht, dass der Zugang zu Kondomen im frühen Jugendalter nicht nur die Bereitschaft erhöht, diese auch zu benutzen, sondern auch den Umgang für den weiteren Gebrauch im späteren Leben schult.

Und so verursacht soziale Ungleichheit in den sozial schwachen Familien eine Kultur, die ihnen vermittelt, ihre wirtschaftlichen Umstände seien unvermeidbar und unveränderlich.

Die empirischen Daten belegen, dass Teenager-Frauen aus einem schwachen sozioökonomischen Umfeld, die in Bundesstaaten mit einem geringen Einkommensgefälle leben, eine um 5 Prozentpunkte geringere Wahrscheinlichkeit haben, vor ihrem zwanzigsten Lebensjahr schwanger zu werden, als vergleichbare Teenager-Frauen, die in Bundesstaaten mit einem hohen Einkommensgefälle leben.

Sie belegen des Weiteren, dass Teenager-Frauen eine um 4 Prozentpunkte höhere Wahrscheinlichkeit aufweisen, eine Schwangerschaft abzubrechen, wenn sie aus einem Bundesstaat mit einem geringen Einkommensgefälle kommen gegenüber den Teenager-Frauen aus einem Bundesstaat mit hohem Einkommensgefälle.

Folglich besteht der große Unterschied zwischen den Teenager-Geburtenraten in Bundesstaaten mit einem geringen Einkommensgefälle und Bundesstaaten mit einem hohen Einkommensgefälle nicht darin, dass Teenager-Frauen weniger häufig schwanger werden, sondern darin, dass sie sehr viel wahrscheinlicher abtreiben werden, wenn sie schwanger geworden sind.

Die Reaktion von Troys Tante auf Sarahs Frage nach den Vorbereitungskursen für das College ist ein gutes Beispiel dafür, welch große Rolle die Kultur für das jugendliche Sexualverhalten spielt. Troys Familie gehört seit Generationen zu einer ökonomisch und sozial benachteiligten Bevölkerungsgruppe, während in der gleichen Zeitspanne die wohlhabenden Familien in unmittelbarer Nachbarschaft an den größten Teil des Wohlstands gelangt sind. Die Unfähigkeit von Troys Familie, das eigene Schicksal in der Vergangenheit zu wenden, schuf eine Kultur der Verzweiflung innerhalb dieser Familie.

Troys Familie glaubt, dass sie ihren Lebensstandard nie verbessern könnte, und erwartet daher auch nicht, dass er oder sein Cousin die Highschool abschließen. Auch wenn es letztlich die wirtschaftliche Härte war, die Troy davon abhielt, die Schule zu beenden, so spielte die Tatsache, dass ihm nie jemand gesagt hatte, dass er dazu fähig wäre, ebenfalls eine Rolle. Troys Cousin schloss die Highschool ab, begann danach aber keine Ausbildung, sondern suchte sich stattdessen eine Anstellung, um seine Freundin samt Baby zu unterstützen. Die Entscheidung an sich hielt sie nicht zwangsläufig in der unteren sozioökonomischen Schicht, aber sie machte es bedeutend schwerer, den Lebensstandard zu verbessern. Diese Schwierigkeiten hätten verhindert werden können, wären sie nicht während der Schulzeit Eltern geworden.

Bildung ist ein Privileg

Die Kultur der Verzweiflung bleibt ein abstrakter Begriff. In der Realität sehen viele junge Menschen auch so keine Chancen auf eine höhere Ausbildung und verlieren den Mut. Wenn sich jeder eine höhere Schulbildung leisten könnte, könnten Jugendliche aus sozial benachteiligten Familien daran glauben, eines Tages einen gut bezahlten Job zu bekommen, der einen Hochschulabschluss voraussetzt. Doch da ein Studium eine teure Angelegenheit ist, kommen viele junge Leute bei realistischer Betrachtung ihrer Lage zu dem Schluss, dass sie sich ein Studium niemals werden leisten können. Insofern beschränkt es die Möglichkeiten auf eine höhere Bildung nicht, wenn Jugendliche bereits in der Schulzeit Eltern werden – eine höhere Ausbildung stand aus finanziellen Gründen ohnehin nie zur Debatte.

Daraus könnte man folgern, dass es eine Beziehung gibt zwischen Schwangerschaft und Studienkosten.

Eine aktuelle Studie von Benjamin Cowan stützt sich auf repräsentative US-amerikanische Daten, um zu ermitteln, ob Jugendliche in Bundesstaaten mit geringeren Studiengebühren in Bezug auf die berufliche Bildung einen größeren Optimismus an den Tag legen und ihr Sexualleben entsprechend danach ausrichten. Die Studie ergab, dass eine Senkung der Studiengebühren um 1000 Dollar die Zahl der Sexualpartner, die ein/e durchschnittliche/r siebzehnjähriger Highschool-Schüler/in hatte, um beachtliche 26 Prozent mindert.

Zudem neigen die Schüler dazu, risikoreiches Verhalten einzuschränken, wenn ein Hochschulstudium erschwinglich wird (der Zigarettenkonsum etwa lag um 14 Prozent und der Marihuana-Konsum um 23 Prozent niedriger).

Natürlich setzt dieses Argument voraus, dass es sich bei Teenagern um rationale, zukunftsorientierte Menschen handelt, die sich bewusst darüber sind, dass ein riskantes Sexualverhalten in der Gegenwart mit hohen Kosten in der Zukunft verbunden sein kann – eine Vorstellung, die wohl niemand so schnell unterschreiben würde. Doch die Studie zeigt, dass eine Anhebung der Studiengebühren um 1000 Dollar die Hoffnung auf ein weiterführendes Studium bei Schülern im letzten Highschool-Jahr um 5,7 Prozent senkt, was impliziert, dass die Jugendlichen die Kosten einer Ausbildung sehr wohl in Betracht ziehen, wenn sie ihre Erwartungen ausrichten.

Aus der Studie geht des Weiteren hervor, dass vergleichsweise mehr Schüler ihre Ausbildung nach der Highschool nicht fortsetzen: Während 83 Prozent der Schüler eines Abschlussjahrgangs glauben, nach der Highschool ein Universitäts- oder Fachhochschulstudium aufzunehmen, sind ein Jahr nach dem Abschluss an der Highschool nur 56 Prozent tatsächlich an einer höheren Bildungseinrichtung eingeschrieben. Diese (vielleicht falschen) Erwartungen der Schüler erklären, warum sich ein so großer Wandel im Sexualverhalten der Jugendlichen feststellen lässt, trotz der bewiesenen Tatsache, dass nicht alle Schüler ein Studium aufnehmen – es ist nicht unbedingt nötig, dass sie ihre Ausbildung tatsächlich fortführen, es genügt, wenn sie daran glauben können.

Wie gesagt, die USA haben heute die höchste Teenager-Geburtenrate unter den Industrieländern. Sie liegt mehr als doppelt so hoch wie im Nachbarland Kanada (neununddreißig Geburten pro tausend Teenager-Frauen in den USA gegenüber vierzehn Geburten pro tausend Teenager-Frauen in Kanada). Noch größer fällt der Unterschied im Vergleich mit europäischen Ländern aus, wo akademische Ausbildungen mitunter sehr preiswert sind. Die Teenager-Geburtenrate in den USA liegt dreimal so hoch wie die in Deutschland und Frankreich und viermal so hoch wie die in den Niederlanden. Die offensichtlichste, ökonomische Erklärung hierfür ist die, dass amerikanische Jugendliche aus einkommensschwachen Familien mehr Grund haben, pessimistischer in ihre berufliche Zukunft zu blicken als vergleichbare Jugendliche in anderen Ländern.

Weniger Sex = mehr sexuell übertragbare Krankheiten

Die Promiskuitätsrate an US-amerikanischen Highschools liegt derzeit wie gesagt so niedrig wie seit zwanzig Jahren nicht, und die Teenager-Geburtenraten sind von 1991 bis 2009 um über ein Drittel gesunken. Wie kann es sein, dass Jugendliche heute weniger sexuell aktiv und offenbar vorsichtiger sind, dass aber dennoch die Neuerkrankungsrate von sexuell übertragbaren Krankheiten bei jungen Leuten unter vierundzwanzig im vergangenen Jahr um 50 Prozent angestiegen ist?

Um die Antwort auf diese Frage zu verstehen, stellen wir uns eine Schule vor, an der es einhundert Schüler gibt, von denen fünfzig sexuelle Beziehungen mit anderen Schülern an dieser Schule haben. Das Geschlecht spielt hierbei keine Rolle, und auch nicht, ob sie heterosexuell sind oder nicht; es spielt lediglich eine Rolle, dass sie sich nicht in monogamen Beziehungen befinden: Es sind schließlich Jugendliche, die sich ausprobieren wollen, und so kann jeder von ihnen im Verlauf eines Schuljahres mehrere, häufig wechselnde Sexualpartner haben.

Zu Beginn des Schuljahres hat ein Schüler eine sexuell übertragbare Krankheit. Vorausgesetzt, dass keiner der Schüler in einer festen Beziehung ist, steckt dieser Schüler seinen Sexpartner an, der wiederum den nächsten und so fort. Bis zum Ende des Schuljahres ist ein bestimmter Prozentsatz der Schüler infiziert – wahrscheinlich weniger als die Hälfte, da ja nur fünfzig der hundert Schüler sexuell aktiv sind.

Nun stellen wir uns vor, dass im Schuljahr darauf wieder einhundert Schüler an die Schule kommen, von denen jetzt nur vierzig sexuell aktiv sind. Und wieder ist zu Beginn des Schuljahres nur einer infiziert. Der Ansteckungsprozess beginnt wieder von vorne. Vorausgesetzt, dass es jetzt weniger sexuell aktive Schüler gibt, könnte man meinen, dass bis zum Ende des Schuljahres auch weniger Schüler angesteckt sind. Doch das ist aller Wahrscheinlichkeit nach nicht der Fall.

Nicht alle Schüler verhalten sich auf die gleiche Weise, wenn sie sexuell aktiv sind. Und so steht zu vermuten, dass die Schüler, die beschlossen haben, in diesem Schuljahr nicht sexuell aktiv zu sein, auch die gleichen sind, die die größtmöglichen Vorkehrungen gegen eine Ansteckung getroffen hätten, wären sie sexuell aktiv gewesen – diese Schüler sind am wenigsten risikobereit (*risikoavers,* wie es in der Fachsprache heißt).

Betrachten wir zum Beispiel einmal das Verhalten der folgenden drei Personen: Die erste Person ist äußerst risikoavers und besteht stets auf Kondome. Die zweite Person ist risikoneutral, weder besteht sie auf Kondome, noch hätte sie etwas dagegen. Die dritte Person ist risikofreudig und besteht stets auf Sex ohne Kondom.

Früher, als mehr Jugendliche sexuell aktiv waren, hätte es sein können, dass die risikoaverse Person und die risikoneutrale Person eine sexuelle Beziehung miteinander eingehen. In diesem Falle wären beide vor sexuell übertragbaren Krankheiten geschützt gewesen (die risikoaverse Person hätte auf Kondomen beharrt, und die risikoneutrale Person hätte nichts dagegen gehabt).

Steigen die Kosten für Sex, weil beispielsweise eine höhere Bildung immer wichtiger wird für das künftige Einkommen, würde ein risikoaverser Jugendlicher wohl eher ganz auf Sex verzichten. In der Folge wäre nun ein größerer Anteil der risikoneutralen und der risikofreudigen Schüler auf dem Sexmarkt der Highschool unterwegs.

Die risikoneutrale Person, die früher durch einen risikoaversen Sexualpartner vor sexuell übertragbaren Krankheiten geschützt gewesen wäre, lässt sich nun auf einen risikofreudigen Partner ein. Dieser beharrt auf Sex ohne Kondom, die risikoneutrale Person hat natürlich nichts dagegen, und das Infektionsrisiko für beide steigt.

Wenn die Schüler, die am wenigsten risikobereit sind, sich vom Sexmarkt der Highschool entfernen, so nimmt die Infektionsrate folglich nicht ab, sondern aller Wahrscheinlichkeit nach zu.

Ökonomen sprechen hier von einer Veränderung am genannten extensiven Rand (*extensive margin*) – die sicherheitsbewussten Sexualpartner haben den Markt verlassen und damit die übrigen sexuell aktiven Jugendlichen einem größeren Infektionsrisiko ausgesetzt. Es gibt aber noch eine Veränderung, die die steigenden Infektionsraten der sexuell übertragbaren Krankheiten erklären kann. Und diese Veränderung vollzieht sich am genannten intensiven Rand (*intensive margin*), wie Ökonomen es bezeichnen – die Jugendlichen, die nach wie vor auf dem Markt aktiv sind, haben ihr Verhalten so verändert, dass sich das Infektionsrisiko erhöht.

Eine neuere Studie der Ökonomen Peter Arcidiacono, Andrew Beauchamp und Marjorie McElroy zeigt, dass weibliche Teenager vermehrt gewillt sind, sich auf sexuelle Beziehungen einzulassen, wenn an der Schule ein Geschlechterungleichgewicht zugunsten der weiblichen Schüler herrscht. (Und das dürfte Ihnen bekannt vorkommen, wenn Sie sich an meine Ausführungen zum Sexmarkt am College erinnern, wo die weiblichen Studenten ebenfalls sexuell aktiver waren, wenn ihre männlichen Kommilitonen die gesamte »Marktmacht« besaßen.)

Die Ökonomen untersuchten ferner das Sexualverhalten von Zwölftklässlern und stellten Folgendes fest: Wenn es einen Überschuss an männlichen Schülern gibt, ist der Anteil der weiblichen Schüler, die in einer festen sexuellen Beziehung sind, wesentlich höher als der Anteil derer, die angaben, gerne eine feste sexuelle Beziehung haben zu wollen. Des Weiteren stellten sie fest, dass der Anteil der männlichen Schüler, die in einer festen, sexuellen Beziehung sind, so ziemlich dem Anteil derer entspricht, die angeben, eine feste sexuelle Beziehung haben zu wollen.

Daraus geht hervor, dass die männlichen Zwölftklässler eine größere Verhandlungsmacht in Sachen Sex besitzen, denn sie haben tatsächlich die Menge an Sex, die sie wollen. Ihre Mitschülerinnen dagegen besitzen weniger Verhandlungsmacht in Sachen Sex, da sie mehr Sex haben, als sie laut Angaben haben wollen.

Dieses Verhältnis ergibt sich deshalb, da (genau wie auf dem College-Sexmarkt) die weiblichen Schüler um die knapp vorhandenen männlichen Schüler konkurrieren müssen. Nicht nur, weil die männlichen Schüler eine geringere Wahrscheinlichkeit haben, die Highschool abzuschließen, sondern auch, weil sich die Zwölftklässlerinnen obendrein gegen jüngere Schülerinnen durchsetzen müssen, die darauf aus sind, einen älteren Jungen zu erobern. Diese Marktmacht der älteren Schüler setzt die Mädchen nicht nur unter Druck, eine sexuelle Beziehung einzugehen (auch wenn sie lieber keine hätten), sondern sie verleiht den Jungen überdies eine Verhandlungsmacht in Sachen Verhütung und Schutz gegen sexuell übertragbare Krankheiten (wie etwa in der Frage: Kondom Ja oder Nein?).

Das Risiko einer Ansteckung beim ungeschützten Geschlechtsverkehr ist bei Frauen höher als bei Männern. Da Männer nun aber die Verhandlungsmacht in puncto Kondomgebrauch haben, werden Kondome wohl weniger häufig benutzt, da die Kosten für den ungeschützten Verkehr für die Männer als Entscheidungsträger geringer sind und der Nutzen, so könnte man noch anfügen, höher.

Hinzu kommt, dass ältere Jungen nicht nur ihre Sexualpartnerinnen in der gleichen Jahrgangsstufe anstecken, sondern auch eine ganze Reihe von jüngeren Mädchen. Und so kommt es zu einer regelrechten Epidemie, da die Krankheiten durch sämtliche Schülergenerationen wandern.

Teenager in Afrika – Aids-Risiko und sexuelle Abstinenz

In Kenia gibt es ein HIV-Aufklärungsprogramm, das jungen Frauen moralische Werte, sexuelle Verweigerung und Enthaltsamkeit vermittelt. Trotz des Aufrufs zur sexuellen Abstinenz berichten 21 Prozent der Mädchen in achten Klassen sowie 48 Prozent der Jungen, dass sie sexuell aktiv sind. Von Kondomen ist in diesem Programm keine Rede, was vielleicht der Grund dafür ist, dass die HIV-Prävalenzraten unter Jugendlichen in Kenia sehr hoch sind: 3 Prozent bei Mädchen zwischen fünfzehn und neunzehn; 9 Prozent bei jungen Frauen zwischen zwanzig und vierundzwanzig; 13 Prozent bei Frauen zwischen fünfundzwanzig und neunundzwanzig.

Dass die Prävalenzraten unter kenianischen Frauen derart hoch sind (viermal höher als unter Jungen im gleichen Alter), liegt untere anderem daran, dass Mädchen sexuelle Beziehungen mit sehr viel älteren Männern haben. Zum Beispiel berichten 49 Prozent der Mädchen, die im Laufe der achten Klasse schwanger wurden, dass der Kindsvater mehr als fünf Jahre älter ist; 16 Prozent berichten, dass er mehr als zehn Jahre älter ist.

Die ökonomische Erklärung für dieses Phänomen ist, dass ältere Männer den »Sugar Daddy« geben und – im Tausch gegen Geld und Geschenke – ungeschützten Sex mit den jungen Frauen und Mädchen aushandeln.

Pascaline Dupas, Ökonomin an der Stanford University, veröffentlichte aktuell die Ergebnisse eines neuartigen Experiments, bei dem die Forscher ein Aufklärungsprogramm in einigen zufällig ausgewählten Schulen in Kenia eingeführt haben. Die Schüler erhielten nur eine einfache Information: Sie wurden über die HIV-Prävalenzrate in der nächstgelegenen Stadt aufgeklärt. Damit bewegten sich die Forscher im Rahmen der nationalen Leitlinien und machten den Gebrauch von Kondomen nicht zum Thema. Aber sie beantworteten die Fragen, die die Schüler stellten.

Im darauffolgenden Schuljahr lag die Schwangerschaftsrate der Mädchen, die darüber aufgeklärt worden waren, dass sexuelle Beziehungen mit älteren Männern das HIV-Ansteckungsrisiko erhöhen, um 28 Prozent niedriger gegenüber der Kontrollgruppe, die lediglich das standardisierte Aufklärungsprogramm – Stichwort Enthaltsamkeit und Moral – vermittelt bekommen hatte. Der größte Rückgang war in der Gruppe der Mädchen zu verzeichnen, die von Männern geschwängert wurden, die mehr als fünf Jahre älter waren. Hier ging die Zahl um sagenhafte 61,7 Prozent zurück. Die jüngsten Mädchen der aufgeklärten Gruppe berichteten um 36 Prozent häufiger als die Kontrollgruppe, beim letzten Geschlechtsakt ein Kondom benutzt zu haben.

Ob dieses simple Aufklärungsprogramm die HIV-Neuerkrankungen reduziert hat, wissen wir nicht. Wir wissen lediglich, dass sie die Rate von ungeschütztem Geschlechtsverkehr mit älteren Männern gesenkt hat. Aber mit nur einer einzigen fünfundvierzigminütigen Präsentation in einundsiebzig verschiedenen Schulen haben es diese Forscher geschafft, die Empfängnis von dreißig Kindern zu verhindern, deren Mütter erst fünfzehn Jahre alt gewesen wären – und das bedeutet einen echten Wandel im Sexualverhalten dieser Schüler.

Gute Noten durch sexuelle Enthaltsamkeit?

Erziehung zur Enthaltsamkeit gibt es an US-amerikanischen Schulen schon lange. Diese Programme unterliegen strikten Auflagen, wonach den Jugendlichen vermittelt werden muss, »dass sexuelle Aktivitäten außerhalb der Ehe wahrscheinlich schädliche psychische und physische Auswirkungen haben«. Moment mal, haben wir das richtig verstanden? Sexuelle Aktivitäten in der Highschool sollen für die Jugendlichen emotional schädlich sein und die Aussichten auf Bildungserfolge unterminieren – und das auch ohne die unerwünschten Folgen wie Schwangerschaft und Geschlechtskrankheiten?

Die Wahrheit ist, dass Wissenschaftler keinen Beweis vorlegen können, der diese Behauptung untermauern würde.

Ein Beitrag von Joseph Sabia und Daniel Rees behandelt diese Thematik unter Verwendung einer groß angelegten repräsentativen Studie unter US-amerikanischen Schülern und Studenten, die in drei Phasen durchgeführt wurde – 1995, 1996 und 2001. Ein Aufschub des Geschlechtsverkehrs um nur ein Jahr, so das Ergebnis, erhöht die Wahrscheinlichkeit, dass ein Mädchen die Highschool abschließt, um 4,4 Prozent. Dass ein früher Verlust der Jungfräulichkeit Auswirkungen auf den Bildungserfolg hat, war ausschließlich bei weißen weiblichen Teenagern feststellbar. Einen Zusammenhang zwischen dem Verlust der Jungfräulichkeit und den Highschool-Abschlussraten ließ sich weder für lateinamerikanische noch für schwarze weibliche Teenager feststellen.

Wenn Jugendliche den Highschool-Abschluss nicht schaffen, weil sexuelle Aktivitäten schädliche psychische Auswirkungen haben, dann wäre damit bewiesen, dass eine frühe sexuelle Aktivität nur für weiße Jugendliche schädlich ist. Doch diese Schlussfolgerung hat einen Haken, denn auf ihrer Suche nach Faktoren, die sowohl das Sexualverhalten als auch den Highschool-Abschluss beeinflussen, haben die Autoren eins außer Acht gelassen: Teenager-Schwangerschaften. Setzt man voraus, dass eine Schülerin in einem bestimmten Jahr ihrer Schullaufbahn wahrscheinlich schwanger wird, wenn sie sexuell aktiv war, dann gilt auch, dass die Chancen auf eine Schwangerschaft während ihrer Highschool-Zeit steigen, wenn sie ein Jahr früher sexuell aktiv wird.

Dass sexuelle Aktivitäten in einem frühen Alter schädliche psychische Auswirkungen haben, ist damit allerdings nicht bewiesen, zumal wir wissen, dass minderjährige Mütter, die in ihrer Verantwortung für ein kleines Kind gefordert sind, es äußerst schwer haben werden, die Highschool überhaupt abzuschließen.

Die gleiche Studie ergab weiterhin, dass ein Aufschub der sexuellen Aktivität um ein Jahr statistisch gesehen keine signifikanten Auswirkungen hat bezüglich der Highschool-Abschlussrate unter männlichen Jugendlichen, und zwar unabhängig von ihrer ethnischen Herkunft. Man könnte nun daraus folgern, dass Sex für junge Männer weniger schädliche psychische Auswirkungen hat. In Wirklichkeit aber ist es so, dass es für einen jungen Mann, der seine Freundin geschwängert hat, sehr viel leichter ist, die Schule abzuschließen, als für die Freundin selbst, die nach der Geburt erst einmal irgendwie klarkommen muss.

Unterm Strich bleibt also alles Spekulation.

Am Ende ihrer Studie aber geben die Autoren noch eine interessante Empfehlung. Man solle, so sagen sie, den Kernsatz der Erziehungsprogramme zur Enthaltsamkeit, wonach »sexuelle Aktivitäten außerhalb der Ehe wahrscheinlich schädliche psychische und physische Auswirkungen haben« streichen und ihn durch eine »nuanciertere Aussage« ersetzen. Aber wie, bitte schön, muss man sich das vorstellen? Wie sähe das angesichts dieser empirischen Ergebnisse in den Klassenzimmern konkret aus? Wir dürfen gespannt sein.

Vielleicht sind die Lehrer gehalten, ernste Warnungen auszusprechen, von wegen Sex sei zwar psychisch schädlich, aber nicht so sehr für Jungen, denn Sex habe bei ihnen keinerlei negative Auswirkungen auf die schulischen Leistungen, solange sie nur mit schwarzen oder mit lateinamerikanischen Schülerinnen verkehren, die davon ebenfalls ausgenommen scheinen.

Damit dürften sie zumindest die Aufmerksamkeit der Schüler wecken.

Eine Frage noch: Wenn Sex unter Teenagern psychisch schädlich ist, müssten dann nicht die Jugendlichen, die in ihrem Freundeskreis die negativen Folgen einer frühen sexuellen Aktivität hautnah miterleben konnten, aus den Fehlern der anderen lernen und alles tun, um Ähnliches zu vermeiden?

Ein neuerer Aufsatz von David Card und Laura Giuliano greift dafür auf die Add Health Survey zurück, die statistische Erhebungen sammelt und ihre Daten der Wissenschaft zugänglich macht. Die Wissenschaftler haben so die Möglichkeit, eine bestimmte Referenzgruppe einer Studie zu identifizieren. Diese Daten nutzten Card und Giuliano, um die folgende Frage zu beantworten: Wenn der beste Freund eines Schülers ein riskantes Verhalten an den Tag legt (Sex, Zigaretten, Marihuana, Schulschwänzen), wie hoch ist dann die Wahrscheinlichkeit, dass der Freund es ihm nachmacht?

Das höchste Gut steht zum Verkauf!

Junge Mädchen bekommen immer wieder zu hören, sie sollen ihr höchstes Gut nicht einfach so verschenken – ihre Jungfräulichkeit. Vor ein paar Jahren verkündete ein Bordell in Nevada, die Jungfräulichkeit von Natalie Dylan, einer einundzwanzigjährigen College-Studentin, stünde für beachtliche 3,8 Millionen Dollar zum Verkauf. Viele Frauen haben sich daraufhin gefragt, ob die Jungfräulichkeit tatsächlich einen »Vermögenswert« hat, und viele haben seither versucht, an Natalies Erfolg anzuknüpfen. Doch auch hier wirken Marktkräfte, auch bei dieser außergewöhnlichen Dienstleistung, und aus dem Verkauf der Jungfräulichkeit Profit schlagen zu können, ist auch für die Zukunft unwahrscheinlich.

Ein neuerer Aufsatz von Fabio Mariani bringt vor, dass kulturelle Schwankungen im Wert der Jungfräulichkeit eng verbunden sind mit den Chancen, die eine Frau auf dem Heiratsmarkt hat. Wenn ein reicher Mann, so führt Mariani aus, eine arme Frau kennenlernt und sich in sie verliebt, könnte er erwägen, sie trotz ihrer Armut zu heiraten, sofern sie noch Jungfrau ist. Ist sie hingegen keine Jungfrau mehr, könnte es sein, dass er lieber eine reiche Frau heiratet, die Jungfrau ist, die er aber nicht liebt.

Demzufolge ergibt sich die Rendite auf die Jungfräulichkeit für die arme Frau aus der Wahrscheinlichkeit, einen reichen Mann zu heiraten, multipliziert mit seinem Einkommen. Die Rendite ist der berechnete Wert für den Verkauf ihrer Jungfräulichkeit – der sogenannte *Reservierungswert,* den sie mit einer Ehe dafür bekommen muss, dass sie sich aufspart und ihre Jungfräulichkeit nicht außerhalb einer Ehe zu Markte trägt.

Eine höhere Einkommensungleichheit unter Männern, wie sie in entwickelten Ländern zu beobachten ist, müsste zu einem höheren Reservierungswert der Jungfräulichkeit führen, da Frauen als Jungfrau mehr zu gewinnen haben, wenn die Einkommenskluft zwischen reichen und armen Männern größer ist.

Der Eintritt in den Markt der Jungfräulichkeit ist allerdings mit einem Hemmnis verbunden: die Marktteilnehmerinnen müssen sich aufsparen, bis zum Verkaufszeitpunkt also keusch bleiben. Der nahezu freie Eintritt in diesen Markt impliziert, dass der Wettbewerb dort derart hoch sein wird, dass der Preis auf einen angemessenen Marktwert gedrückt wird. Ich vermute mal, dass der Preis, den die Männer auf einem so vollkommen wettbewerbsfähigen Markt zu zahlen bereit sind, tatsächlich weit unter dem Reservierungswert der Verkäuferin mit dem größten Potenzial liegt.

Der Verkauf der Jungfräulichkeit wird wohl auch deshalb nie zu einem profitablen Geschäft, da Möchtegern-Verkäuferinnen in westlichen Ländern konkurrieren müssen mit Frauen auf anderen Märkten, wo die Jungfräulichkeit einen sehr viel niedrigeren Erwartungswert besitzt. Der Preis für eine Jungfrau in einer mexikanischen Stadt an der Grenze zur USA liegt bei nur 400 Dollar, und damit erheblich unter den Millionen, die andere Frauen verlangten, würden sie sich auf diese Weise prostituieren.

Beste Freunde kommen meist aus ähnlichen familiären Verhältnissen, haben beispielsweise dieselbe ethnische Herkunft, das gleiche Alter, ähnliche Bildungsziele und ähnliche Einstellungen zum Risiko. Die Autoren der Studie konnten diese Faktoren untersuchen und stellten Folgendes fest: Hat der beste Freund Geschlechtsverkehr, so besteht gegenüber den anderen Schülern eine um 4,5 Prozentpunkte höhere Wahrscheinlichkeit, dass der Freund des besten Freundes im darauffolgenden Schuljahr ebenfalls Geschlechtsverkehr hat. Wenn ein anderer Freund »Intimkontakt« hatte (um die Studie auf eine dritte Person auszuweiten), so besteht gegenüber den anderen Schülern eine um 4 Prozentpunkte höhere Wahrscheinlichkeit, dass die Freunde dieses Freundes ebenfalls »Intimkontakt« haben werden.

Dieser »Best-Friend-Effekt« nimmt auf das Sexualverhalten eines Teenagers ebenso Einfluss wie andere soziale Faktoren, beispielsweise, ob die Schüler in einem Alleinerziehenden-Haushalt aufwachsen oder bei Eltern ohne Highschool-Abschluss (beides erhöht die Wahrscheinlichkeit, dass ein Jugendlicher sexuell aktiv ist).

Eine mögliche Erklärung für den »Best-Friend-Effekt« in Bezug auf das Sexualverhalten könnte das gemeinsame Kiffen

263

sein. Kiffen erhöht die Bereitschaft zum Geschlechtsverkehr. Oder es könnte am Alkoholkonsum liegen, der die Bereitschaft zum Geschlechtsverkehr ebenfalls erhöht. Doch wie sich herausstellte, führt Cannabiskonsum bei Jugendlichen nicht zu höheren Raten sexueller Aktivität. Ebenso wenig wie der Alkoholkonsum. Die »Best-Friend-Theorie« scheint hier also nicht aufzugehen. Wenn der beste Freund kifft, erhöht sich die Wahrscheinlichkeit, dass der Freund des besten Freundes ebenfalls kifft, nur in geringem Maße. Ähnliches gilt für den Alkoholkonsum. Die Tatsache, dass der beste Freund trinkt, erhöht nicht die Wahrscheinlichkeit, dass der Freund des besten Freundes ebenfalls mehr trinkt als die anderen Schüler.

Unterm Strich bleibt also nur die etwas fade Erklärung, dass Teenager einfach Spaß haben am Sex, der aller jugendlichen Erfahrung nach nicht immer negative Folgen hat – was sie animiert, es ihren Freunden gleichzutun.

Es gibt noch einen weiteren Aufsatz, der den »Best-Friend-Effekt« erklären könnte. Mit immer wirksameren Verhütungsmethoden, so argumentieren Jesús Fernández-Villaverde, Jeremy Greenwood und Nezih Guner, sinkt das Risiko der Folgen des vorehelichen Geschlechtsverkehrs, weshalb Eltern heute nicht mehr so viel investieren, um ihre Kinder im Teenager-Alter davon abzuhalten, sexuell aktiv zu werden.

Eine Methode, sie davon abzuhalten, wäre, ihnen zu predigen, vorehelicher Sex sei etwas, wofür man sich schämen müsse. Auch die oben genannten Autoren nutzten die Daten der Add Health Survey und kamen zu folgendem Ergebnis: Teenager hatten mit einer größeren Wahrscheinlichkeit schon einmal Sex, wenn auch ihre Freunde schon einmal Sex hatten, doch sie hatten mit einer geringeren Wahrscheinlichkeit schon einmal Sex, wenn sie glaubten, Sex sei etwas, für das man sich schämen müsse (gemessen wurde der Faktor »Ich würde mich schämen« anhand der Antworten auf die Frage »Wie würdest du dich fühlen, wenn deine Mutter wüsste, dass du Sex hast?«).

Demnach ist der Grund, warum Freunde in die Fußstapfen ihrer sexuell aktiven Freunde treten, der, dass es das Gefühl (oder das Stigma) der »Scham« reduziert, wenn man einen Freund hat, der ebenfalls sexuell aktiv ist.

Zu guter Letzt

Erinnern Sie sich an den jungen Mann, den ich am Anfang des Kapitels erwähnte – der, der keine feste Freundin wollte, bevor er einundzwanzig ist? Das Lustige an dieser Geschichte ist, dass seine Mutter bitterlich enttäuscht darüber ist, dass er seine Teenager-Jahre nicht auslebt, so wie sie es getan hat, als sie in seinem Alter war.

Nicht jeder hegt so süße Erinnerungen an seine Jugendzeit wie meine Freundin. Es ist allerdings interessant zu beobachten, dass die heutige Generation von Teenager-Eltern tatsächlich die erste Generation sein könnte, die in ihrer Jugend sexuell aktiver war als ihre Kinder heute.

Ich persönlich gehöre zu einem Jahrgang, der mit Anfang zwanzig noch die Ausläufer der sexuellen Revolution mitbekommen hat. Danach war schnell klar, dass die nachfolgenden Generationen die sexuellen Freiheiten, die wir genossen hatten, wohl nicht mehr ausleben können. Mit dem wachsenden öffentlichen Bewusstsein für HIV und Aids war es mit der sexuellen Revolution vorbei. Im Nachhinein betrachtet, dürfte die Angst vor dieser Krankheit eine Rolle bei der nachlassenden Promiskuität unter Teenagern gespielt haben. Doch dieser Rückgang hält nunmehr seit über zwanzig Jahren an, eine Tatsache, die einer zusätzlichen ökonomischen Erklärung bedarf.

Neuesten Medienberichten über die nachlassende Promiskuität unter Teenagern zufolge spielt die Angst bei diesen Verhaltensänderungen eine bedeutende Rolle, und ich stimme dem zu. Und zwar ist es nicht nur die Angst davor, dass das Leben mit einem Kind hart sein wird (es braucht kein Reality-TV, um Teenager darüber aufzuklären, dass ein Ausflug ins Einkaufszentrum mit einem schreienden Kleinkind weniger spaßig ist); sondern auch die Angst davor, in einer Wirtschaft abgehängt zu werden, in der in den vergangenen dreißig Jahren nur diejenigen vorankamen, die zielstrebig einen höheren Bildungsabschluss verfolgten. Es ist die Angst, am unteren Ende der Einkommensverteilung hängenzubleiben, während die Spitzenverdiener ihr Geld mit vollen Händen ausgeben und alle andern zusehen müssen, wie sie in diesem Wettlauf mithalten können. Die Angst rührt aus der Einsicht, dass eine frühe Elternschaft zu einer dauerhaft verminderten Erwerbsfähigkeit führt. Und dies bestärkt die jungen Menschen von heute darin, Vorsicht und Verhütung in ihrem Sexualleben großzuschreiben.

Gewiss, um die Teenager-Schwangerschaften in den USA auf die Tiefstände anderer westlicher Länder zu bringen, müssten ökonomische Anreize geschaffen werden, die für alle verfügbar sind. Zum Beispiel müssten alle Jugendlichen davon ausgehen, dass ihr gesamtes Einkommen durch eine Schwangerschaft als Teenager geringer ausfällt, damit dieser Anreiz ihre Risikobereitschaft senkt. Tatsächlich wird aber die Erwerbsfähigkeit eines geringqualifizierten Arbeiters überhaupt nicht von einer etwaigen Teenager-Schwangerschaft beeinflusst. Und der Weg vom ungelernten Arbeiter zum qualifizierten Facharbeiter bedarf einer Investition, die sich viele einkommensschwache Familien für ihre Kinder nicht leisten können.

Ich habe zu Beginn dieses Kapitel beschrieben, inwiefern die Ökonomie die gesellschaftlichen Normen in Bezug auf das Sexualverhalten junger Menschen beeinflusst. Eins möchte ich noch hinzufügen: Die sexuellen Normvorstellungen oder der moralische Maßstab in puncto Teenager-Schwangerschaften haben sich innerhalb der sozioökonomischen Gruppen, die durch die moderne Wirtschaft am stärksten benachteiligt sind, nach und nach gelockert. Doch zu meinen, diese Gruppe würde wirtschaftlich und sozial marginalisiert wegen ihres Sexualverhaltens, wäre ein Fehlschluss und würde zu einer verzerrten Perspektive führen. Umso wichtiger ist hier der ökonomische Blickwinkel: Teenager in einkommensstarken Familien sind nicht deshalb weniger promiskuitiv, weil sie höhere moralische Maßstäbe haben, nein. Vielmehr haben sie vollkommen andere ökonomische Anreize, die wiederum die sexuellen Normvorstellungen innerhalb ihrer gesellschaftlichen Klasse geformt haben.

Beim Blick in die Regenbogenpresse drängt sich der Eindruck auf, dass die Menschen mit den meisten Sexualpartnern einer völlig anderen sozioökonomischen Gruppe angehören – nämlich der Gruppe der steinreichen, verheirateten Männer.

Doch zu diesem vorschnellen Schluss will ich mich nicht verleiten lassen. Tatsächlich hat, wie wir gleich noch sehen werden, das Einkommen bei Frauen einen stärkeren Einfluss auf die Untreue als bei Männern.

8

Von Natur aus untreu?

Bis dass der Tod uns scheidet ... Oder bis Sie sagen: »Die Zeit ist reif für Veränderung«

Google hat ein interessantes Feature, »Automatische Vervollständigung« genannt: Sobald man anfängt, einen Begriff in das Suchfeld einzutippen, werden automatisch die häufigsten Suchanfragen angezeigt, die dem aktuellen Suchbegriff ähneln. Auf Wörter angewendet, die mit »Heirat« zu tun haben, gewinnt der Google-Nutzer dabei unweigerlich den Eindruck, dass es sich bei der Ehe um einen außerordentlich unerfreulicher Daseinszustand handelt.

Google zufolge will jemand, der den Satzanfang »Warum will meine Frau ...?« eingibt, mit allergrößter Wahrscheinlichkeit wissen: »Warum will meine Frau nicht mehr mit mir schlafen?«

Tippt man die Worte »Warum hat mein Mann ...?« ein, schlägt Google als naheliegendste Vervollständigungen vor: »... keine

Lust mehr auf mich«, »… mich betrogen« oder »… mich verlassen«.

In diesem Kapitel geht es um Menschen, die in einem Lebensstadium sind, in dem sie »Meine Ehe …« »… geht den Bach runter«, »… ist langweilig« oder »… macht mich kaputt« suchen.

Nun kann ich Ihnen natürlich nicht sagen, »woran Sie merken, dass es Zeit ist …« »… sich zu trennen« oder »wann Ihre Ehe …« »am Ende ist« oder »gescheitert ist«. Aber ich kann Ihnen einige wirtschaftliche Gründe nennen, weshalb es zu Untreue kommt.

Swingerclubs contra Sex-Business

Die Tatsache, dass Swingerclubs als Freizeitaktivität verheirateter Paare gesellschaftlich zunehmend akzeptiert werden, hat laut dem Ökonom Fabio D'Orlando nicht nur dazu geführt, dass diese Clubs verstärkt Zulauf erhalten, sondern auch dazu, dass Ehepaare sich generell freizügigeren Sex-Aktivitäten öffnen.

Zweifellos hat es immer Paare gegeben, die gerne einen solchen Club besucht hätten, aber die hohen Kosten dieser Unternehmung fürchteten. Ich spreche nicht von den Eintrittspreisen, obwohl auch das eine Rolle spielen könnte, sondern von dem Preis, der generell damit in Verbindung gebracht wird: das Risiko der Erniedrigung beispielsweise, oder das Risiko, dass die Erfahrung entweder enttäuschend ausfallen oder aber zur Auflösung der Ehe führen könnte. Im Laufe der Zeit jedoch – nicht zuletzt, weil das Internet es einfacher gemacht hat, Paare zu finden, die ähnliche Vorlieben ausleben möchten – sind die Risiken und die möglichen Kosten gesunken.

Dieser »Preisnachlass« hat mehr und mehr Paare ermutigt, sich auf den Swinger-Markt zu begeben und, so D'Orlando, auch von »weicheren« sexuellen Aktivitäten (wie beispielsweise miteinander Sex in einem Bett zu haben, in dem ein anderes Paar dasselbe tut), hin zu »härteren« Spielarten zu wechseln (beispielsweise der Einbeziehung eines weiteren Single-Mannes, der mit der Frau oder dem Mann oder mit beiden Sex hat).

Der Übergang zu härteren Sexpraktiken lockt zunehmend Single-Männer an, was diesen Markt aus ökonomischer Sicht wirklich interessant macht.

Clubs, die diese Strategie fahren, haben natürlich ein wirtschaftliches Interesse daran, so vielen Single-Männern wie möglich Zutritt zu gewähren. Viele Paare möchten dies nicht, doch da die Nachfrage nach Plätzen für Single-Männer das Angebot deutlich übersteigt, sind die Single-Männer bereit, einen hohen Preis zu bezahlen. Auf Profitmaximierung bedachte Clubbesitzer zögern daher nicht, Single-Männern Zutritt zu gewähren, sofern diese bereit sind, dafür kräftig in die Tasche zu greifen.

Nachdem inzwischen immer mehr Paare auch an härteren Praktiken interessiert sind, steigt auch die Nachfrage nach Single-Männern. Dieser Zuwachs an Plätzen senkt deren Eintrittspreise, weshalb immer mehr Single-Männer Swingerclubs besuchen.

Single-Männer sehen Swingerclubs häufig als Ersatz für Prostitution an. Jeder, der auch nur ein Grundlagenwissen in Sachen Ökonomie besitzt, weiß, dass wenn zwei austauschbare Güter oder Dienstleistungen erhältlich sind und der Preis einer Dienstleistung sinkt, die Nachfrage nach dieser Dienstleistung relativ zu der anderen Dienstleistung steigt.

Insofern beeinflussen Swingerclubs die Sex-Business-Marktanteile, indem sie Single-Männern dieselben oder ähnliche Leistungen zu deutlich niedrigeren Preisen bieten.

Man hat mir übrigens erzählt, dass Single-Frauen in Swingerclubs als »Unicorn« (dt.: Einhorn) bezeichnet werden, als ein Fabeltier also, dessen wahre Existenz angezweifelt wird. Kein Wunder also, dass solche Frauen kostenlos Zutritt zu den Clubs erhalten.

Beginnen wir mit einer Geschichte.

Leonard war ein guter Mensch. Er engagierte sich für soziale Gerechtigkeit und unterstützte Kommunalpolitiker, die dieses Engagement teilten. Er war aktives Mitglied in einer Kirchengemeinde und wesentlich daran beteiligt, Geld zu sammeln, um die Renovierung seines Gotteshauses zu ermöglichen. Er war ein erfolgreicher Geschäftsmann und stolz auf seinen Ruf, in seiner Firma Berufsanfängern und jüngeren Kollegen gegenüber eine strenge, aber wohlwollende Vaterrolle einzunehmen.

Die meisten wussten, dass Leonard schon einmal verheiratet gewesen war, bevor er seine jetzige Frau kennengelernt hatte, und dass es in dieser ersten Ehe Probleme gab, über die er lieber nicht öffentlich sprach.

Leonard und seine erste Frau hatten Anfang der 1970er-Jahre geheiratet, als er noch studierte, und trotz der Geburt zweier Kinder war ihr Liebesleben stets sehr aktiv geblieben. Sie hatten das Feuer am Brennen gehalten, indem sie ihre sexuellen, auch bisexuellen Fantasien häufig mit anderen Paaren zusammen in Swingerclubs auslebten.

Im Laufe der Zeit jedoch fingen diese Treffen an, Leonard zu langweilen, und er versuchte seine Frau für sexuelle Aktivitäten zu gewinnen, die ihre Komfortzone überstiegen. Irgendwann hatte sie genug; er hatte es zu weit getrieben, und sie weigerte sich fortan, überhaupt noch Sex außerhalb der eigenen Beziehung zu haben. Anfänglich stimmte er diesen neuen Regeln natürlich zu, doch zwei Monate später hörte sie von einem Freund, dass ihr Mann auch ohne sie versucht hatte, einen Swingerclub zu besuchen.

Dieser Verrat war das Ende ihrer Ehe und setzte – da er ja keine Partnerin mehr hatte – auch seinen Besuchen in Swingerclubs ein Ende.

Nun war das Leben als Single in puncto Sex freilich weit weniger aufregend, als Leonard erwartet hatte. Daher hatte er in den fünf Jahren, bevor er seine zweite Frau traf, vorwiegend auf die Dienstleistungen von Professionellen zurückgegriffen. Nun Mitte fünfzig und wieder verheiratet war er überzeugt davon, das Bedürfnis nach sexueller Abwechslung hinter sich gelassen zu haben. Er nahm sich vor, mit Ehefrau Nummer zwei eine reifere Beziehung zu führen, in der Sex selbstverständlich eine wichtige Rolle spielte, aber ausschließlich innerhalb der ehelichen Grenzen.

Das Problem mit diesem Arrangement war nur, dass Leonard sich mit der Zeit einsam fühlte. Er liebte seine zweite Frau von ganzem Herzen, aber er sehnte sich nach der Art von Intimität, die mit Verliebtheit einhergeht. Mehr als alles andere wünschte er sich eine Frau, die ihre Lust nach ihm enthusiastisch auslebte, seine sexuellen Fähigkeiten über den grünen Klee lobte und alles tat, um ihm zu gefallen.

Kurz: Er wollte angehimmelt werden.

Leonard war kurz davor sich mit dem abzufinden, was er selbst »von außen auferlegte Impotenz« nannte, als sich etwas zu verändern begann. Durch eine berufliche Beförderung erlangte er mehr Autorität und kam in näheren persönlichen Kontakt mit einigen jüngeren Mitarbeiterinnen seiner Firma. Er fühlte sich von seinen neuen Schützlingen überaus wertgeschätzt, wenn nicht sogar angehimmelt, und diese Anerkennung ließ ihn zu der Überzeugung gelangen, dass er einer jüngeren Generation sexuell ansprechender Frauen durchaus etwas zu bieten hatte.

Ein Freund von mir sagte einmal, dass Einsamkeit eine Sache ist, wenn man allein lebt, Einsamkeit in einer Ehe jedoch sei Einsamkeit ohne jede Hoffnung. Aus diesem Grund möchte ein Teil von mir Ihnen gerne sagen, dass Leonard die erfüllenden Beziehungen fand, die er gesucht hatte. Aber Hoffnung war alles, was Leonard in seiner neuen Autoritätsposition erhielt. Selbst als er noch jünger und Single war, hatte er nie Frauen angesprochen, die lediglich kurzfristige Affären suchten. Die Frauen, mit denen er jetzt in Kontakt kam, mochten ihn, flirteten vielleicht sogar mit ihm, aber sie hatten keinerlei Interesse daran, seine Geliebte zu werden.

Insofern blieb Leonard seiner zweiten Frau ein treuer Ehemann. Nicht weil er an Treue glaubte, sondern weil der Markt für außereheliche Beziehungen ihm keine Alternative ließ.

Niemand weiß, wie verbreitet außereheliche Beziehungen

wirklich sind. Einer groben Schätzung zufolge liegt die Ziffer bei etwa 50 Prozent – rund die Hälfte aller Männer und Frauen werden ihre Ehepartner irgendwann einmal betrügen.

Das Problem bei dieser Schätzung ist jedoch, dass die Bedeutung von »Treue« von Fall zu Fall sehr verschieden ist und sich daher nur höchst ungenau in Zahlen wiedergeben lässt. Wenn Sie an Ihrem Schreibtisch sitzen und von einem Kollegen oder einer Kollegin träumen – sind Sie dann untreu? Manche Menschen beantworten diese Frage mit Ja, und ein Teil der sehr hohen Schätzungsziffern hinsichtlich ehelicher Untreue sind sicher darauf zurückzuführen. Wenn Sie im Laufe Ihrer Ehe einmal mit jemand anderem geschlafen haben, sind Sie dann untreu? Genau genommen sicher ja, aber wenn Ihr Mann oder Ihre Frau nichts gegen außereheliche Sex einzuwenden hat oder sogar dabei war und mit derselben Person ebenfalls Sex hatte – ist das dann wirklich Untreue?

Ein anderes, vielleicht verlässlicheres Maß für Untreue ist der Anteil an Männern, die glauben, eigene Kinder zu haben, während sie mit »ihrem« Nachwuchs in Wahrheit gar nicht blutsverwandt sind. Der Evolutionsbiologe David Buss berichtet, dass Blindstudien zufolge rund 10 Prozent aller Kinder in diese Kategorie fallen. Aber dies misst lediglich die weibliche Untreue, und in einer Zeit, in der schätzungsweise 40 Prozent aller Kinder unehelich geboren werden, stellt selbst dies kein zuverlässiges Maß für außereheliche Untreue mehr dar.

Untreue als Problem dynamischer Inkonsistenz

Dynamische (oder zeitliche) Inkonsistenz bedeutet, dass sich die Vorlieben im Laufe der Zeit ändern können. Was zu einer Zeit als optimale Option erscheint, ist zu einer anderen Zeit nicht unbedingt auch die Option Nummer eins. Häufig wird damit das Verhalten von Geldinstituten oder Regierungen erklärt, die sich auch ohne ersichtlichen Zwang einem bestimmten Verhaltensmuster verpflichten. Sie kann auch erklären, warum Individuen sich häufig schwer damit tun, ihren Ehepartner nicht zu betrügen.

Ein Beispiel: Nehmen wir einen Mann, der fürchtet, dass seine Frau ihn betrügen wird. Wenn die beiden heiraten, wird er ihr wahrscheinlich sagen, dass er sie verlassen wird und sie mit keinerlei finanzieller Unterstützung von seiner Seite rechnen darf, falls sie ihn betrügt. Am Anfang der Beziehung ist das seine feste Überzeugung – wenn sie ihn betrügt, verlässt er sie –, und indem er ihr dies mitteilt, hofft er, dass sie sich dafür entscheiden wird, ihm treu zu bleiben.

Stellen wir uns nun vor, die Frau trifft Jahre später einen Mann, mit dem sie gerne Sex haben würde. Ihr Ehemann hat gesagt, dass er sie verlassen würde, wenn sie ihn betrügt, aber sie weiß, dass er allein unmöglich klarkommen würde, und dass er, selbst wenn er es könnte, aufgrund gesetzlicher Regelungen kräftig für sie zahlen müsste. Für sie ist seine Aussage also nicht glaubwürdig, und deshalb entscheidet sie sich für eine außereheliche Affäre.

Ihr Ehemann findet später heraus, dass sie ihn betrogen hat, und entschließt sich – obwohl er sehr verletzt ist – mit ihr verheiratet zu bleiben, so, wie sie es vorhergesehen hat. Sein ursprüngliches Vorhaben war, sie zu verlassen, wenn sie ihn betrügen würde, doch jetzt, da sie es getan hat, entscheidet er sich dafür, bei ihr zu bleiben.

Das Interessante an dieser dynamischen Inkonsistenz ist: Sobald wir das Problem einmal erkannt haben, können wir darangehen, es zu lösen. Eine Lösungsmöglichkeit für diesen Mann bestünde darin, für sich einen Weg zu finden zu gehen, wenn seine Frau ihn betrügt. Er könnte zum Beispiel unverheiratet bleiben oder auf einem Ehevertrag bestehen, der ihr im Falle von Untreue jegliche finanzielle Unterstützung versagen würde.

Historisch gesehen ist dies kein Problem, mit dem sich Ehepaare selbst beschäftigen müssen, denn der Staat hat Gesetze geschaffen, die Untreue hart bestrafen – insbesondere weibliche Untreue. Selbst wenn man irdische Sanktionen außer Acht lässt, haben religiöse Glaubensvorschriften außerehelichen Sex stets als Sünde dargestellt, weshalb Ehebrecher die ewige Verdammnis zu fürchten haben. Soziale Normen, denen zufolge Freunde und Familie den Verheirateten, die ihrem Partner oder ihrer Partnerin einen Fehltritt verzeihen, mit Missbilligung strafen, spielen eine ähnliche Rolle – sie animieren den Betrogenen dazu, den untreuen Partner zu verlassen. Solche Mechanismen tragen zur Lösung des Dynamische-Inkonsistenz-Problems von Ehepaaren bei, indem sie beiden beteiligten Parteien externe Bestrafung androhen.

Generell führt die Dynamische-Inkonsistenz-Theorie dazu, dass diese Mechanismen sehr viel mehr dazu beitragen, der Untreue vorzubeugen, als es kaum durchsetzungsfähige Verträge zwischen zwei Menschen je könnten.

Bruce Elmslie und Edinaldo Tebaldi beschreiben, dass unter den Amerikanern, die immer noch in erster Ehe verheiratet sind, 7 Prozent der Frauen und 14 Prozent der Männer die Frage »Hatten Sie während Ihrer Ehe jemals Sex mit jemand anderem als Ihrem Ehemann/Ihrer Ehefrau?« mit Ja beantworten. Bis zu einem Alter von fünfunddreißig betrügen Männer und Frauen ihre Partner ungefähr gleich häufig – es sind 7 Prozent der Frauen und 9 Prozent der Männer. Wie wir sehen werden, hängt dieser Unterschied zwischen den Altersgruppen freilich mehr mit dem Zeitpunkt der Untreue zusammen als mit dem gesellschaftlichen Wandel, der eine neue Generation von Männern dazu veranlasst, weniger häufig fremdzugehen, und eine neue Generation von Frauen hervorgebracht hat, die ihre Ehepartner ungefähr gleich häufig betrügen.

Diese Zahlen scheinen niedrig und unterschätzen sicherlich die Verbreitung ehelicher Untreue, da sie ausschließlich das Verhalten von Menschen berücksichtigen, die immer noch in erster Ehe verheiratet sind. Jeder, der einmal geschieden war, wurde aus der Studie ausgeschlossen. Donald Cox, der Daten aus einer landesweiten repräsentativen Umfrage verwendete, fand heraus, dass Menschen, die angaben, ihren Ehepartner irgendwann einmal betrogen zu haben, sehr häufig geschieden waren. 49 Prozent der männlichen und 56 Prozent der weiblichen »Ehebrecher« sind geschieden, aber nur 29 Prozent der männlichen und 31 Prozent der weiblichen »Nicht-Ehebrecher«. Schließt man also Geschiedene aus der Studie aus, bedeutet dies, dass die Tendenz, einen Ehepartner zu betrügen, niedriger ausfallen wird, als es in der Gesamtbevölkerung tatsächlich der Fall ist.

Donald Cox ermittelte, dass 25 Prozent der Männer und 14 Prozent der Frauen irgendwann einmal eine außereheliche Beziehung hatten. Fragen wir lediglich nach den letzten zwölf Monaten, so geben 8 Prozent der Männer und 3,5 Prozent der Frauen eine Affäre zu. Schließt man neben verheirateten auch zusammenlebende Paare in die Studie mit ein, steigt der Anteil derer, die die Untreue zugeben, auf 34 Prozent bei den Männern und auf 23 Prozent bei den Frauen. Wir wissen auch, dass Männer, die ihre Partnerin betrügen, dies häufiger tun als Frauen, die ihren Partner betrügen. Untreue Männer hatten im Jahr zuvor etwa doppelt so häufig Sex mit zwei oder mehr Menschen als Frauen. Männer neigen dazu, Affären mit Frauen zu haben, die jünger sind (wenig überraschend), während Frauen Männer mit höherer Bildung bevorzugen. Sehr junge Frauen (Frauen unter sechsundzwanzig Jahren) gehen häufiger fremd als Frauen anderer Altersgruppen, und während Männer ebenfalls häufiger fremdgehen, wenn sie jung sind, ist das Verhältnis zwischen Alter und Untreue bei ihnen doch weitaus weniger ausgeprägt als bei Frauen.

Sie fragen sich nun vielleicht, wie das Nachdenken über Untreue aus wirtschaftlicher Perspektive dazu beitragen kann, dieses Verhalten besser zu verstehen. Zweifelsohne spielt die Biologie eine sehr wesentliche Rolle dabei, dass Verheiratete außerehelichen Sex suchen. Doch letztlich wird die Entscheidung, diese biologischen Impulse auch auszuleben, von rational denkenden Menschen getroffen, die damit ihr eigenes Wohlbefinden maximieren wollen. Wie wir später sehen werden, macht diese Entscheidung sie nicht immer glücklich, aber die Entscheidung, den Partner zu betrügen, ist zu dem Zeitpunkt, an dem sie es tun, die von ihnen gewählte Option Nummer eins.

Lassen Sie mich Ihnen nun das ökonomische Modell vorstellen, mit dessen Hilfe sich Untreue erklären lässt. Es mag Ihnen bekannt vorkommen, da es derselbe Zugang ist, den wir bereits in Kapitel 1 (siehe S. 32) benutzt haben. Anstatt zu erklären, wie sich die Sexualität im Laufe der Zeit verändert hat, werden wir es jetzt allerdings zur Erklärung verwenden, warum manche Männer und Frauen untreu sind und andere nicht.

Untreue-Mathematik

Männer und Frauen betrügen ihren Ehepartner, weil sie glauben, dass der Nutzen größer sein wird als die erwarteten Kosten. Der erwartete Preis von Untreue sieht in etwa folgendermaßen aus:

$$\text{WAHRSCHEINLICHKEIT, ENTLARVT ZU WERDEN} \times \text{PREIS DES ENTLARVTWERDENS} = \text{ERWARTETER PREIS DER UNTREUE}$$

Die Wahrscheinlichkeit, als Ehebrecher entlarvt zu werden, hängt von den persönlichen Umständen ab. Nehmen wir zum Beispiel zwei Frauen, die beide mit dem Gedanken spielen, eine außereheliche Affäre zu beginnen. Frau Nummer eins arbeitet außerhalb ihres Hauses, ist finanziell unabhängig und lebt in einer Großstadt. Frau Nummer zwei ist nicht berufstätig, finanziell von ihrem Ehemann abhängig und wohnt in einem Dorf. Ohne jegliche weitere Informationen liegt es nahe anzunehmen, dass die zweite Frau, die nur zu Hause tätig ist und auf dem Lande lebt, ein wesentlich höheres Risiko eingeht, beim Ehebruch ertappt zu werden, als die Frau, die arbeiten geht und möglicherweise sogar Geschäftsreisen machen kann.

Der »Preis des Entlarvtwerdens« ist ein wenig komplizierter, aber auch er ist zu berücksichtigen. Kein Mann und keine Frau kann wissen, wie hoch der Preis der Untreue wirklich ist, bevor er oder sie nicht ertappt worden ist. Wenn weder die Karrierefrau noch die Hausfrau Unterhaltszahlungen bekommt, falls sich ihr Ehemann scheiden lässt, hat die finanziell abhängige Frau sehr viel mehr zu verlieren. Bekommt sie aber trotz der Untreue Unterhalt gezahlt, sind ihre Chancen, finanziell unterstützt zu werden, sehr viel größer als bei der anderen Frau, die insofern in diesem Fall sehr viel mehr zu verlieren hat. Möglicherweise muss sogar sie ihrem (Ex-)Ehemann Unterhalt zahlen, falls er weniger verdient als sie.

Schließlich gilt es auch zu berücksichtigen, wie groß die Wahrscheinlichkeit ist, dass sich der jeweilige Ehemann von seiner Frau scheiden lässt, wenn er herausfindet, dass sie ihn betrügt. Dieser Faktor stellt ein besonders großes Fragezeichen dar, da er von Frau zu Frau und von Mann zu Mann verschieden ist. Der Ehemann der finanziell unabhängigen Frau mag bei ihr bleiben, weil er die finanzielle Stabilität schätzt, die ihm seine Ehe bringt, er kann die finanzielle Unsicherheit aber auch dem Zusammenleben mit einer untreuen Frau vorziehen. Der Ehemann der Hausfrau mag sie verlassen, wenn er keine Lust hat, eine untreue Frau zu finanzieren, kann aber auch bei ihr bleiben, wenn die beiden kleine Kinder haben, deren optimale Versorgung für ihn im Mittelpunkt steht.

Wir können all diese Unwägbarkeiten nicht abschätzen, aber

ich vermute stark, dass jede dieser Frauen recht gut weiß, was passieren würde, wenn ihr Mann herausfindet, dass sie ihn betrügt – und zwar, bevor sie sich dazu entscheidet, ihn wirklich zu betrügen.

Nehmen wir, um ein Beispiel durchzuspielen, einmal an, die Chancen der Hausfrau, ertappt zu werden, liegen bei 30 Prozent, die Wahrscheinlichkeit, dass ihr Mann sie verlässt, falls er von ihrer Untreue erfährt, liegen bei 50 Prozent, und im Falle einer Scheidung verliert sie Güter und Annehmlichkeiten im Wert von 100 000 Dollar. Der zu erwartende Preis für Ehebruch wäre in ihrem Falle dann:

$$0{,}30 \quad \times \quad 0{,}50 \quad \times \quad \$\,100\,000 \quad = \quad \$\,15\,000$$

Der Nutzen des außerehelichen Sex' müsste also sehr hoch sein, damit sie sich dafür entscheidet, ihren Mann zu betrügen. Sie würde dafür – monetär gesehen – über 15 000 Dollar bezahlen.

Betrachten wir nun den Fall der Frau, die berufstätig ist; für sie gelten ganz andere Risiken und Kosten. Sagen wir, die Chance, ertappt zu werden, liegt bei 5 Prozent, die Wahrscheinlichkeit, dass ihr Ehemann sie verlässt, wenn er davon erfährt, bei 50 Prozent, und im Falle einer Scheidung verliert sie Güter und Annehmlichkeiten in Höhe von 50 000 Dollar. Der zu erwartende Preis für Ehebruch wäre in ihrem Falle:

$$0{,}05 \quad \times \quad 0{,}5 \quad \times \quad \$\,50\,000 \quad = \quad \$\,1250$$

Der Nutzen einer außerehelichen Affäre muss für sie also weniger hoch sein als für die andere Frau. Es müsste ihr – aus rein finanzieller Sicht – mehr als 1250 US-Dollar wert sein, fremdzugehen.

Alles, was die Wahrscheinlichkeit erhöht, dass ein Fremdgeher entlarvt wird (wenn beispielsweise die Gefahr, sich mit einer Krankheit zu infizieren, hoch ist), oder die Wahrscheinlichkeit erhöht, dass der Partner sich von ihm bzw. ihr scheiden lässt (wenn beispielsweise die Androhung, den anderen zu verlassen, sehr glaubhaft ist), erhöht auch den zu erwartenden Preis eines Betrugs.

Natürlich sind die finanziellen Verluste eine sehr zweckgerichtete Art und Weise, die Kosten in dieser Analyse zu erläutern. Zu berücksichtigen – und wesentlich schwieriger zu ermitteln – sind auch weitere »Kosten«, die beim Ertapptwerden anfallen können. So riskieren fremdgehende Männer und Frauen den emotionalen Preis, ihre Kinder zu verlieren, und gehen, selbst wenn die Kinder bei ihnen bleiben, das Risiko ein, dass diese im Falle einer Scheidung leiden. Viele »Ehebrecher«, Männer wie Frauen, müssen auch damit rechnen, für ihre Untreue mit irgendeiner Form von körperlicher Gewalt bestraft zu werden. Und sie setzen die Liebe ihres Partners aufs Spiel – etwas, was den meisten Verheirateten viel bedeutet. Sie riskieren, aus ihrer Glaubensgemeinschaft ausgeschlossen zu werden und/oder von ihrer Familie und ihrem Freundeskreis isoliert zu werden. Andere gehen das Risiko ein, ihrer beruflichen Karriere zu schaden, insbesondere dann, wenn sie eine Affäre mit einem Kollegen/einer Kollegin oder einem Kunden/einer Kundin beginnen. Selbst das Risiko, auf unbestimmte Zeit allein leben zu müssen, stellt einen zu erwartenden Kostenfaktor für Menschen dar, die mit einem Seitensprung liebäugeln.

Alle genannten Faktoren, dazu vermutlich viele mehr, gehören auf die Kostenseite dieser Untreue-Kosten-Nutzen-Analyse.

Würden Sie zugeben, eine Prostituierte aufgesucht zu haben?

Viele Männer, die außerehelichen Sex hatten, haben dazu eine Prostituierte aufgesucht. Ich habe bereits erwähnt, dass 25 Prozent der Männer zugaben, während ihrer Ehe mit jemand anderem Sex gehabt zu haben, doch wenn wir ausschließlich die Männer einbeziehen, die für Sex kein Geld bezahlt haben, sinkt diese Zahl auf 19 Prozent. Die Tatsache, dass weniger als 20 Prozent der Männer im Laufe ihres Lebens eine Prostituierte besucht haben, lässt darauf schließen, dass Männer, die gewillt sind, sich Sex zu kaufen, noch weitaus williger sind, ihre Ehefrau zu betrügen.

Unter dem Titel »A John's Voice« (www.johnsvoice.ca) (Anm. d. Übs.: »John« ist die engl. Bezeichnung für den Freier einer Prostituierten) führte der kanadische Soziologe Chris Atchison eine Studie unter einer großen Zahl von Männern durch, die Prostituierte aufgesucht hatten, und fragte diese gezielt auch danach, ob sie darüber mit ihrer Partnerin gesprochen hätten. Die meisten der Befragten hatten mehr als zehn Jahre lang Geld für Sex hingelegt. Knapp weniger als die Hälfte der Männer in der Studie (371 von 781) waren zum Zeitpunkt der Befragung verheiratet oder lebten in einer eheähnlichen festen Beziehung, und 25 Prozent von denen, die unverheiratet waren, gaben an, eine Freundin zu haben.

Weniger als 50 Prozent dieser Männer hatten jemals mit irgendjemandem darüber gesprochen, dass sie zu Prostituierten gehen. Von denen, die es doch getan hatten, hatten 23 Prozent männlichen Freunden, 17 Prozent anderen Sex-Käufern und 9 Prozent weiblichen Bekannten oder Freundinnen davon berichtet.

Rund 6 Prozent der Männer der Studie hatten ihrer Ehefrau oder einer anderen Sexpartnerin erzählt, dass sie die Dienste einer Prostituierten in Anspruch genommen hatten. Von den Männern, die zur Zeit der Befragung in einer festen Beziehung lebten, berichteten 79 Prozent, dass sie ihre Besuche bei Prostituierten aktiv vor ihren Partnern verborgen hätten, was darauf schließen lässt, dass die übrigen 21 Prozent dies nicht getan hatten (vermutlich weil es ihnen entweder egal war oder weil sie die Chance, ertappt zu werden, als außerordentlich gering einstuften), und 63 Prozent machten sich Sorgen, dass ihre Partnerin es herausfinden könnte. Auf die Frage, was ihrer Meinung nach die Folge wäre, wenn ihre Partnerin dahinterkäme, dass sie häufiger zu Prostituierten gingen, fürchteten 61 Prozent eine Scheidung, 11 Prozent einen heftigen Streit, 10,5 Prozent meinten, ihre Partnerin wäre gekränkt, 5 Prozent gaben an, es würde in einem »massiven Dilemma« enden, und knapp über 1 Prozent befürchtete (körperliche) Gewalt.

Die Studie enthielt auch die Frage, wie Familienmitglieder und Kollegen/Kolleginnen möglicherweise reagieren würden. Darauf antworteten 41 Prozent, wenn sie als »Freier« geoutet würden, würden sie »Scham, Peinlichkeit, Stigmatisierung oder Hohn und Spott« erfahren. 17 Prozent befürchteten den Verlust von Freunden und Familie, 13 Prozent meinten, es würde mehr als eine Form von Auswirkung geben, und 13 Prozent gaben an, es wäre ihnen egal oder sie würden keinerlei Konsequenzen erwarten.

In den Jahren nach einer außerehelichen Beziehung mag jemand, der seinen Partner betrogen hat, nicht das Gefühl haben, dass die Entscheidung für einen Ehebruch so rational erfolgte, wie ich es hier dargestellt habe, insbesondere dann, wenn der erwartete Preis zu einem realen geworden ist (wenn beispielsweise der Ehemann oder die Ehefrau sowohl den Betrug entdeckte als auch die Scheidung einreichte). Doch selbst Entscheidungen, die wir später bereuen, ja sogar die schlechtesten Entscheidungen, die Sie in Ihrem Leben je getroffen haben, können zu der Zeit, zu der Sie sie trafen, durchaus rational gewesen sein und Sinn gemacht haben.

Das hängt damit zusammen, dass Entscheidungen generell bestenfalls mit Hinblick auf die Möglichkeit eines schlechten Ausgangs getroffen werden, niemals aber auf der Gewissheit eines schlechten Ausgangs basieren. Wenn jeder, der seinen Partner betrügt, mit Sicherheit wüsste, dass er ertappt wird, mit Sicherheit wüsste, dass seine Ehefrau oder sein Ehemann sowie die Umgebung negativ auf den Betrug reagieren wird und mit Sicherheit den Preis dafür kennen würde, den er bzw. sie dafür zu bezahlen hat, dann, so meine ich – und ich denke, Sie werden mir da beipflichten –, gäbe es gewiss deutlich weniger eheliche Untreue als es momentan der Fall ist.

Der Mythos der Monogamie

Wie andere Säugetiere auch, sind Menschen nicht von Natur aus monogam. Selbst die Weibchen der Faultiere, die immer wieder als Inbegriff der Monogamie hingestellt werden, lassen sich schon einmal zu einer heißen Liebesnacht mit einem attraktiven Fremd-Männchen hinreißen, wenn sich die Gelegenheit dazu bietet. Um die Nutzenseite der Kosten-Nutzen-Rechnung zu verstehen, von der abhängt, ob ein Mann oder eine Frau fremdgeht, muss man den biologischen Nutzen verstehen, den es mit sich bringt, dem Verlangen nach einer außerehelichen Beziehung nachzugeben.

Wie in Kapitel 2 (siehe S. 61) erwähnt, zeigen die männlichen Vertreter unserer Spezies ein biologisches Verlangen nach mehreren Sexpartnern. Die beste Beschreibung dieses männlichen Charakterzugs, die mir einfällt, ist der sogenannte Coolidge-Effekt. Der Coolidge-Effekt beschreibt, wieso Männchen aller Säugetierarten, darunter auch Menschen, die sexuell an einem Partner interessiert sind, irgendwann jegliches Interesse an einer Paarung verlieren, sofern nicht ein neuer Partner ins Spiel kommt. Männchen sind darauf gepolt, nicht wiederholt ein Weibchen zu besamen, das sie bereits befruchtet haben.

Die Psychologen Frank Beach und Lisbeth Jordan haben diesen Effekt in den 1950er-Jahren in Laborversuchen getestet, indem sie männliche und weibliche Ratten in einen Käfig steckten und sie sich so lange paaren ließen, bis das Männchen erschöpft war. An diesem Punkt verlor das Männchen jegliches Interesse an einer Paarung, selbst wenn das Rattenweibchen alles Mögliche anstellte, um das Männchen wieder für sich zu begeistern (dieses Szenario mag manchen von Ihnen vertraut vorkommen). Als die Wissenschaftler jedoch ein neues Weibchen in den Käfig setzten, erwachte im Männchen das erloschen geglaubte Interesse an Sex, und es besamte das neue Weibchen.

Nur für den Fall, dass Sie eine jener sexuell frustrierten Frauen sind, die nun versucht sind zu glauben, das sexuelle Interesse Ihres Mannes wiedererwecken zu können, indem Sie eine andere Frau in Ihr Bett einladen, oder aber ein sexuell gelangweilter Mann, der glaubt, dies sei ein überzeugendes Argument, das Sie Ihrer Partnerin unbedingt mitteilen sollten: Die Anwesenheit des neuen Weibchens führte nicht dazu, dass das sexuelle Interesse des Männchens für das erste Weibchen ebenfalls wieder erwachte, es paarte sich lediglich mit dem neuen Weibchen …

Die am meisten verbreitete Theorie darüber, warum Männer sich derart verhalten, lautet: Evolutionsgeschichtlich betrachtet waren diejenigen Männer, die die meisten Sexpartnerinnen hatten (nennen wir sie Australo-Promiscuus), auch diejenigen Männer, die die meisten Kinder hatten. Wir alle sind folglich Nachkommen der promiskuitivsten Männer, was bedeutet, dass auch moderne Männer dazu veranlagt sind, mehrere Sexpartnerinnen zu haben.

Weibliche Tiere, und damit auch Menschenfrauen, sind dagegen hinsichtlich der Zahl von Kindern, die sie bekommen können, eingeschränkt, und nur weil sie mehrere Sexpartner haben, wird dies die Zahl der Kinder, die sie im Laufe ihres Lebens bekommen können, nicht in die Höhe treiben. Allerdings kann es die Wertigkeit ihrer Kinder verbessern. Kinder, die hochgewachsener und gesünder sind, haben auch eine größere Chance, das Erwachsenenalter zu erreichen und ihrerseits Kinder zu bekommen. Folglich sind wir alle Nachkommen derjenigen Frauen, die sich die hochgewachsensten und gesündesten Männer als Sexpartner und damit als Väter ihrer Kinder aussuchten.

Hinweise darauf, dass Frauen dazu veranlagt sind, sich zwecks einer entsprechenden Nachkommenschaft qualitativ hochwertige Sexpartner zu suchen, finden sich in Studien, die zeigen, dass Frauen ihre Vorliebe für Sexpartner danach ausrichten, in welcher Phase ihres Menstruationszyklus sie sich gerade befinden. Beispielsweise haben die Evolutionspsychologen Martie Haselton und Geoffrey Miller herausgefunden, dass 93 Prozent der Teilnehmerinnen ihrer Studie zur Zeit des Eisprungs angaben, für eine Kurzzeit-Affäre einem armen, aber kreativen Mann den Vorzug gegenüber einem finanziell erfolgreichen, aber unkreativen Mann zu geben. Als diese Umfrage bei Frauen wiederholt wurde, die sich nicht in der Ovulationsphase befanden, entschieden sich nur 58 Prozent der Frauen für den armen, aber kreativen Mann als Kurzzeit-Affäre.

Diese Auswirkungen des Eisprungs auf die Wahl des Partners galten jedoch nicht, wenn die Frauen einen Langzeit-Partner wählen sollten. Man möchte versucht sein zu glauben, dass Reichtum für Langzeitbeziehungen wichtiger sei als für Kurzzeit-Affären, da Frauen hierbei eher nach einer guten Versorgung als nach guten Genen Ausschau halten. In dieser speziellen Studie, bei der die Wahl für einen Langzeit-Partner zwischen einem armen kreativen Künstler und einem reichen unkreativen Mann zu treffen war, entschieden sich jedoch rund 84 Prozent der Frauen, egal in welcher Phase ihres Zyklus sie sich befanden, für den armen Künstler.

Eine andere Untersuchung, durchgeführt von den Evolutionspsychologen Elizabeth Pillsworth und Martie Haselton, bringt es noch deutlicher ans Licht: Ihr zufolge zeigten sich Frauen, die mit weniger attraktiven Männern verheiratet waren, zur Zeit des Eisprungs eher geneigt, außereheliche Beziehungen einzugehen, als Frauen, die einen attraktiven Ehemann hatten. Diejenigen Frauen, die einer Affäre gegenüber nicht abgeneigt waren, berichteten auch, dass ihre Ehemänner sich ihnen gegenüber aufmerksamer verhielten, wenn sie ihre fruchtbarste Zeit hatten. Weniger attraktive Männer scheinen folglich irgendwie ein Gespür dafür zu haben, wann sie ihre Frauen besonders vor außerehelichen Beziehungen schützen müssen, und belohnen sie mit Zuwendung für ihre Treue.

Die Pille manipuliert die Männerwahl

Da der Eisprung im weiblichen Körper einen biologischen Impuls auslöst, der den Drang der Frau zu attraktiven Sexualpartnern steigert, dürfte einem Ehemann (oder festen Partner) daran gelegen sein, sie zur Einnahme von oralen Verhütungsmitteln zu animieren, die den Eisprung verhindern und so diesen Drang dämpfen. Nur: Was passiert mit der Beziehung, wenn beide Kinder wollen?

Wie eine Studie der Wissenschaftler Alexandra Alvergne und Virpi Lummaa ergab, verliert sich bei Frauen, die die Pille nehmen, die Vorliebe für maskuline Männer, die sich normalerweise in der fruchtbarsten Phase, der des Eisprungs also, einstellen würde.

Das Ergebnis dieser Studie impliziert, dass sich in Gesellschaften, in denen unzählige Frauen orale Verhütungsmittel einnehmen, das Idealbild des »attraktiven« Partners verschiebt – vom Typ, der aussieht, als bringe er beste Gene mit (der maskuline Mann) hin zum Typ treuer Versorger (der »softe«, eher feminine Mann). Insofern hat der technische Fortschritt, die Erfindung der Pille, das Partnerwahlverhalten der Frauen nachhaltig verändert.

Ich nenne es den Justin-Bieber-Effekt.

Betrachten wir diesen Effekt ein bisschen genauer. Was passiert, wenn eine (Ehe)Frau die Pille absetzt, weil sie schwanger werden möchte? Wie bereits gesagt, ist das Risiko, dass die Frau ihren Partner betrügt, in jungen Jahren am größten. Die biologische Uhr der Frau tickt dann im Einklang mit der Aussicht, sich möglichst hochwertige Gene für ihren Nachwuchs zu sichern. Und so sollte man meinen, dass junge Frauen Männer mit besonders männlichen Zügen am attraktivsten finden und sie am ehesten in Erwägung ziehen. Dass dem offenbar nicht so ist, erklärt der Justin-Bieber-Effekt damit, dass die Pille den biologischen Imperativ, nach einem maskulinen Partner zu suchen, unterdrückt.

Tatsächlich sind gute Gene eine knappe Ressource, und wenn eine Ressource knapp vorhanden ist, ist der Marktpreis extrem hoch. Und der extrem hohe Preis für gute Gene hält viele Frauen davon ab, sich für eine dauerhafte Beziehung einen Partner zu suchen, der all die Eigenschaften mitbringt, die sie idealerweise an ihre Kinder weitergeben möchten. Doch könnten sie auf eine Doppelstrategie ausweichen, um für ihre Kinder beides zu bekommen, gute Gene und eine gute Versorgung:

Frau könnte einen Mann heiraten, der andere Ressourcen mitbringt (beispielsweise ein liebevoller Familienvater ist), und sich die genetischen Ressourcen mit einem außerehelichen (maskulinen) Sexualpartner sichern, der dann als biologischer Vater ihrer Kinder fungiert.

Natürlich geht diese Strategie nicht auf, wenn der gehörnte Ehemann dahinterkommt und die Scheidung folgt. Der genetische Vorteil muss also schon enorm sein, damit eine Frau ein solches Risiko eingeht.

Diese Erkenntnisse über menschliche Biologie sagen uns, dass der Nutzen des Fremdgehens für Frauen anders gelagert ist als der für Männer.

Beispielsweise lässt sich daraus schließen, dass, wenn ein Mann seine Frau betrügt, er es deshalb tut, weil er attraktiv genug ist, eine andere Frau zum Sex mit ihm zu überreden. Er kann dies tun, weil der Nutzen für eine Kurzzeitbeziehung mit einem Mann, der über gute Gene verfügt, für die Frau, die er anzieht, hoch genug ist.

Es lässt auch darauf schließen, dass eine Frau nicht deshalb fremdgeht, weil sie besonders begehrenswert ist, sondern weil ihr Mann weniger begehrenswert ist als die Männer, die außerehelichen Sex mit ihr haben möchten. Sie wird es tun, weil sie – hinsichtlich der Wertigkeit ihrer Kinder – einen Nutzen davon hat, wenn sie eine Kurzzeitbeziehung mit einem Mann eingeht, der über gute Gene verfügt.

Es liegt nicht an dir, es liegt an mir

Diese Vorstellung, dass die Bereitschaft eines Mannes, seine Frau zu betrügen, eine Funktion seiner eigenen Wertigkeit ist, und die Bereitschaft einer Frau, ihren Mann zu betrügen, eine Funktion der Wertigkeit ihres Ehemannes ist, ist eine These von Bruce Elmslie und Edinaldo Tebaldi, deren Forschungen wir weiter oben in diesem Kapitel bereits vorgestellt haben.

Die Vorstellung, dass Untreue mit Fruchtbarkeit zusammenhängt, wird von ihrer Studie unterstützt. Männer sind länger fruchtbar als Frauen; Männer sind mit zunehmendem Alter eher geneigt, ihre Frau zu betrügen, doch das gilt nur bis zu einem Alter von fünfundfünfzig Jahren; danach sinkt die Wahrscheinlichkeit, dass sie fremdgehen werden, deutlich. Das Verhältnis zwischen weiblicher Untreue und Alter zeigt ein ähnliches Muster (erst zunehmend, dann abnehmend), doch der Gipfel ihrer Neigung zum Fremdgehen liegt deutlich früher – um das Alter von fünfundvierzig Jahren herum –, wenn die Fähigkeit einer Frau, Kinder zu bekommen, bereits im Rückgang begriffen ist. An diesem Punkt endet der Nutzen eines Seitensprungs hinsichtlich der Fortpflanzung, denn sie wird danach wohl kaum noch Kinder bekommen.

Bildung als Indikator für gute Gene verwendend fanden die Wissenschaftler keinerlei Hinweise darauf, dass gebildete Männer eher zum Fremdgehen neigen als weniger gebildete – ja sie kommen zu dem Ergebnis, dass Männer, die lediglich die Highschool abgeschlossen oder einen noch geringeren Bildungsgrad haben, ihre Frau zu etwa 3 Prozent häufiger betrügen als Männer mit einem College- oder Universitätsabschluss. Dies scheint die These zu widerlegen, dass hochqualifizierte Männer häufiger Gelegenheit zu Seitensprüngen haben als weniger qualifizierte. Die Wissenschaftler schreiben dies der Tatsache zu, dass manche Männer Sex mit Prostituierten haben, und dass die Qualität der Gene natürlich keine Rolle dabei spielt, ob eine Prostituierte bereit ist, Sex mit einem verheirateten Mann zu haben.

Wenn Frauen sich ihre Kurzzeit-Sexpartner in Hinblick auf deren Genqualität aussuchen, weil sie aufgrund evolutionärer Kräfte dazu veranlagt sind, Väter auszuwählen, die ihren Kindern die größtmögliche Überlebenschance bieten – ist ein Universitätsabschluss dann wirklich das, was sie suchen?

Aus meiner eigenen weiblichen Sicht muss ich gestehen, dass mein idealer Kurzzeit-Sexpartner eher wie jemand aussieht, der bereit ist, sich für mich mit einem Tiger anzulegen, und nicht wie ein Mann, der hochkomplexe mathematische Gleichungen zu lösen vermag. Ich nehme an, dass es an ihrem Maß für Attraktivität (also Bildung) liegt, dass es für Wissenschaftler so problematisch ist, Beweise für ihre These »Männer mit hoher Genqualität gehen häufiger fremd« zu finden.

Dies vorangestellt, sind Frauen, deren Ehemann einen College- oder Universitätsabschluss besitzt, zu 3 Prozent weniger geneigt fremdzugehen als Frauen, deren Mann lediglich einen Highschool-Abschluss oder weniger in der Tasche hat. Bei Männern scheint es hinsichtlich des Fremdgehens indes keine Rolle zu spielen, ob ihre Ehefrau gebildet ist oder nicht. Dies wiederum stützt die These, dass es für Frauen mit den Charakteristika ihres Ehemannes zusammenhängt, ob sie ihn betrügen, während dieser Punkt für die Entscheidung von Männern keine Rolle spielt.

Ein solcher Schluss vernachlässigt jedoch etwas: Er geht davon aus, dass das niedrigere Bildungsniveau eines Ehemannes die Wahrscheinlichkeit, dass seine Frau ihn betrügt, steigen lässt – so steigt nämlich der Nutzen, den sie durch den Sex mit einem in puncto Genen höherwertigen Mann hat. Dieses Argument lässt die Tatsache außer Acht, dass die Entscheidung einer Frau, ihren Mann zu betrügen, zum einem von dem zu erwartenden Preis des Seitensprungs abhängt, zum anderen von dem Nutzen, den sie sich davon verspricht. Und wir wissen bereits, dass der Preis eines Seitensprungs teilweise von den finanziellen Mitteln abhängt, die sie bei einer Scheidung verlieren würde.

Hätt ich einen reichen Mann …

Manchmal habe ich den Eindruck, dass jedes Mal, wenn ich online gehe, wieder ein hochrangiger Politiker oder hochdotierter Unternehmer oder Sportler dabei erwischt wurde, wie er seine Frau betrog. Die Medien berichten nie über die Affären von Männern in weniger gut bezahlten Jobs – denn dann bliebe kein Platz mehr für irgendwelche anderen Neuigkeiten.

Das Problem mit der ungleich verteilten öffentlichen Aufmerksamkeit zwischen Affären der Reichen und Affären der Armen besteht darin, dass so bei vielen Menschen der Eindruck entsteht, dass ganz unabhängig davon, wie untreu diejenigen sind, die in unserer unmittelbaren Umgebung leben, niemand so untreu ist wie ein reicher Mann.

Wenn Sie sich erinnern, was wir in Kapitel 5 (siehe ab S. 160) über die Monogamie erfahren haben, ergibt diese Annahme –

dass reiche Männer öfter fremdgehen – wirtschaftlich gesehen keinen Sinn. Genauso wie reiche Männer es sich leisten können, eine oder mehrere »Nebenfrauen« zu haben, sind sie es auch, die sich nebenbei Sexpartnerinnen leisten können. Selbst wenn reiche Männer nicht explizit für ihre außerehelichen Gespielinnen bezahlen oder ihnen teure Geschenke (wie Autos, Wohnungen oder Kleidung und Schmuck) machen, ist es für sie leichter, Frauen anzuziehen, die einfach »nebenher« laufen, in der Hoffnung, irgendwann die zweite (oder dritte) Ehefrau eines reichen Mannes zu werden.

Verringern finanzielle Anreize die weibliche Untreue?

Hinweise aus anderer Quelle lassen darauf schließen, dass Eheverträge die weibliche Untreue reduzieren können, gleichzeitig aber die männliche Untreue fördern.

In Uganda zahlen die Familien des Bräutigams den Familien der Bräute eine gewisse Summe, die gleichsam eine Kaution gegen künftiges schlechtes Benehmen darstellt. Obwohl es Gesetze gibt, die solche Forderungen verbieten, ist es üblich, dass ein Mann, der seine Frau des Ehebruchs verdächtigt, sie zu ihrer Familie zurückbringt und sein Brautgeld zurückverlangt.

Eine kürzlich durchgeführte Studie von David Bishai und Shoshana Grossbard verwendet repräsentative Daten, die in ganz Uganda in vertraulichen persönlichen Interviews mit Ehemännern und Ehefrauen ermittelt wurden. Man wollte herausfinden, ob diese Verträge das Sexualverhalten beeinflussen.

5 Prozent der befragten Ehefrauen und 19 Prozent der befragten Ehemänner gaben in den Interviews an, innerhalb der letzten zwölf Monate fremdgegangen zu sein. Betrachtet man lediglich diejenigen Paare, bei denen der Ehemann ein Brautgeld zahlte, bekannten sich 2 Prozent der Frauen und 21 Prozent der Männer zu einem Seitensprung. Unter denjenigen Paaren, bei denen der Ehemann kein Brautgeld zahlte, waren 10 Prozent der Frauen und 16 Prozent der Männer untreu.

Es scheint also, dass ein gegebenenfalls zurückzuerstattendes Brautgeld die weibliche Untreue mindert und die männliche Untreue fördert. Bezieht man jedoch die Familiencharakteristika (wie Bildung, Polygamie, Kinder und ob der Ehemann Bauer ist oder nicht) ein, verschwindet der Effekt auf der Seite der Männer nahezu, während der Effekt bei den Frauen bestehen und statistisch signifikant bleibt.

Nun mag man argumentieren, dass ein System, in dem es finanzieller Verträge bedarf, um die Frauen an ihre Ehegelübde zu binden, primitiv ist. Doch Eheverträge mit Klauseln, die die finanziellen Verantwortlichkeiten des Mannes beschränken, wenn die Ehefrau fremdgegangen ist (oder umgekehrt), dienen genau demselben Zweck. Dies trifft ebenso auf die Bundesstaaten der USA zu, in denen Gerichte die Unterhaltspflicht noch nach der »Schuldfrage« bemessen: Derjenige Ehepartner, der den anderen betrogen hat, muss dafür tief in die Tasche greifen.

Das alles scheint ganz in Ordnung zu sein, doch solange Männer generell über höhere Einkommen verfügen und einen größeren Anteil am Vermögen besitzen als Frauen, oder wenn Gerichte die weibliche Untreue härter bestrafen als die männliche Untreue, wird dies nur die männliche Untreue steigern –

genau wie das Brautgeld die Untreuerate der Männer in Uganda steigen lässt.

Der Grund dafür liegt darin, dass Ehepaare daran gehindert werden, implizite Verträge zu schließen, die in etwa so lauten: Wenn du treu bist, bin ich auch treu, aber wenn du mich betrügst, werde ich dich auch betrügen. Solche Verträge gäben Frauen und Männern eine bessere Verhandlungsposition hinsichtlich der Untreue, sofern die Drohung auf »Vergeltung« glaubwürdig ist.

Wenn die Behauptung, Monogamie sei die bevorzugte Eheform reicher Männer, ein Märchen ist, ist die, dass reiche Männer weniger monogam sind (hinsichtlich der Treue zu ihrer Ehefrau), in Wahrheit ein Mythos.

Es gibt keinerlei Beweise dafür, dass reiche Männer ihre Gemahlinnen mehr betrügen als arme Männer. Tatsächlich fand Donald Cox, der eine Reihe unterschiedlicher Punkte untersuchte, ausgesprochen wenige Verbindungen zwischen dem Einkommen eines Mannes und seiner Bereitschaft fremdzugehen.

Viel eher steht das Einkommen in Beziehung zur Untreue von Frauen. Frauen in ärmeren Haushalten neigen wesentlich mehr zur Untreue als Frauen mit einem wohlhabenden Zuhause. Den Beweis dazu liefert Cox' Untersuchung, und man findet ihn ebenso in Robin Bakers bekanntem Buch *Krieg der Spermien. Weshalb wir lieben und leiden, uns verbinden, trennen und betrügen.* Baker zufolge ziehen durchschnittlich 10 Prozent aller Männer Kinder auf, die sie vermeintlich für ihre eigenen halten (die gleiche Zahl, die David Buss ermittelte), doch steigt dieser Anteil bei Männern, die der untersten Einkommensschicht angehören, auf 30 Prozent. Bei Männern aus der obersten Einkommensschicht sind es lediglich 2 Prozent, die Kinder aufziehen, die nicht ihre eigenen sind. Wenn das stimmt, ist es ein überzeugender Beweis dafür, dass Frauen wesentlich eher geneigt sind, arme Ehemänner zu betrügen als reiche.

Die oben genannte Kosten-Nutzen-Rechnung illustriert, warum diese Beziehung zwischen Einkommen und Untreue bei Frauen genau dem entspricht, was man erwarten sollte. Frauen, die in Armut leben, haben wesentlich weniger zu verlieren, wenn die Ehemänner sie aufgrund ihres Fremdgehens verlassen, als Frauen, deren Haushaltseinkommen ihnen einen komfortablen Lebensstil ermöglicht. Außerdem könnte es sein, dass ärmere Frauen die Hoffnung hegen, durch ihr Fremdgehen einen neuen Partner zu finden, der nicht nur gute Gene besitzt, sondern auch ein besserer Versorger ist.

Während ein höheres Einkommen nicht die Wahrscheinlichkeit erhöht, dass ein Mann seine Frau betrügt, und die Wahrscheinlichkeit, dass eine Frau untreu wird, sogar senkt, ist der tatsächliche Faktor, der Untreue vorhersagt, nicht das Geld, sondern Macht. Selbst wenn Ihnen das nicht wirklich neu vorkommt, werden Sie vielleicht doch überrascht sein zu erfahren, dass dies für beide Geschlechter gilt: Mächtige Frauen neigen ganz genauso zur Untreue wie mächtige Männer.

Eine Studie niederländischer Wissenschaftler (Joris Lammers, Janka Stoker, Jennifer Jordan, Monique Pollmann und Diederik Stapel) verwendet Daten von Managern, Teamleitern und CEOs. Diese Daten belegen, wie oft diese Manager untreu waren und wie groß ihre Bereitschaft war, abermals fremdzugehen. Zudem wurde nach den Gelegenheiten zum Fremdgehen gefragt und ihrem Vertrauen darauf, neue Liebhaber/innen zu gewinnen.

26 Prozent der Befragten hatten ihren Partner mindestens einmal betrogen. Diejenigen, die in ihrer Position mehr Macht hatten, waren nicht nur eher geneigt fremdzugehen: Je höher sie auf der Karriereleiter nach oben geklettert waren, umso mehr außereheliche Affären gaben sie auch zu Protokoll – und umso öfter gaben sie an, dass sie erwarteten, in Zukunft weiterhin fremdzugehen.

Wodurch erklärt sich der Zusammenhang zwischen der Macht am Arbeitsplatz und der Treue? Geschäftsreisen und Überstunden bieten reichlich Gelegenheit zum Ehebruch (und verringern die Gefahr, dabei ertappt zu werden), aber das ist nur ein Teil der Geschichte. Die überzeugendste statistische Erklärung hat mit Selbstvertrauen zu tun – mit mehr Macht ausgestattete Geschäftsleute äußerten mit wesentlich größerer Zuversicht, dass sie einen Sexpartner finden würden, so sie nur wollten.

Die Frauen in dieser Studie verhielten sich hinsichtlich ihrer Seitensprünge exakt wie die Männer: Mächtigere Frauen betrogen ihre Ehemänner häufiger und waren wesentlich überzeugter davon, einen neuen Sexpartner finden zu können, falls dies gewünscht wird.

Was ich persönlich interessant daran finde, ist, dass dieses Ergebnis die Vermutung nahelegt, dass einer der Gründe, warum wir in der Vergangenheit weniger Fälle von weiblicher als von männlicher Untreue zu verzeichnen hatten, nichts damit zu tun hat, dass Frauen von Natur aus treuer sind. Dieses Treuegefälle scheint vielmehr damit zusammenzuhängen, dass Frauen traditionell weniger häufig in Machtpositionen sitzen. Wenn das stimmt, dürfte die kommende Generation von Frauen ebenso promiskuitiv werden wie Männer.

Ehebrecher ohne Glück

In der Literatur wird durchgängig beschrieben, dass Menschen, die fremdgehen, weniger glücklich sind als solche, die ihrem Ehepartner treu bleiben.

Der Studie von Elmslie und Tebaldi zufolge waren verheiratete Frauen, die angaben, »nicht sonderlich glücklich« zu sein, um 10 Prozent geneigter, ihren derzeitigen Ehemann zu betrügen, als Frauen, die sich als »sehr glücklich« einstuften. Unglücklich verheiratete Männer neigen sogar noch häufiger zur Untreue – sie gaben um 12 Prozent häufiger an, ihre derzeitige Ehefrau betrogen zu haben als Männer, die sich selbst als »sehr glücklich« bezeichneten.

Dieser Unterschied zwischen dem männlichem und dem weiblichen Unglücklichsein in puncto Fremdgehen könnte in Zusammenhang mit dem Besuch bei Prostituierten stehen. Eine andere Studie über das Glücklichsein (von David Blanchflower und Andrew Oswald) gelangt zu dem Schluss, dass diejenigen, die im vorangegangenen Jahr untreu gewesen waren, weniger glücklich waren, und dass diejenigen, die zudem Besuche bei Prostituierten zugegeben hatten, noch unglücklicher waren.

Der Grund für den Zusammenhang zwischen Unglücklichsein und Untreue ist unklar. Möglicherweise ist es das Fremdgehen selbst, das die Menschen unglücklich macht. Oder vielleicht neigen unglückliche Menschen eher dazu, eine außereheliche Beziehung zu beginnen – möglicherweise benutzen sie sie auch als Strategie, aus einer unglücklichen Ehe herauszukommen. Andere könnten aus Gründen unglücklich sein, die gar nichts mit ihrer Ehe zu tun haben, und den außerehelichen Sex als Mittel nehmen, um sich von ihrem Unglück abzulenken.

Die Psychologen Denise Previti und Paul Amato verwendeten Daten aus siebzehn Jahren, um herauszufinden, ob Untreue eine direkte Ursache für Scheidung ist oder nicht vielmehr die Folge einer unglücklichen Ehe, die ohnehin nicht mehr zu retten war. Sie gelangten zu dem Schluss, dass Männer und Frauen, die bereits eine Scheidung ins Auge gefasst haben, eher zu außerehelichem Sex neigen. Untreue ist hier also die Folge, nicht die unmittelbare Ursache einer unglücklichen Ehe. Die Wissenschaftler fanden auch heraus – wenig überraschend –, dass sich die Qualität dieser Ehe nach dem erfolgten Fremdgehen weiter verschlechterte und dass diese Verschlechterung die Wahrscheinlichkeit einer Scheidung erhöhte.

Untreue scheint folglich sowohl die Ursache als auch die Folge unglücklicher Ehen zu sein.

Zu guter Letzt

Sie werden sich wahrscheinlich fragen, ob Leonards zweite Frau jemals davon erfuhr, dass ihr Mann versuchte, sexuelle Beziehungen mit seinen jungen Kolleginnen einzugehen. Ich weiß es nicht, aber ich nehme an, dass sie bei der Heirat wusste, dass er fremdgehen würde, so sich ihm Gelegenheit dazu bot.

Warum aber willigte sie ein, einen Mann zu heiraten, bei dem sie sich sicher war, dass er sich mit der Treue schwertun würde? Wahrscheinlich weil sie – völlig zu Recht – davon ausging, dass er keine Gelegenheit bekommen würde. Seine Beförderung mag ihr eine Zeitlang Anlass zu Besorgnis gegeben haben, aber sie hätte sich keine Sorgen machen müssen. Der geringe Zuwachs an Macht reichte nicht aus, um junge, fruchtbare Frauen davon zu überzeugen, dass seine Gene den Ärger wert waren.

Untreue ist ein wirtschaftlicher Faktor, aber nicht aus dem Grund, den Sie wahrscheinlich erwartet haben – dass reiche Männer am ehesten dazu neigen, ihre Ehefrauen zu betrügen –, sondern weil die Entscheidung für oder gegen außerehelichen Sex die Antwort auf eine Kosten-Nutzen-Frage ist. Die Kosten in dieser Geschichte beinhalten mehrere wirtschaftliche Faktoren, darunter Einkommenseinbußen im Falle einer Scheidung, während der Nutzen, zum überwiegenden Teil, biologischer Natur ist.

Beispielsweise sollte die Rechtsprechung, die Scheidungsrichtern erlaubt, Ehebrecher finanziell abzustrafen, die Kosten für Ehebruch erhöhen und so die Untreuerate reduzieren. Wo diese Rechtsprechung nicht greift, sollten Eheverträge, die Verstöße gegen das schriftlich Vereinbarte mit Geldbußen ahnden, denselben Zweck erfüllen. Das Aufrücken von Frauen in Machtpositionen am Arbeitsplatz scheint die weibliche Untreue zu verstärken, nicht nur weil mächtige Menschen generell häufiger fremdgehen, sondern auch, weil es den Frauen mehr Gelegenheit bietet, ihren Ehemann zu betrügen, ohne dabei ertappt zu werden. Dass immer mehr Menschen Zugang zum Internet haben, mag per se die Untreue nicht fördern (wie wir in Kapitel 6, siehe ab S. 217, gesehen haben), es reduziert jedoch den erwarteten Preis des Fremdgehens, indem es denjenigen, die Lust auf Untreue verspüren, die Sache leichter macht.

Ein interessanter Aspekt der Argumentation, dass der ökonomische Wandel die Tendenz zum Fremdgehen bzw. Nicht-Fremdgehen erhöht, besteht in der Annahme, dass Individuen ihre Beziehungen so strukturieren können, dass die Wahrscheinlichkeit einer Scheidung zurückgeht.

Für manche Menschen mag dies die Unterzeichnung verbindlicher Verträge sein, die Fremdgehen explizit verbieten. Früher wurde Treue vor dem Traualtar geschworen, doch ein schriftlicher Vertrag kann finanzielle Strafen beinhalten, die ein Eid vor Familie und Freunden nicht gewährleistet. Gegen das Ehegelübde zu verstoßen kann teuer werden – in vielerlei Hinsicht, wie ich aufgezeigt habe –, aber für manche Menschen können zusätzliche finanzielle Folgen der Kostenseite gerade so viel mehr Gewicht verleihen, dass sie sich letztlich gegen einen Ehebruch entscheiden.

Für andere mag dies bedeuten, traditionelle Ehearrangements aufgrund veränderter wirtschaftlicher Rahmenbedingungen neu zu überdenken. Das derzeit vorherrschende Modell entstammt einer Zeit, in der Männer auf die Ehe angewiesen waren, um die Vaterschaft an ihren Kindern sicherzustellen, und Frauen auf die Ehe angewiesen waren, um ihren Lebensunterhalt zu sichern. Aufgrund wirksamer Verhütungsmittel und der wachsenden wirtschaftlichen Unabhängigkeit von Frauen sind diese beiden Punkte heute für viele Ehepaare nicht mehr relevant. Wege zu diskutieren, wie sexuelle Beziehungen außerhalb der klassischen Ehe gelebt werden könnten, wäre eine

Möglichkeit für Paare, die Intaktheit ihrer Ehe sicherzustellen, auch wenn die Wahrscheinlichkeit des Fremdgehens hoch ist. Derartige Absprachen mögen nicht jedermanns Vorstellungen entsprechen, aber andererseits will auch nicht jeder außerehelichen Sex. Für diejenigen, die es wollen – und die die Gelegenheit dazu haben –, könnten neue Denkweisen hinsichtlich der ehelichen Treue durchaus ein vernünftiger erster Schritt sein.

Wie Sie im nächsten Kapitel sehen werden, kann das Liebesleben im fortgeschrittenen Alter durchaus dem zu Collegezeiten ähneln: Der Mangel an Männern stellt deren Machtposition sicher. Doch anders als Studentinnen ziehen viele ältere Frauen, wie wir belegen werden, eher den Spaß und die Abwechslung vor, als sich einen Partner zu suchen, mit dem sie den Rest ihrer Tage verbringen können.

9

Liebe im Herbst
des Lebens

Wozu das Ganze?

»Der Heiratsengpass: Wenn Sie eine alleinstehende Frau sind,
dann folgen hier Ihre Heiratschancen« – so titelte das amerikanische Nachrichtenmagazin *Newsweek* in der Ausgabe vom
2. Juni 1986. Darunter war eine Grafik zu sehen. Und die fiel
ziemlich ernüchternd aus für alle Frauen, die in ihrer Jugend
lieber Karriere gemacht hatten und viel zu beschäftigt gewesen
waren, sich einen Mann zu suchen. Die Grafik führte ihnen anschaulich vor Augen, wie ihre Chancen auf dem Heiratsmarkt
stehen, nun, da die Jugend vorbei war und noch immer kein
Ehemann in Sicht – schockierend niedrig. Der Artikel alarmier-
te die Generation der unverheirateten Karrierefrauen: Wenn
eine Frau mit dreißig noch Single ist, so stand dort zu lesen,
liegen ihre Aussichten, noch einen Ehemann zu finden, bei nur
20 Prozent. Wenn der Traummann bis fünfunddreißig nicht gefunden ist, so liegen die Aussichten, noch einen zu finden, nur

noch bei 5 Prozent. Und wenn, Gott bewahre!, eine Frau mit vierzig noch immer Single ist, so bescheinigte man ihr, dass ihre Aussichten mit einem Brautstrauß zum Traualtar zu schreiten geringer seien, als von einem Terroristen erschossen zu werden.

Aber mal ehrlich. Die Tatsache, dass dieser Artikel die Heiratswahrscheinlichkeit für eine fünfundzwanzigjährige, gebildete Single-Frau auf nur 25 Prozent prognostiziert, in einer Zeit, da über 90 Prozent der Frauen irgendwann in ihrem Leben heiraten, hätte jeden darauf stoßen müssen, dass irgendetwas an diesen Prognosen falsch sein muss.

Lotteriegewinne machen einsam

Hat man mehr Chancen, die große Liebe zu finden, wenn man im Lotto gewinnt? Oder trennt man sich mit einem Lottogewinn leichter, wenn die Liebe erloschen ist? Scott Hankins und Mark Hoeker gehen dieser Frage in einer Studie nach und stellen fest, dass man Liebe nicht mit Geld kaufen kann. Man kann sich aber, und das trifft zumindest für Frauen zu, die Freiheit kaufen, solo zu bleiben.

Unter Verwendung von Daten, die das Entscheidungsverhalten Zehntausender von Lotteriegewinnern beschreiben, verglichen die Autoren die Beziehungsergebnisse von Menschen, die eine größere Summe gewonnen hatten (50 000 Dollar), mit denen, die eine kleinere Summe gewonnen hatten (1000 Dollar). Sie fanden heraus, dass Single-Frauen, die eine größere Summe gewonnen hatten, in den drei darauffolgenden Jahren mit einer um 40 Prozent geringeren Wahrscheinlichkeit heirateten als diejenigen, die kleinere Beträge gewonnen haben.

Warum heiraten Lottoköniginnen seltener? Denkbar ist, dass sie mit der neuen finanziellen Unabhängigkeit auch neue Freiheiten haben und es sich leisten können, sich mit einer Heirat Zeit zu lassen und in der Wahl ihres potenziellen Partners selektiver vorzugehen. Oder aber sie wollen ihren Gewinn nicht teilen und warten deshalb, bis die riesige Summe ausgegeben ist.

Bei Single-Männern findet sich dieses Verhalten nicht. Ihre Beziehungsentscheidungen scheinen völlig unabhängig von der Gewinnsumme getroffen worden zu sein.

In Bezug auf die Scheidungsraten wirkt sich ein Lottogewinn nur sehr gering aus: Die Scheidungsrate in den drei Jahren nach dem Gewinn lag bei Paaren, die zwischen 25 000 und 50 000 Dollar gewonnen hatten, 1 Prozent niedriger als bei Paaren, die 1000 Dollar gewonnen hatten. Nach einem Lotteriegewinn bleiben die Paare tendenziell zusammen, obwohl eine Scheidung mit dem Geld leicht machbar wäre.

Die Studie mag belanglos erscheinen, aber sie enthält einen wichtigen Punkt. Ihre Ergebnisse deuten darauf hin, dass mit dem steigenden Reichtum einer Gesellschaft auch das Heiratsalter ansteigt, und dies wiederum resultiert aus Heiratsentscheidungen, die von Frauen getroffen werden, nicht von Männern. Sie deuten zudem darauf hin, dass das rückläufige Verlangen der Frauen, in jungen Jahren zu heiraten, nicht einfach dadurch bedingt ist, dass sie sich hinter ihre Karriere klemmen anstatt hinter die Suche nach einem Ehemann. Nein, das Verhalten der Single-Frauen, denen der Reichtum sprichwörtlich in den Schoß gefallen ist, zeigt eines ganz klar: Es geht nur ums Geld.

Zum Glück lässt sich heute anhand der Statistiken des US Census Bureau genau ersehen, wie viele dieser gebildeten Karrierefrauen, die es gewagt haben, ihre Heirat bis zum fünfunddreißigsten oder vierzigsten Lebensjahr aufzuschieben, sich in den Jahren nach dem Artikel auf dem Heiratsmarkt behauptet haben.

Bis 2010 hatten 75 Prozent der höhergebildeten Frauen, die 1986 exakt dreißig Jahre alt und Single gewesen waren, geheiratet – irgendwann in den darauffolgenden vierundzwanzig Jahren. 69 Prozent der Frauen, die 1986 exakt fünfunddreißig Jahre alt und Single gewesen waren, hatten ihren Traummann gefunden und geheiratet. Und sogar die »alten Jungfern«, die 1986 vierzig gewesen waren, fanden mit 68 Prozent zum überwiegenden Teil noch vor fünfundsechzig in den Hafen der Ehe.

Allen Unkenrufen zum Trotz, die den Tod der allerheiligsten Institution durch die Hand egoistischer Karrierefrauen prophezeien, heiraten die meisten Frauen und Männer zu irgendeinem Zeitpunkt in ihrem Leben. Dass die Heiratsraten heute so niedrig sind, liegt daran, dass die meisten Statistiken eine Momentaufnahme darstellen. Auf die Lebenszeit gemessen ergeben die Heiratsraten ein ganz anderes Bild, das zeigt: Die Ehe ist längst noch nicht tot.

Laut dem World Fertility Report 2009 der Vereinten Nationen bleibt der durchschnittliche Anteil der Frauen, die weltweit bis zu einem Alter zwischen fünfundvierzig und neunundvierzig verheiratet waren, ziemlich konstant – er liegt seit 1970 über 90 Prozent.

Zwischen den 1970er- und 1990er-Jahren ist die Zahl der Frauen, die bis Ende vierzig verheiratet waren, in allen fünfundzwanzig Industrieländern sogar angestiegen (einzige Ausnahme: Schweden und Frankreich).

Diese Gesamtheiratsrate ist in den Jahren danach leicht gesunken. Doch die zunehmende Tendenz, dass Frauen in diesen Ländern unverheiratet bleiben, reflektiert keinen zahlenmäßigen Anstieg der Junggesellinnen, sondern vielmehr einen Anstieg anderer Formen des Zusammenlebens und anderer nicht traditioneller Beziehungsformen.

Kein Wunder also, dass die Länder mit den derzeit niedrigsten Heiratsraten für Frauen zwischen fünfundvierzig und neunundvierzig auch die sind, die die freizügigste Haltung gegenüber sexuellen Beziehungsformen außerhalb der Ehe einnehmen: Schweden (75 Prozent), Finnland (80 Prozent), Norwegen und Dänemark (82 Prozent), Frankreich (83 Prozent) und die Niederlande (85 Prozent).

Die Heiratsraten, jene Momentaufnahmen zu einem beliebigen Zeitpunkt im Leben, sind im historischen Vergleich extrem niedrig (derzeit sind in den USA knapp 50 Prozent der erwachsenen Bevölkerung verheiratet). Das heißt aber nicht, dass die Menschen nicht gerne in einer festen sexuellen Beziehung wären. Es heißt nur, dass sie diese Art von Beziehungen zu einer späteren Zeit in ihrem Leben eingehen und diese Beziehungen anders organisieren, als sie es früher getan hätten – zum Beispiel ziehen viele Paare lediglich zusammen, anstatt zu heiraten.

Ein gänzlich neues Phänomen dabei ist die unglaubliche Größe des Sexmarktes für die späte Liebe: Heute suchen viel mehr Menschen in einem reiferen Alter nach kurzfristigen oder langfristigen Sexualpartnern als früher.

Der Dating-Markt der späten Liebe boomt

Märkte können, wie bereits gesagt, als stark oder schwach beschrieben werden. Ist ein Markt schwach, sind nur wenige Käufer und Verkäufer vorhanden (und es ist sehr viel schwieriger, sich auf einen Preis zu einigen, zu dem sowohl Käufer als auch Verkäufer gewillt sind, den Handel einzugehen). Nur wenige Transaktionen finden statt. Ist ein Markt dagegen stark, sind viele Käufer und Verkäufer vorhanden, ein Marktgleichgewicht ist daher viel leichter zu erreichen (Käufer und Verkäufer einigen sich schnell auf einen Preis, zu dem beide gewillt sind, den Handel einzugehen). Es finden sehr viel mehr Transaktionen statt.

Im Laufe der Jahre hat sich der Markt für die späte Liebe zu einem außerordentlich starken Markt entwickelt. Es gibt nicht nur mehr »Transaktionen« (das heißt, Singles finden zu Sex und Liebe zusammen), sondern auch die Qualität der Beziehungen, die sich auf diesem Markt bilden, hat sich im Vergleich zu der vor zehn oder zwanzig Jahren deutlich verbessert.

Warum dieser Markt heute so viel stärker ist als früher, lässt sich ökonomisch mit vielerlei Gründen erklären.

Erstens: Viele Menschen schieben eine Heirat heute bis zu einem späteren Lebensalter auf. Dieser Trend entstand teilweise mit dem Wunsch vieler Männer und Frauen, weniger Kinder zu bekommen. Erst nach dem dreißigsten Lebensjahr ein oder zwei Kinder zu bekommen ist für viele Frauen biologisch machbar. Schwieriger wird es, wenn man vier oder fünf Kinder haben möchte und erst nach seinem dreißigsten Geburtstag damit anfängt.

Aber mit den vielen Möglichkeiten zur künstlichen Befruchtung ist auch das heute machbar. Zudem lassen individuelle Lebensentwürfe viele reifere Frauen heute sehr viel jünger aussehen, was zumindest die Vorstellung nährt, dass Frauen auch mit Ende dreißig, Anfang vierzig noch problemlos schwanger werden können. Dies wiederum nimmt vielen Frauen mit Kinderwunsch den Druck, in jungen Jahren zu heiraten.

Es kommt heute sehr viel häufiger zu vorehelichem Geschlechtsverkehr, nicht zuletzt, weil wirksame Verhütungsmittel leicht verfügbar und gesellschaftliche Normen im Wandel begriffen sind (siehe Kapitel 1, ab S. 31). Männer und Frauen stehen heute also nicht mehr wie früher vor der Entscheidung: entweder heiraten oder sexuell enthaltsam leben. Mit der neuen Wahlfreiheit haben wir heute die Möglichkeit, mehrere Sexualpartner zu haben, bevor wir langfristig eine feste Beziehung eingehen. Die Freiheit, Single und trotzdem sexuell aktiv zu sein, macht es möglich, sich mit der Suche nach einem Langzeitpartner Zeit zu lassen.

Verbesserungen in der Technologie von Haushaltsgeräten sowie die Möglichkeiten, Haushaltsdienstleistungen (die historisch gesehen von Frauen »produziert« wurden, wie etwa Kochen oder Wäsche waschen) erwerben zu können, machen ein unabhängiges Leben heute sehr leicht. Männer brauchen keine Frauen mehr, die diese Dienstleistungen für sie erledigen. Und Frauen können die Zeit, die sie früher mit dem Haushalt zugebracht haben, zum eigenen Broterwerb nutzen. Diese neue Eigenständigkeit von Männern und Frauen ermöglicht es ihnen, länger Single zu bleiben.

Die gleichen ökonomischen Kräfte haben beigetragen, uneheliche Geburten zu entstigmatisieren. Da immer mehr Frauen in der Lage sind, ihre Kinder auch alleine großzuziehen, haben sich die gesellschaftlichen Normen gelockert, sodass Frauen, die ungeplant schwanger werden, heute weiterhin unverheiratet bleiben können. »Muss-Ehen« gehören der Vergangenheit an, heute können Jugendliche, die Eltern werden, auch später noch heiraten.

Zweitens: Dass heute mehr Menschen auf dem Markt für die späte Liebe aktiv sind als jemals zuvor, liegt, wie wir bereits wissen, auch daran, dass sich mit der weit verbreiteten Nutzung von Dating-Websites und sozialen Netzwerken im Internet die Suchkosten für einen Partner verringert haben. Diese verringerten Suchkosten hatten sehr viel größere Auswirkungen auf ältere Singles als auf jüngere; ältere Singles leben sozial häufiger isoliert als jüngere, was bedeutet, dass ihre Suchkosten ohne das Internet allgemein weitaus höher wären. Mit den gesunkenen Suchkosten im Zuge des Online-Dating betreten nun viel mehr ältere Menschen diesen Partnermarkt.

Es ist kein Zufall, dass eine internationale Studie, durchgeführt vom Oxford Internet Institute (Autoren: Bernie Hogan, William Dutton, Nai Li) ergab, dass unter den Menschen, die seit 1997 die Dating-Websites im Internet benutzen, deutlich mehr ältere als jüngere Paare zusammenfanden. Von den Paaren über zwanzig lernten sich nur 19 Prozent online kennen, von denen über dreißig nur 23 Prozent. Ab vierzig waren es bereits 35 Prozent, ab fünfzig dann 38 Prozent, und bei den über Sechzigjährigen waren es 37 Prozent.

Die Beliebtheit dieser Art des Kennenlernens unter älteren Männern und Frauen ist offensichtlich, angesichts der Fülle an Partnerbörsen, die speziell auf diese Altersgruppe zielen. (Nur nebenbei: Neulich fiel mir auf, dass sich nach meinem letzten Geburtstag die Nachrichten auf meiner Facebook-»News feeds

page« verändert haben. Statt »Single-Väter auf der Suche nach
der großen Liebe!« bekomme ich jetzt zu lesen: »Keine jungen
Frauen bitte!« Großartig, jeden Tag daran erinnert zu werden,
wo ich auf diesem Markt positioniert bin.)

Drittens: Dass heute mehr Menschen auf dem Markt für die
späte Liebe aktiv sind als jemals zuvor, liegt auch daran, dass wir
heute länger leben. Laut dem *U.S. National Vital Statistics Report* von 2007 konnte ein völlig gesunder sechzigjähriger Mann
1960 damit rechnen, noch etwa weitere fünfzehn Jahre zu leben.
Heute kann ein sechzigjähriger Mann mit weiteren zwanzig
Lebensjahren rechnen, eine gleichaltrige Frau sogar mit weiteren vierundzwanzig Lebensjahren (gegenüber 1960, als sie nur
zwanzig weitere Lebensjahre erwarten konnte).

Eine höhere Lebenserwartung ist hier ein wichtiger Aspekt,
und zwar aus zwei Gründen. Der erste und offensichtlichste
Grund ist, dass neue Beziehungen eine Investition erfordern –
in puncto Partnersuche und Aufbau einer neuen Beziehung (die
Fixkosten für eine neue Liebe sozusagen). Je höher die Lebenserwartung beider Partner ist, desto größer ist die Rendite auf
diese erste Investition. Eine höhere Lebenserwartung macht ältere Menschen folglich geneigter, mehr Zeit in die Partnersuche zu investieren.

Der zweite Grund ist, dass die Lebenserwartung von Männern und Frauen sich langsam angleicht und sich damit die Zeitspanne verkürzt, in der einer der beiden Partner verwitwet sein
wird. Dieser Effekt dürfte ältere Menschen ebenfalls geneigter machen, neue Beziehungen einzugehen, insbesondere Frau-
en, die früher neue Beziehungen vielleicht aus Angst scheuten,
(zum zweiten Mal) Witwe zu werden.

Eine Randbemerkung: Falls Sie glauben, es liege an den vielen Scheidungen, dass sich die Dating-Märkte für die späte Liebe in den letzten Jahrzehnten so rasant entwickelten, liegen Sie falsch. Wie es aussieht, können Scheidungen dieses Phänomen nicht erklären. Studien von Betsey Stevenson und Justin Wolfers zufolge liegt die Scheidungsrate (gemessen an der Anzahl der Scheidungen pro tausend Ehen) derzeit nämlich auf dem niedrigsten Stand seit 1970.

Kleinere Männer haben jüngere Frauen

Die Beobachtung, dass viele Frauen gerne einen großen Mann wollen, impliziert, dass kleinere Männer sich wohl mit einer weniger attraktiven Frau begnügen müssen. Nach Ansicht des Ökonomen Nicolas Herpin gibt es für die kleinen Männer aber einen Silberstreif am Horizont: Kleinere, wirtschaftlich erfolgreiche Männer, so Herpin, haben gute Chancen, in einer späteren Phase ihres Lebens eine Frau zu finden, die dann jünger ist als die Frauen ihrer viel größeren Freunde.

Viele Studien belegen einen Zusammenhang zwischen der Körpergröße eines Mannes und seinem Einkommen. Eine Studie, die sich auf deutsche Statistiken stützt, ergab, dass Männer die 7 Zentimeter größer sind als der Durchschnitt ein um rund 4 Prozent höheres Einkommen haben als vergleichbare Männer mit Durchschnittsgröße. Doch wie etliche andere Studien belegen, zahlt es sich für Männer nicht nur am Arbeitsmarkt aus, von stattlicher Statur zu sein, sondern auch in anderen Bereichen (was viele Gründe hat, nicht zuletzt den, dass es einen belegten Zusammenhang gibt zwischen der Körpergröße und dem sozioökonomischem Status in der Kindheit). Kleine Männer haben nicht nur das Nachsehen beim Einkommen, sondern auch auf dem Heiratsmarkt (auch wenn das Einkommen als Kriterium berücksichtigt wurde, ergab sich, dass Frauen größere Männer bevorzugen).

Dan Ariely, Günter Hitsch und Ali Hortaçsu führten das gleiche Experiment durch, das wir in Kapitel 3 (siehe S. 105) im Zusammenhang mit den Präferenzen bezüglich der ethnischen Herkunft erörtert haben, und fanden heraus, dass ein kleiner Mann über eine halbe Million Dollar im Jahr verdienen müsste, um eine mehr als 12 Zentimeter größere Frau zu einem Online-Kontakt zu bewegen.

Die gleiche Studie ergab, dass Männer mit einer Körpergröße zwischen 1,90 Meter und 1,93 Meter rund 60 Prozent mehr Kontaktanfragen interessierter Frauen bekamen als Männer mit einer Körpergröße zwischen 1,70 Meter und 1,73 Meter.

Unter Verwendung von Daten aus Frankreich fand Herpin heraus, dass kleinere Männer deutlich seltener mit Frauen verheiratet oder in einer festen Beziehung sind (auch wenn der soziale Status als Kriterium berücksichtigt wurde). In der Altersgruppe zwischen dreißig und neununddreißig waren nur 60 Prozent der Männer mit einer Körpergröße von weniger als 1,70 Meter verheiratet, gegenüber 76 Prozent der Männer mit einer Körpergröße zwischen 1,70 Meter und 1,80 Meter.

Kleinere Männer sind auch im reiferen Alter häufiger Single, was sie aber auf dem Heiratsmarkt für die späte Liebe in eine gute Marktposition bringt, auf dem sich jüngere Frauen tummeln, die weniger Wert auf die äußere Erscheinung ihres potenziellen Ehemannes und mehr Wert auf ein stabiles Einkommen legen. Größere Männer sind häufiger bereits in jungen Jahren verheiratet, noch bevor sie sich als Versorger etabliert haben, und häufiger auch mit einer in etwa gleichaltrigen Frau.

Der Rückgang der Scheidungsraten ist nicht nur eine Folge der jüngsten Rezession, die (wie wir bereits gesehen haben) die Anzahl der Scheidungen tatsächlich verringert hat. Es gibt bereits eine längere Trendlinie, die rückläufige Scheidungszahlen erkennen lässt. Die Scheidungsrate pro tausend Ehen fiel von dreiundzwanzig Scheidungen im Jahr 1979 auf siebzehn Scheidungen 2005.

Gewiss, heute begeben sich viele ältere Menschen wieder auf Partnersuche, nachdem sie irgendwann einmal geglaubt hatten, mit ihrem ersten (zweiten oder dritten) Ehepartner dem Herbst ihres Lebens entgegenzugehen. Doch diese unerfüllten Erwartungen sind nicht der Grund, warum dieser Markt so groß geworden ist. Vielmehr deuten die rückläufigen Scheidungszahlen darauf, dass dieser Markt im Laufe der Zeit wieder schrumpfen wird, da immer weniger Leute im fortgeschrittenen Alter Single sein werden.

Ein Käufermarkt für geile alte Männer?

Wir sprachen bereits etliche Male über Märkte für unverbindlichen Sex (an Highschools, Hochschulen und Universitäten), an denen Frauen den Männern zahlenmäßig überlegen sind, und darüber, dass Männer infolge dieses Ungleichgewichts eine größere Kontrolle über das Sexualverhalten der Frauen haben.

Frauen begeben sich für die Suche nach einem Partner oft auf Märkte, auf denen Männer den Vorteil haben, und das, obwohl es in der Bevölkerung grob eine gleiche Anzahl Männer und Frauen im fruchtbaren Alter gibt. Das rührt daher, dass Frauen in der Wahl ihrer Sexualpartner selektiver vorgehen, Aber auch daher, dass viele Frauen auf dem gleichen Markt nach einer einzigen Langzeitbeziehung suchen, auf dem viele Männer nach seriellen, kürzeren Beziehungen suchen.

Es gibt gewiss biologische Gründe, die das unterschiedliche Selektionsverhalten von Frauen und Männern in der Partnersuche erklären; eine Reihe kurzfristiger Beziehungen mit fruchtbaren Frauen zu haben erhöht den Fortpflanzungserfolg der Männer, während es bei Frauen Langzeitbeziehungen mit qualitativ höherwertigen Männern sind, die den Fortpflanzungserfolg erhöhen.

Wir alle kennen diese Argumente. Wir haben sie praktisch derart verinnerlicht, dass sie Teil der Brille sind, durch die wir das unterschiedliche Sexualverhalten bei Männern und Frauen betrachten. Aber haben wir auch Grund zu glauben, dass diese biologische Anlage unser Sexualverhalten auch im späteren Leben steuert, wenn unsere Fruchtbarkeit nachlässt?

(Falls Sie sich jetzt wundern: Nicht nur bei Frauen nimmt die Fruchtbarkeit mit zunehmendem Alter ab. Eine medizinische Studie, durchgeführt von Mohamed Hassan und Stephen Killick in Großbritannien, liefert folgende Ergebnisse: Im Vergleich mit Paaren, bei denen der Mann unter fünfundzwanzig Jahren alt ist, haben Paare, bei denen der Mann über fünfundvierzig Jahre alt ist, eine fünffach höhere Wahrscheinlichkeit, dass sie mehr als ein Jahr versuchen, schwanger zu werden, und eine 12,5-fach höhere Wahrscheinlichkeit, dass sie mehr als zwei Jahre versuchen, schwanger zu werden. Dieses Ergebnis trat auch auf unter Einbeziehung anderer Faktoren wie Alter der Frau oder Häufigkeit des Geschlechtsverkehrs.)

Veränderungen in der Fruchtbarkeit dürften auch das Partnerwahlverhalten der reiferen Personen auf dem Markt für Sex und Liebe verändern. Frauen nach der Menopause beispielsweise verlieren den biologischen Anreiz, nach dem qualitativ hochwertigsten Mann zum Kinderzeugen zu suchen, etwa zur gleichen Zeit, in der sie den ökonomisch negativen Faktor für unverbindlichen Sex verlieren – sprich das Risiko, dass eine ungewollte Schwangerschaft sowohl das zu erwartende Lebenseinkommen als auch die Chance auf eine Heirat im späteren Leben mindern könnte.

Ältere Männer, auf der anderen Seite, sind zunächst noch an jüngeren, fruchtbaren Frauen interessiert, um die eigene abnehmende Fruchtbarkeit auszugleichen, was sich aber ab einem bestimmten Alter von selbst erledigt (insbesondere ab dem Zeitpunkt, da fruchtbare Frauen ihnen nicht mehr zur Verfügung stehen). Ab dann spielt der biologische Fortpflanzungsdrang immer weniger in die sexuellen Entscheidungen der Männer hinein. Diese Veränderung vollzieht sich in etwa zur gleichen Zeit, in der ein neuer ökonomischer Anreiz für die Männer entsteht – der Anreiz, eine Frau zu finden, die bereit ist, im Alter an ihrer Seite zu stehen.

Die unterschiedliche Lebenserwartung für Männer und Frauen gleicht sich zwar immer mehr an, doch nach wie vor hat die

Frau einen komparativen Vorteil in der »Heimproduktion«, der häufig übersehen wird. Die Effizienzgewinne aus dem ehelichen Handelsgeschäft (siehe Kapitel 4, ab S. 127) sind aber von den Einträgen beider Partner abhängig. Das bedeutet für eine alleinstehende Frau, dass sie lieber Single bleibt, wenn die Kosten der Fürsorge relativ hoch sind im Verhältnis zu den Leistungen, die ein Mann in die Beziehung einbringt – insbesondere wenn unverbindliche sexuelle Beziehungen kostengünstiger zu haben sind.

Angesichts der abnehmenden Fruchtbarkeit und der höheren Lebenserwartung dürften ältere Frauen, zumindest in der Theorie, tendenziell geneigter sein, nach kurzfristigen sexuellen Beziehungen zu suchen. Bei älteren Männern hingegen dürfte sich die Tendenz nach sexuellen Langzeitbeziehungen verstärken.

Das erinnert mich an eine kleine Geschichte. Vor ein paar Jahren, ich war gerade zu Hause bei meinen Eltern, kam ein alter Freund meines Vaters vorbei und erzählte uns, dass er die Beziehung zu seiner Partnerin, mit der er einige Jahre zusammen war, beenden wolle. Als mein Vater nach dem Grund dafür fragte, schüttelte er nur den Kopf und sagte: »Sie benutzt mich nur zum Sex.« Der arme Mann musste über achtzig werden, um zu dieser Einsicht zu gelangen. Nun, auch wenn er meinen Vorstellungen von einem reinen Lustobjekt nicht entsprach, für seine Partnerin war er offensichtlich eines – und das gefiel ihm gar nicht mehr.

Ich habe dieses Kapitel begonnen, indem ich aufgezeigt habe, inwieweit die Geschlechterverhältnisse das Verhalten bei der Partnerwahl beeinflussen. Man mag versucht sein zu glauben, dass wir hier einen Käufermarkt haben, auf dem notgeile, ältere Männer dominieren und ältere Frauen dem gleichen Selektionsdruck unterliegen wie Teenager und Studentinnen. Doch davon auszugehen, dass ältere Frauen eine Ehe wollen (so wie vielleicht jüngere Frauen es tun) oder ältere Männer unverbindliche sexuelle Beziehungen (so wie vielleicht jüngere Männer es tun), beruht meiner Meinung nach auf einer irrigen Annahme.

Auf einem Markt, auf dem Verkäufer relativ reichlich vorhanden sind und Käufer relativ rar, liegt der Preis, zu dem eine »Ware« verkauft wird, natürlich niedriger, als wenn die Zahl der Käufer und Verkäufer gleichgewichtig ist – das ist aus rein ökonomischer Perspektive durchaus nachvollziehbar. Der Preis, der auf diesem Markt verhandelt wird, wird nicht monetär bemessen, sondern nach dem sogenannten Abgleichwert. Wenn auf dem Partnermarkt ältere Frauen, die eine Beziehung suchen, älteren Männern, die ebenfalls eine Beziehung suchen, zahlenmäßig überlegen sind, dann dürften die Frauen gewillt sein, sich auf einen niedrigeren Abgleichwert einzulassen, als sie dies andernfalls vielleicht getan hätten.

Folgende Hypothese steht auf dem Prüfstand: Wenn ältere Frauen gewillt sind, sich auf einen niedrigeren Abgleichwert einzulassen, und ältere Männer nicht, dann können wir daraus folgern, dass ältere Frauen auf diesem Dating-Markt für die späte Liebe relativ reichlich vorhanden sind.

Diese Hypothese wurde von William McIntosh, Lawrence Locker, Katherine Briley, Rebecca Ryan und Alison Scott überprüft. Die Forscher fanden heraus, dass ältere Männer bei der Wahl ihrer zukünftigen Partnerin selektiver vorgehen als jüngere Männer, da sie bestrebt sind, die Suche nach einer »qualitativ hochwertigen Partnerin« kontinuierlich fortzusetzen. Kein wirklich überraschendes Ergebnis, denn angesichts der schieren Vielfalt an Frauen auf diesem Markt dürfte es für die Männer ein Leichtes sein, die »Richtige« zu finden, und zwar unabhängig von ihrer Marktmacht. Die Forscher fanden zudem heraus, dass ältere Frauen bei der Partnersuche nicht nur selektiver vorgehen als ältere Männer, sondern auch selektiver als jüngere Frauen, wenn es um Qualitäten wie Alter, Einkommen und Körpergröße eines zukünftigen Partners geht.

Nach Schätzungen kommen auf einen Mann über 65 drei Frauen. Das untermauert meine Behauptung, dass Männer nicht unbedingt die Kontrolle über den Markt haben, obwohl es mehr Frauen als Männer auf dem Senioren-Dating-Markt gibt. Das liegt daran, dass ältere Frauen eine annehmbare Alternative zu zweitklassigen Arrangements haben: Sie können sich immer dazu entschließen, einfach allein zu bleiben. Für Frauen, die Angst davor haben, sich um einen alternden Mann kümmern zu müssen, kann das die bessere Wahl sein. Ich unterhielt mich neulich mit einer Freundin meiner Mutter, einer liebenswerten Frau Ende sechzig. Beiläufig bemerkte sie, dass sie sich nur dann vorstellen könnte, sich wieder auf einen Mann einzulassen, wenn der bereit wäre, ihr eine Unbedenklichkeitsbescheinigung von seinem Arzt und seiner Bank vorzulegen. Ich wäre nie auf die Idee gekommen, mir bei einem Arzt Ratschläge in puncto Beziehungen zu holen, aber wenn ich es recht überlege, scheint mir das gar keine so schlechte Idee zu sein. Und die kluge ältere Dame sollte sich auch gleich noch den Rat eines Versicherungsexperten einholen.

Vielleicht ist es das Beste, wenn man den Mann im reifen Alter als Versorgungsrente betrachtet, der einen steten, zuverlässigen Einkommensstrom an Liebe, Zärtlichkeit und Sex bietet. Diese Versorgungsrente hat eine bestimmte Laufzeit, die bei Kauf des finanziellen Vermögenswertes natürlich unbekannt ist. Sie läuft also nicht über eine im Voraus festgelegte Zeit. Wie viel eine Frau in eine solche Anlage zu investieren bereit ist, hängt nicht nur ab von dem Einkommen an Liebe, Zuneigung und Sex, das diese Versorgungsrente erbringt, sondern auch von der zu erwartenden Laufzeit bis zum endgültigen Aus. Da die Länge der Laufzeit bei »Beziehungsabschluss« unbekannt ist, muss eine risikoaverse Frau einen Ausgleich erhalten für den Fall, dass ihr finanzieller Vermögenswert (sozusagen) »erlischt«, noch bevor sie einen Gewinn gemacht hat.

Unter dem Aspekt, dass Frauen risikoavers sind und Männer eine geringere Lebenserwartung haben, folgt, dass der Reservierungswert der Frauen für eine Partnerschaft höher liegt, als er liegen würde, wenn dem nicht so wäre. Und damit erlangen die älteren Frauen auf dem Markt für die späte Liebe wenigstens ein Stück der Marktmacht zurück (denn sie müssen sich nicht auf den erstbesten Mann einlassen, sondern können so lange suchen, bis sich einer findet, der all ihre Bedürfnisse erfüllt).

Kommen wir noch einmal zurück zu der beiläufigen Bemerkung der Freundin meiner Mutter. Ich muss ja offen gestehen, dass ich anscheinend etwas naiv bin, wenn es um das Sexualverhalten meiner älteren Mitbürger geht. Ich dachte nämlich, sie bräuchte diese ärztliche Bescheinigung, weil es ihr wichtig sei, einen Partner zu finden, der noch viele Jahre leben wird. Doch später fand ich heraus (nachdem sie mir wilde Geschichten von einer Kreuzfahrt mit einem notgeilen Kapitän und einer ganzen Ladung nicht minder notgeiler älterer Frauen erzählt hatte): Sie wollte auf Nummer sicher gehen, dass ihr potenzieller Lover sich nicht nur allgemein in einem guten Gesundheitszustand befindet, sondern vor allem keine sexuell übertragbaren Krankheiten hat.

Keine schlechte Idee, vor allem, weil die Generation Fünzig plus über das letzte Jahrzehnt hinweg ein zunehmend riskantes Sexualverhalten an den Tag gelegt hat und dafür mit einer zunehmenden Zahl von Neuinfektionen sexuell übertragbarer Krankheiten bezahlen muss.

Kondome sind wichtig – auch im Alter!

Jung und *unbedarft* – zwei Begriffe, die sich wie von selbst zu einem Paar zu fügen scheinen. Einem jungen achtzehnjährigen Mann mag man verzeihen, wenn er Kosten und Nutzen des Kondomgebrauchs diskutieren will, da er der irrigen Meinung ist, er würde ewig leben. Bis er die fünfzig überschritten hat, wird er anders denken und alles daransetzen, seine Zeit hier auf Erden möglichst lange zu genießen oder zumindest schmerzhafte sexuell übertragbare Krankheiten zu vermeiden.

Doch die Jugend, so scheint es, hat das Monopol auf den kühnen Leichtsinn nicht für sich gepachtet. Sexuell übertragbare Krankheiten sind in der Generation Fünzig plus auf dem Vormarsch – eine Folge der zunehmenden Tendenz zu unverbindlichen Sexualkontakten und der Vermeidung von Kondomen.

In den USA stellt die Altersgruppe der Fünfundvierzig- bis

Neunundvierzigjährigen die größte Gruppe der mit HIV/Aids infizierten Personen dar. Und zwischen 2007 und 2009 lag der höchste Anstieg der Neuinfektionsraten in der Altersgruppe der Sechzig- bis Vierundsechzigjährigen.

Laut einer groß angelegten Erhebung zum Sexualverhalten, dem *National Survey of Sexual Health and Behavior* (NSSHB), berichten 23 Prozent der sexuell aktiven Männer über fünfzig, dass ihr letzter Sexualpartner eine »flüchtige Bekanntschaft« war. Nur 25 Prozent der Männer, die einen neuen Sexualpartner hatten oder mehr als einen Partner im zurückliegenden Jahr, gaben an, beim letzten Geschlechtsverkehr ein Kondom benutzt zu haben.

Die Entscheidung, ein Kondom zu verwenden oder nicht, hängt davon ab, wie jeder der beiden Beteiligten die zu erwartenden Kosten beim Verzicht auf Kondome abwägt gegen den Nutzen bei deren Verwendung, und davon, wie die Verhandlungsmacht in dieser Beziehung verteilt ist.

Die zu erwartenden Kosten des ungeschützten Geschlechtsverkehrs hängen von zwei Faktoren ab: a) von der Wahrscheinlichkeit, dass der Sexualpartner mit einer sexuell übertragbaren Krankheit infiziert ist, und b) von der Wahrscheinlichkeit, dass die Krankheit beim ungeschützten Geschlechtsverkehr übertragen wird.

Auch wenn die Rate der sexuell übertragbaren Krankheiten in der Gruppe der älteren Erwachsenen aktuell steigt, liegt sie noch immer niedriger als die in der Gruppe jüngerer Erwachsener: Die Rate der Syphilis-Neuinfektionen bei Männern in der Altersgruppe zwischen zwanzig und vierundzwanzig liegt zehnmal höher als die in der Altersgruppe zwischen fünfundfünfzig und fünfundsechzig, die Rate der Gonorrhö-Neuinfektionen fast vierzigmal höher, und die Rate der Chlamydien-Neuinfektionen liegt sogar einhundertmal höher. Demnach ist der ungeschützte Geschlechtsverkehr unter älteren Erwachsenen mit einem weitaus geringeren Ansteckungsrisiko behaftet als der ungeschützte Geschlechtsverkehr unter jüngeren Erwachsenen.

Gleichwohl ist das Risiko, sich mit einer sexuell übertragbaren Krankheiten anzustecken, für ältere Männer höher als für ältere Frauen. Insofern also ist der ungeschützte Verkehr mit einem älteren Mann sehr viel riskanter als der ungeschützte Verkehr mit einer älteren Frau.

Die Übertragungsraten, die die Wahrscheinlichkeit einer Ansteckung mit einer sexuell übertragbaren Krankheit beim Sex mit einem infizierten Sexualpartner beziffern, sind bei Frauen sehr viel höher als bei Männern. Die Wahrscheinlichkeit, dass ein Mann sich beim einmaligen ungeschützten Verkehr mit einer HIV-infizierten Frau ansteckt, liegt zwischen 0,01 und 0,03 Prozent, während die Wahrscheinlichkeit, dass sich eine Frau beim einmaligen ungeschützten Verkehr mit einem HIV-infizierten Mann ansteckt, zwischen 0,05 und 0,09 Prozent liegt. Diese Wahrscheinlichkeiten mögen sehr niedrig erscheinen, aber HIV ist nur eine von vielen Krankheiten, bei denen Frauen einem höheren Übertragungsrisiko unterliegen als Männer.

Infektions- und Übertragungsraten sind zwei gute Gründe, warum ältere Frauen auf Kondome pochen könnten, doch da die Männer rückläufige Kosten für ungeschützten Verkehr zu erwarten haben, dürfte es für die Frauen schwierig sein, dies als Regel durchzusetzen.

Schwierig, aber nicht unmöglich.

Ja, es müsste für ältere Frauen, die keine feste Beziehung wollen, sogar leichter sein, auf Kondomen zu beharren, leichter als damals, als sie jünger waren. Denn der Druck, Kompromisse einzugehen, um den Partner langfristig an sich zu binden, fällt weg. Es sind jetzt vielmehr die Männer, die auf dem Markt der späten Liebe unter Druck sind, Kompromisse einzugehen, sofern sie nach einer festen Beziehung bis ans Lebensende suchen.

Es gibt eine Lösung, das Marktungleichgewicht zu beheben, das durch die unterschiedliche Lebenserwartung für Mann und Frau entsteht. Und die besteht darin, dass ältere Frauen Beziehungen mit jüngeren Männern eingehen. Etliche Studien weisen darauf hin, dass ich nicht die Einzige bin, die dies für den besten Weg zur Lösung des Problems hält.

Karibische Träume

Männer lieben den Sex mit fremden und häufig wechselnden Sexualpartnerinnen – was den Sexmarkt weltweit anheizt. Frauen hingegen bevorzugen weniger Sexualpartner und feste Beziehungen, was den Sexmarkt für die weibliche Kundschaft vergleichsweise winzig macht. Trotzdem muss die Frage erlaubt sein, ob Bordelle für Frauen auf diesem speziellen Markt nicht rentabel wären, auch und vor allem angesichts der bestehenden Marktschranken für ältere Frauen, überhaupt einen Partner für unverbindlichen Sex zu finden.

Die Soziologin Jacqueline Sánchez Taylor reiste an die Strände der Karibik und befragte dort Touristinnen zu ihren sexuellen Beziehungen mit einheimischen Männern. Keine der Frauen, die einheimische Männer auf irgendeine Art und Weise »bezahlten«, um gelegentlich Sex mit ihnen zu haben, wäre laut ihrer Studie an einem expliziten und rein sexuellen Tauschgeschäft nach dem Motto Geld gegen Sex interessiert.

31 Prozent der Frauen, die Taylor befragte, gaben zu, während ihres Aufenthaltes mindestens einmal eine sexuelle Beziehung gehabt zu haben; nahezu die Hälfte gab zu, mehrere Sexualpartner gehabt zu haben, und ein paar wenige gestanden sogar, mit mehr als fünf Männern geschlafen zu haben.

60 Prozent der Frauen mit einheimischen Sexpartnern gaben zu, ihrem Liebhaber Geld oder kleine Sachgeschenke zu geben – ein Bezahlwert, der die ökonomisch unterbewertete Natur dieser Beziehungen zeigt (und der den Wert einer Mahlzeit, einer heißen Dusche oder auch kleinerer Geldbeträge nicht angemessen würdigt). Da der Feststellungszeitraum nicht die ganze Urlaubszeit der Touristinnen umfasste, blieb offen, wie viele dieser Männer warteten, bis die Ferien zu Ende waren (oder die Frau wieder in ihrem Heimatland), um sie dann um Geld zu bitten.

Die Frauen wurden zudem gebeten, ihre sexuellen Beziehungen mit den einheimischen Männern zu beschreiben. Nur zwei gaben an, der Sex sei rein körperlich motiviert, aber mehr als 20 Prozent gaben an, es sei »echte Liebe«. Sogar Frauen, die die Männer für einen One-Night-Stand bezahlten, beschrieben diese Beziehung als »Urlaubsromanze«.

Einen Sexmarkt für Frauen gibt es also, keine Frage. Aber würden diese Frauen auch zu Hause in ihrem Alltag ein Bordell aufsuchen? Wahrscheinlich nicht: 25 Prozent gaben an, im Laufe ihres Urlaubs eindeutige Angebote bekommen zu haben –

Sex gegen Geld. Doch keine der Frauen stieg auf ein solches Angebot ein.

Sex-Touristinnen kaufen eine Dienstleistung, eine romantische Fantasie, die nur in unterentwickelten (und einkommensschwachen) Wirtschaften so billig zu bekommen ist. Doch selbst wenn Bordelle in Industrieländern eine solche Dienstleistung anbieten könnten, und selbst wenn diese bezahlbar wäre ... würden wir Frauen sie tatsächlich in Anspruch nehmen?

Der Altersunterschied – ein Marktproblem?

Ich war sechsunddreißig, als ich auf einer Dinnerparty einmal ziemlich in Verlegenheit geriet. Ich hatte darüber gejammert, dass offenbar keiner mehr den Kuppler für mich spielen wollte, um mich endlich *an den Mann* zu bringen. Nein, nein, sie wüssten den perfekten Mann für mich, verkündeten meine Gastgeber daraufhin hocherfreut. Ihrer Beschreibung nach war er das genaue Gegenteil von mir, und zwar in jeder messbaren Hinsicht. Und so war mir nicht ganz klar, warum genau er der ideale Mann für mich sein sollte. Aber (ich sagte es bereits) ich bin ja für alles offen, wenn es um die Suche nach der großen Liebe geht. Doch spätestens als sie mir sein Alter sagten, zog ich die Bremse – er war dreiundfünfzig!

Ein denkwürdiges Ereignis, aber nicht deshalb, weil mich meine Partyfreunde mit einem nicht gerade übermäßig gebildeten Handwerksmann vom Lande verkuppeln wollten, der beinahe mein Vater hätte sein können; nein, es waren die Blicke, die sie tauschten, als ich ihnen sagte, dass ich wohl kaum interessiert sei an jemandem, der siebzehn Jahre älter wäre als ich. Und die Blicke sprachen eine klare Sprache – »Wer von uns bringt diesem kleinen Ding schonend bei, dass es keinen Besseren finden wird?«

Leider kann ich Ihnen nicht berichten, dass dies ein einmaliges Erlebnis geblieben wäre.

Ein großer Altersunterschied kann in Langzeitbeziehungen problematisch sein. Wenn Sie sich an Janes Geschichte (Kapitel 6, siehe S. 196) erinnern, dann wissen Sie, dass Jane als die wesentlich Jüngere in dieser Ehe nicht viel zu sagen hatte, wenn es um Entscheidungen ging, die die meisten Paare gemeinsam treffen, und dass diese fehlende Verhandlungsmacht nicht zuletzt dazu beitrug, dass sie sich in ihrer Ehe unglücklich fühlte. John und Janes Unfähigkeit, ihre Beziehung langfristig aufrechtzuhalten, resultierte nicht unmittelbar aus dem Altersunterschied, aber wie empirische Studien vielfach zeigen, hat der Altersunterschied durchaus Einfluss darauf, wie glücklich eine Ehe auf Dauer ist.

Ich hatte dargelegt, dass die Verhandlungsmacht innerhalb einer Ehe, zumindest in der Theorie, abhängig ist von den relativen Chancen außerhalb der Ehe. Der relative Altersunterschied ist dabei aber ein Faktor, der diese außerehelichen Chancen bestimmt. Ein Beispiel: Ist die Nachfrage nach jüngeren Frauen auf einem Partnermarkt größer als die nach älteren Frauen, so ist davon auszugehen, dass die fünfundzwanzigjährige Frau, die mit einem vierzigjährigen Mann verheiratet ist, eine größere Verhandlungsmacht hat als die vierzigjährige Frau, die mit einem vierzigjährigen Mann verheiratet ist – auch wenn alle anderen Faktoren gleich sind.

Diese Theorie legt nahe, dass Jane, die doch sehr viel jünger war als John, außerhalb ihrer Ehe mehr Verhandlungsmacht hatte und nicht weniger und deshalb auch mehr außereheliche Chancen (auch auf eine Wiederheirat). Nach den Studien von Sonia Oreffice deckt sich Janes Erfahrung mit der allgemeinen Erfahrung in den meisten heterosexuellen Ehen – der jüngere Partner hat in Haushaltsentscheidungen weniger zu sagen. Das eigentlich Interessante an dieser Studie aber ist, dass das Verhältnis zwischen Alter und Verhandlungsmacht in gleichgeschlechtlichen Ehen völlig konform geht mit der ökonomischen Theorie.

Eine der Entscheidungen, die ein Paar im Haushalt gemeinsam trifft, bezieht sich auf die Zuweisung der Zeit, und zwar die Zeit für die Erwerbsarbeit, für die Heimarbeit oder einfach das Nichtstun (was Ökonomen gerne als »Freizeitkonsum« bezeichnen). Man geht davon aus, dass der Partner, der die größte Verhandlungsmacht hat, weniger Stunden für die Arbeit aufwendet (nach Ausschluss anderer Faktoren wie die Anzahl der im Haushalt lebenden Kinder), und dass die Person mit der kleinsten Verhandlungsmacht ein höheres Arbeitsangebot leistet; wie viel höher das ist, hängt schlicht davon ab, wie klein die Verhandlungsmacht relativ zu der des anderen Partners ist.

Sonia Oreffice stellt fest, dass der Faktor, dass eine Frau fünf Jahre jünger ist als ihr Ehemann, ihr jährliches Arbeitsangebot um zehn Stunden erhöht, und das ihres Ehemannes um fast elf Stunden mindert. Das heißt, der ältere Ehepartner (in diesem Beispiel der Ehemann, doch es gilt geschlechterunabhängig) hat eine größere Verhandlungsmacht insofern, da er weniger Stunden bei der Arbeit verhandelt und folglich mehr für den Ehepartner, und das nur aufgrund seines höheren Alters.

Bei lesbischen und schwulen Paaren läuft diese Dynamik in die umgekehrte Richtung und ist sehr viel größer; der jüngere Partner hat mehr Verhandlungsmacht und verhandelt für sich folglich weniger Stunden bei der Arbeit.

Beispielsweise leistet eine Frau, die fünf Jahre jünger ist als ihre Partnerin, jährlich einundzwanzig Stunden weniger Arbeit und ihre ältere Partnerin zweiundzwanzig Stunden mehr. Ein Mann, der fünf Jahre jünger ist als sein Partner, leistet jährlich zweiundzwanzig Stunden weniger Arbeit und sein relativ älterer Partner dreiundzwanzig Stunden mehr.

Die gleiche Relation ergibt sich, wenn wir statt der zugewiesenen Arbeitszeiten den Einkommenswert betrachten, der zwischen den Partnern transferiert wird. Bei gleichgeschlechtlichen Paaren transferiert der ältere Partner umso mehr Einkommen, je größer der Altersunterschied ist (2200 Dollar bei lesbischen Paaren, 1500 Dollar bei schwulen Paaren), bei heterosexuellen Paaren hingegen transferiert der jüngere Partner das Einkommen an den älteren (900 Dollar bei einem Altersunterschied von fünf Jahren).

Schönheitschirurgie – Indikator für eine florierende Wirtschaft

In Kapitel 6 (siehe S. 220) sprach ich davon, dass der Umsatz von Sexspielzeug ein Indikator für eine bevorstehende Rezession sein kann; der Umsatz für Sexspielzeuge steigt, wenn die Menschen in wirtschaftlich harten Zeiten nach preiswerten Mitteln suchen, um sich wohlzufühlen. Doch es gibt einen weiteren

Markt, der offenbar ein Anziehen der Konjunktur anzeigt – der Markt der Schönheitschirurgie.

Laut einer Pressemitteilung der American Society of Plastic Surgeons (ASPS) von 2011 stieg die Nachfrage nach Schönheitsoperationen (oder nach dem modernen Jungbrunnen, wie man trefflicher sagen könnte) rasant an: für Gesichtsstraffungen um bis zu 9 Prozent, für Brustliftings um bis zu 3 Prozent, für Körperliftings um bis zu 9 Prozent, für Oberarmstraffungen um bis zu 5 Prozent und für Oberschenkelstraffungen um bis zu 8 Prozent.

Nach Meinung der ASPS deutet diese gestiegene Nachfrage zum einen darauf hin, dass das Vertrauen der »Konsumenten« weiter wächst (was bestätigt, dass die Branche ein Indikator für eine gute Konjunkturentwicklung ist). Zum anderen resultiert sie aus dem noch anstehenden »Überhang-Bedarf« aus den zwei Jahren vor den wirtschaftlichen Turbulenzen.

Es gibt aber auch eine andere Erklärung. Gut möglich, dass viele Menschen, die der alternden Arbeitnehmerschaft angehören, mit einem langen und traurigen Blick auf ihre zu erwartenden Pensionsleistungen beschlossen haben, sich unters Messer zu legen, und zwar aus dem Grund, weil ihnen nur noch wenige Jahre in einem mittlerweile (und wohl auch künftig) stark umkämpften Arbeitsmarkt bleiben, auf dem bekanntlich jugendliches und vitales Aussehen belohnt werden.

Wenn dem so ist, dann liegt es nicht am wachsenden Vertrauen der Konsumenten in die Wirtschaft, dass die Nachfrage nach Schönheitsoperationen steigt. Vielmehr scheint die florierende Schönheitschirurgie umgekehrt das direkte Ergebnis eines Mangels an Vertrauen zu sein.

Dieses Ergebnis für heterosexuelle Paare impliziert, dass der ältere Partner mehr Verhandlungsmacht hat, was unlogisch ist, wenn wir davon ausgehen, dass es für den jüngeren Partner leichter sein wird, nach einer Scheidung wieder zu heiraten. Eine mögliche Erklärung dafür ist die folgende: Der ältere Partner ist in den überwiegenden (aber nicht allen) Fällen der Ehemann, und Autorität wird gemeinhin verbunden mit »älter« und »männlich«, was sämtliche Vorteile der jüngeren Frau übertrumpft. Es gibt noch eine Erklärung: Für vor dem Gesetz verbundene Eheleute ist es eine sehr kostspielige Angelegenheit, wenn sie ihre Chancen außerhalb der Ehe wahrnehmen, was den Einfluss der außerehelichen Chancen auf die Verhandlungsmacht deutlich verringert.

Für gleichgeschlechtliche Paare gibt es wenige Hindernisse, eine Beziehung aufzulösen (die Daten hier beziehen sich auf Erhebungen aus dem Jahr 2000, bevor gleichgeschlechtliche Ehen in einzelnen US-Bundesstaaten rechtlich anerkannt waren), denn keiner der beiden Partner hat dem anderen gegenüber eine gesellschaftlich festgelegte Autorität aufgrund der Geschlechtszugehörigkeit. In dieser Hinsicht operieren gleichgeschlechtliche Paare viel eher wie eine freie Marktwirtschaft, weshalb wir genau das Ergebnis erhalten, das die ökonomische Theorie prognostiziert: Jüngere Partner erhalten das Machtgleichgewicht.

Ein weiterer Aspekt in dieser Diskussion dreht sich um die Frage, ob ein großer Altersunterschied zwischen den Ehepartnern zu einer glücklicheren Ehe führt. Rebecca Kippen, Bruce Chapman und Peng Yu beantworten diese Frage unter Verwendung australischer Daten. Sie stellten fest, dass eine Ehe mit umso größerer Wahrscheinlichkeit in einer Scheidung endet, je größer der Altersunterschied der beiden Ehepartner ist.

Sie fanden beispielsweise heraus, dass eine Ehe, in der der Mann nur zwei Jahre jünger ist als die Frau, mit einer um 53 Prozent erhöhten Wahrscheinlichkeit geschieden wird als eine Ehe, in der der Mann ein Jahr jünger oder drei Jahre älter ist als seine Frau. Doch das gilt nicht nur für Ehen, in denen die Frau älter ist. Auch wenn der Mann älter ist, steigt die Scheidungswahrscheinlichkeit an. Für Ehen, in denen der Mann neun oder mehr Jahre älter ist als die Frau, liegt das Scheidungsrisiko doppelt so hoch wie für Ehen, in denen der Mann zwischen einem Jahr jünger und drei Jahren älter ist als die Frau.

Das krönende Finale

Vor ein paar Jahren hat ein wahrlich kreativer (und mutiger) Forscher namens Hugo Mialon Daten von sechzehntausend Männern und Frauen gesammelt, um daraus eine ökonomische Geschichte ihrer Orgasmen zu erzählen. Dabei ging es ihm nicht um die Dopamin-stimulierte Euphorie echter Orgasmen; er wollte vielmehr ergründen, was Frauen und Männer (auch ich war überrascht!) veranlasst, regelmäßig die ungehemmte Ekstase vorzuspielen.

Nach Mialon haben nahezu 26 Prozent der befragten Männer in ihrer aktuellen Beziehung schon einmal einen Orgasmus vorgetäuscht gegenüber 72 Prozent der Frauen. Männer spielen einen Orgasmus relativ selten vor, da sie weitestgehend meinen, man käme ihnen ohnehin auf die Schliche. Niemand will gerne dabei ertappt werden. Und da die erwarteten Kosten mit zunehmender Wahrscheinlichkeit, tatsächlich ertappt zu werden, steigen, liegen sie bei Männern höher als bei Frauen.

Eine Frage, der diese Studie nachgeht, ist die: *Wen* genau *täuscht* die Frau, wenn sie einen Orgasmus vor*täuscht*? Den Mann, weil sie ihm etwas vorgaukelt? Oder sich selbst, weil sie sich einbildet, ihm etwas vorgaukeln zu können?

Die Mehrheit der befragten Männer (55 Prozent) sagen, sie würden es merken, wenn ihre Partnerin den Orgasmus vorspielt. Statistisch gesehen müsste mindestens die Hälfte dieser Männer in einer Beziehung sein mit einer Frau, die den Orgasmus nur vortäuscht. Gleichzeitig sagen nur 24 Prozent der befragten Frauen, dass sie glauben, ihr Partner könne einen gespielten Orgasmus erkennen (dieser Prozentsatz enthält auch die Frauen, die sagen, dass sie niemals vortäuschen). Für diese statistische Diskrepanz gibt es nur eine einzige Erklärung: Entweder die Männer glauben, dass die Frauen den Orgasmus nicht vortäuschen (wenn sie dies tatsächlich tun), oder die Frauen glauben, dass die Männer einen gespielten Orgasmus nicht erkennen können (obwohl sie dies können).

Kann es sein, dass sich die Männer nichts anmerken lassen, wenn sie der gespielten Ekstase ihrer Partnerin auf die Schliche kommen? Vielleicht. Nach Angaben des Center for Sexual Health Promotion jedenfalls berichten 85 Prozent der befragten Männer, ihre Partnerin sei beim letzten Verkehr zum Orgasmus gekommen; jedoch berichten nur 64 Prozent der Frauen, tatsächlich den Gipfel der Lust erreicht zu haben.

Übrigens – wollen Sie wissen, wer häufiger den Simulanten spielt? Ältere Männer tun es häufiger als jüngere, was daran liegen mag, dass sie immer seltener diesen höchsten aller sexuellen Genüsse erleben. Und höhergebildete Männer und Frauen tun es häufiger als weniger gebildete Männer und Frauen.

Gebildete Menschen, so Hugo Mialon, sind entweder die besseren Schwindler oder die besseren Schauspieler, weshalb sie einen Orgasmus vorgaukeln können, ohne aufzufliegen. Meine Studenten meinen, dass gebildete Menschen gar nicht genug Zeit haben für den wahren Höhepunkt. Da frage ich mich doch, wozu sie in ein Studium investieren, wenn der Preis dafür ein Leben ist, das nicht einmal zwanzig Sekunden Zeit für ein krönendes Finale lässt.

Aber mal ganz unabhängig davon, wie gut Ehen funktionieren, wenn einer der beiden Partner wesentlich älter ist … Wenn in meiner aktuellen Lebensphase nur deutlich ältere Männer an mir interessiert sind, dann hatten es meine Partyfreunde an jenem Abend wahrscheinlich nur gut mit mir gemeint, als sie mir schonend beibringen wollten, dass ich es wohl oder übel akzeptieren müsse, nicht zu kriegen, was ich will – nämlich einen Mann, der mir altersmäßig nahe ist.

Das Problem ist, dass die Vorstellung, ältere Männer würden *nur* nach jüngeren Frauen suchen, schlichtweg nicht stimmt. Verstehen Sie mich nicht falsch, ältere Männer suchen sehr wohl jüngere Ehefrauen. Aber wie der Kurzzeitstudent der Ökonomie namens Mick Jagger einmal ganz richtig sagte: *You can't always get what you want.* In Sachen Dating hätten ältere Männer vielleicht ganz gerne jüngere Frauen, aber am Ende kriegen sie oft eine, die ihnen altersmäßig näher ist.

Unter Verwendung von Daten aus Yahoo! Personals fanden die Psychologen Sheyna Sears-Roberts Alterovitz und Gerald Mendelsohn heraus, dass Männer mit fortschreitendem Alter nach Frauen suchen, die zunehmend jünger sind als sie selbst. Beispielsweise suchen Männer im Alter zwischen zwanzig und vierunddreißig nach Frauen, die im Schnitt um ein Jahr jünger sind; im Alter zwischen vierzig und vierundfünfzig suchen sie nach Frauen, die im Schnitt fünf Jahre jünger sind; im Alter zwischen sechzig und vierundsiebzig suchen sie nach Frauen, die im Schnitt acht Jahre jünger sind; und Männer ab fünfundsiebzig suchen nach Frauen, die im Schnitt zehn Jahre jünger sind.

Frauen suchen mit fortschreitendem Alter nach Männern, die ebenfalls jünger sind, altersmäßig aber nicht ganz so weit weg. Frauen im Alter zwischen sechzig und fünfundsiebzig suchen überwiegend nach Männern im gleichen Alter; ab fünfundsiebzig suchen sie überwiegend nach Männern, die im Schnitt drei Jahre jünger sind.

Ich habe mir Daten des US Census Bureau angesehen, um herauszufinden, wie es nach Marktschluss aussieht, und stellte fest, dass in vielen Ehen, die zwischen 2008 und 2010 geschlossen wurden, der Mann viel älter war als die Frau. Rund 50 Prozent der Männer zwischen vierzig und fünfundsechzig hatten Frauen geheiratet, die fünf oder mehr Jahre jünger waren.

Aber auch Frauen heirateten jüngere Männer.

Rund 17 Prozent der Frauen im Alter zwischen vierzig und fünfundsechzig heirateten Männer, die mehr als fünf Jahre jünger waren. Das ist ein großer Unterschied zu »damals«, gegen Ende der 1970er-Jahre, als die Frauen unter sechzig in nur

3 Prozent der Ehen älter waren. Dreißig Jahre später war der Anteil dieser Ehen um 8 Prozent gestiegen, und wie die neuere Daten zeigen, steigt er bis heute weiter an.

Aus einer aktuellen ökonomischen Studie von Melvyn Coles und Marco Francesconi geht hervor, dass der Trend zu jüngeren Ehemännern in direkter Weise daraus resultiert, dass Frauen zunehmend besser gebildet sind – sie sind nicht nur besser gebildet als vor dreißig Jahren, sondern auch besser gebildet als die Männer in der Gruppe, aus der sie ihren Ehepartner wählen.

Es scheint, als gäbe es doch etliche Männer, die lieber eine Frau haben, die vielleicht älter, dafür aber wirtschaftlich erfolgreicher ist, als eine Frau, die jünger ist und weniger in der Lage, finanzielle Sicherheit zu bieten. Dieser Studie zufolge hat eine Frau, die besser gebildet ist und in einer höheren beruflichen Klasse steht als ihr Ehemann, eine 45-prozentig höhere Chance gegenüber einer durchschnittlichen Frau, einen um fünf Jahre jüngeren Mann zu heiraten.

Zu guter Letzt

Wir haben dieses Kapitel mit dem »Heiratsengpass« begonnen, einem Artikel der *Newsweek,* der den Frauen eindrücklich klarmachte, dass sie so gut wie keine Chance mehr haben, einen Ehemann zu finden, wenn sie sich in jüngeren Jahren zu sehr um ihre Karriere kümmerten. Ich habe mich in den Jahren danach gefragt, wie viele Frauen damals wohl aufgegeben haben, nach der großen Liebe zu suchen. Sicher, 68 Prozent der Frauen, die damals, als der Artikel erschien, vierzig und Single waren, haben schließlich noch geheiratet. Aber gab es nicht vielleicht doch 5 oder 10 Prozent Frauen, die geheiratet hätten, wären sie nicht entmutigt gewesen? Oder auch solche, die sich vor lauter Torschlusspanik in eine unglückliche Ehe stürzten? Oder die unterinvestierten in ihre Bildung, aus Angst, der akademische Abschluss koste sie die Chance auf eine eigene Familie?

Als Ökonomin weiß ich, dass die Zahlen für ältere Frauen nicht gut aussehen. Wenn wir zudem davon ausgehen, dass ältere Männer bedeutend jüngere Frauen bevorzugen, überrascht es mich nicht, wenn viele ältere Frauen glauben, es bliebe ihnen nichts weiter übrig, als sich in ihr Schicksal zu fügen und im Alter einsam und allein zu sein. Doch der *Newsweek*-Artikel vermittelt den Frauen einen falschen Eindruck (und vielleicht auch den Männern, was genauso gefährlich ist): Die angeführten Statistiken, die ein verzerrtes Verhältnis von Männern und Frauen auf dem Markt für die späte Liebe anzeigen, erwecken den Eindruck, dass gebildete Frauen nie heiraten und zudem keine Marktmacht haben.

Ich habe mir eine postkartengroße Kopie dieses Artikels über meinen Schreibtisch gehängt. Er soll mich ständig daran erinnern, welch große Macht Statistiken haben, die öffentliche Wahrnehmung in einer Weise zu verzerren, die für das Leben der Menschen potenziell schädlich ist.

Ökonomische Märkte funktionieren nur dann einwandfrei, wenn alle Akteure auch alle Informationen haben. Wenn Männer ihre Marktmacht überschätzen, dann werden einige von ihnen letzten Endes enttäuscht. Männer, die sowohl reich als auch gesund sind, fallen wohl eher nicht darunter. Die Nachfrage nach ihnen wird so nicht abreißen, zumal auf einem Markt, auf dem Frauen (wie die oben erwähnte Freundin meiner Mutter) tunlichst einen Bogen machen um Männer, die ihnen zur körperlichen oder finanziellen Last werden könnten. Doch reiche und gesunde Männer repräsentieren nur einen kleinen Bruchteil der Männer, die auf dem Markt für die späte Liebe verfügbar sind.

Ich will Ihnen anhand eines Beispiels zeigen, wie es den Prozess der Marktbereinigung hemmt, wenn Männer ihre Marktmacht überschätzen. Ich habe eine Freundin, die Single, Mitte siebzig und auf der Suche nach einer Beziehung ist. Sie ist eine gute Partie, in jeder Hinsicht – sie hat ein gutes Einkommen, mehrere Ferienhäuser, ist fit und gesund, sehr attraktiv und weiß das Leben zu genießen. Neulich erzählte sie mir, sie habe auf einer Dating-Website auf die Kontaktanfrage eines Mannes mit dem standardisierten Satz »Hallo, schön dich kennenzulernen« geantwortet. Daraufhin hatte der Mann sie für diesen knappen Satz und ihr offenbar laxes Engagement regelrecht gerügt, er meinte, sie könne froh sein, dass er ihr überhaupt geantwortet habe. (Übrigens stellte sich später heraus, dass er zehn Jahre älter war, als er in seinem Profil angegeben hatte, womit er tatsächlich zehn Jahre älter war als sie).

In diesem Fall blieben zwei Menschen weiterhin allein, da er irrtümlich glaubte, er habe die ganze Marktmacht, und sie, die irrtümlich glaubte, sie habe gar keine Marktmacht, lieber Single bleibt, als ihre Beziehungsansprüche herunterzuschrauben.

Ich möchte das Kapitel beschließen mit einer kleinen Statistik, die, wie ich finde, für die Vorteile einer festen Beziehung im Alter spricht. Eine Studie über das Sexualverhalten von Menschen über fünfzig ergab, dass Männer das Sexualerlebnis als lustvoller empfinden, wenn ihr/e Partner/in ein fester Beziehungspartner ist (gefragt wurde nach dem letzten Sexualerlebnis): 91 Prozent der Männer gaben an, beim Sex mit einem festen Beziehungspartner zum Orgasmus zu kommen, gegenüber nur 80 Prozent der Männer, die unverbindlichen Sex mit einer Freundin oder flüchtigen Bekanntschaft haben.

Frauen hingegen empfinden das Sexualerlebnis sehr viel lustvoller, wenn ihr/e Partner/in ein unverbindlicher Beziehungspartner ist: 58 Prozent der Frauen gaben an, beim Sex mit einem festen Beziehungspartner zum Orgasmus zu kommen gegenüber 80 Prozent der Frauen, die unverbindlichen Sex mit einem/r Freund/in oder flüchtigen Bekanntschaft haben.

Das mag Ihnen nicht wie ein ökonomischer Beweis erscheinen. Aber die Märkte für Sex und Liebe werden eben nicht nur von Angebot und Nachfrage bestimmt, sondern sind weitaus komplexer.

Ein paar abschließende Gedanken

Volkswirtschaft hat, wie Sie wahrscheinlich bereits wissen, zwei Hauptinteressensgebiete: Mikroökonomie und Makroökonomie. Mikroökonomie beleuchtet das Verhalten des Einzelnen, und dies führt dazu, dass wir die volkswirtschaftliche Sicht auf die Märkte für Sex und Liebe primär anhand von Thesen und Theorien zu verstehen versucht haben, die von Mikroökonomisten entwickelt wurden.

Dies vorausgeschickt war ich bei der Untersuchung der unterschiedlichen Märkte für Sex und Liebe überrascht, welch gravierenden Einfluss makroökonomische Variablen auf die Akteure dieser Märkte haben. In der Makroökonomie geht es darum, das Verhalten aller, das heißt des gesamtwirtschaftlichen Kollektivs, zu begreifen, wobei Variablen wie Bildung, Technologie, Volkseinkommen (Bruttoinlandsprodukt), Arbeitslosigkeit, Einkommensunterschiede sowie Konsum- und Sparverhalten in die Analyse einbezogen werden. Ob es uns bewusst ist oder nicht: Jede dieser Variablen beeinflusst die Art und Weise, wie wir unser Leben gestalten. Lassen Sie mich dies anhand einiger Beispiele veranschaulichen.

Wir haben darüber gesprochen, wie die ständig wachsende Bedeutung von Bildung für den Beschäftigungssektor im 20. Jahrhundert dazu beigetragen hat, die gesellschaftlichen Normen rund um den vorehelichen Sex zu prägen. Höhere Bildungsraten bei Frauen führen zu wachsender Promiskuität auf dem College- und Universitäts-Campus und animieren Akademikerinnen, auch Männer mit einem niedrigeren Bildungsniveau zu heiraten. Wir haben gesehen, dass die Ausweitung der Internettechnologie dazu beiträgt, Paare zusammenzubringen, die sich hinsichtlich Bildung und Einkommen ähnlicher sind als früher, und so die Qualität von Ehen dahingehend verbessert, als die Scheidungsrate dadurch sinkt. Die Industrialisierung spielt eine wichtige Rolle dabei, wie wir unsere Ehe gestalten, und dieselben Einflüsse haben es einfacher gemacht – zumindest für diejenigen unter uns, die in Industriestaaten leben –, gleichgeschlechtliche Ehen zu akzeptieren. Wir haben erfahren, dass Verheiratete neue Wege (er-)finden, Haushaltsentscheidungen zu treffen, da sich die Höhe des Einkommens von Frauen inzwischen dem der Männer annähert. Die wachsende Einkommenskluft zwischen Reich und Arm erhöht nicht nur die Scheidungsrate, sondern veranlasst auch Schüler und Schülerinnen aus niedrigeren Einkommensschichten dazu, sich auf ein riskanteres Sexualverhalten einzulassen.

Mir scheint, dass wir, wenn wir denn vorhersagen wollen, wohin unsere Gesellschaft in puncto Sex und Ehe unterwegs ist, nicht ignorieren können, welche Wirkung diese sich ständig weiterentwickelnden makroökonomischen Umstände auf ganz persönliche Entscheidungen haben.

Wenn ich zwei Trends vorhersagen sollte, die meines Erachtens künftige Intimbeziehungen wesentlich mitgestalten werden, würde ich den technologischen Wandel und die wachsende Bildungskluft zwischen Männern und Frauen nennen. Beide haben sich in den letzten zwanzig Jahren als enorm einflussreich erwiesen, und ich sehe keinen Anlass daran zu zweifeln, dass sich dies auch künftig deutlich auf diese Märkte auswirkt.

Auch wenn ich mir natürlich bewusst bin, dass Ökonomen hinsichtlich Vorhersagen keine große Erfolgsbilanz aufweisen können, möchte ich doch mit einigen eigenen Gedanken schließen, in welche Richtung sich diese Märkte fortan entwickeln könnten.

Technologischer Fortschritt

Wie wir gesehen haben, konnten Verbesserungen bei der Geburtenkontrolle um die Mitte des 20. Jahrhunderts die Risiken, die mit vorehelichem Sex verbunden sind, drastisch mindern. Dieser Wandel hinsichtlich der erwarteten Kosten, der durch neue medizinische Technologien möglich wurde, hat dazu beigetragen, gesellschaftliche Barrieren aus dem Weg zu räumen, die Männer und Frauen vorher von Gelegenheitssex abgehalten hatten. Die Ergebnisse sind eine verstärkte Promiskuität, steigende Zahlen sowohl bei den ungewollten Schwangerschaften als auch bei den Geschlechtskrankheiten sowie ein höheres Durchschnittsalter bei der Eheschließung.

Wir wissen nun also, dass neue Technologien einen großen Einfluss darauf haben können, welche Entscheidungen wir hinsichtlich unseres sexuellen Verhaltens treffen.

Fangen wir mit einem Beispiel zur Überprüfung von Geschlechtskrankheiten an.

Britische Firmen stecken Millionen in eine neue Technologie, die es ermöglichen soll, dass Menschen sich mittels eines weniger als zwei US-Dollar teuren Chips und ihres Handys selbst auf Geschlechtskrankheiten testen können. Sie behaupten, dass diese Technologie dazu beitragen könnte, die hohen Erkrankungsraten bei jungen Erwachsenen zu senken. Doch genauso wie die Fortschritte in der Verhütungstechnologie letztlich die Zahl außerehelicher Geburten haben steigen lassen, könnten Fortschritte beim Testverfahren in puncto Geschlechtskrankheiten auch deren Raten fördern.

Die Entwickler des Produkts stellen sich dessen Verwendung folgendermaßen vor: Ein junger Mann hegt die Befürchtung, sich mit einer Geschlechtskrankheit angesteckt zu haben, hat aber Hemmungen, in eine Klinik zu gehen, um sich daraufhin untersuchen zu lassen. Stattdessen kauft er einen Chip, auf den er entweder uriniert oder spuckt, und steckt diesen dann in sein Handy. Binnen kürzester Zeit meldet ihm die Nanotechnik seines Smartphones, ob er an einer Geschlechtskrankheit leidet oder nicht. Falls infiziert, wird er sich umgehend in eine Klinik begeben (ja, genau dieselbe Klinik, die er noch kurz zuvor keinesfalls hatte aufsuchen wollen), um sich behandeln zu lassen. Anschließend wird er darauf achten, ausschließlich sichere Sexpraktiken anzuwenden, bis er gewiss sein kann, dass die Infektion abgeklungen ist – wahrscheinlich, indem er einen weiteren Chip kauft, um herauszufinden, wann er wieder zu seinen üblichen (unsicheren) Sexpraktiken zurückkehren kann.

Schwuppdiwupp ist die Geschlechtskrankheitsrate des Landes um mindestens die Hälfte gesunken – zumindest, wenn man den Erfindern dieser neuen Technologie glauben will.

Und so stelle ich mir die Verwendung dieses Produkts vor: Nehmen wir an, eine junge Frau hat in einem Nachtclub jemanden kennengelernt, mit dem sie ungeschützten Sex haben möchte. Die beiden kaufen an einem Automaten im Nachtclub (genau dort wollen die Erfinder diese Teile auch verkaufen) jeweils einen Chip und gehen auf die Toilette, um sich zu testen.

An dieser Stelle gibt es zwei Möglichkeiten.

Die erste Möglichkeit ist, dass sie oder er durch den Chip erfährt, dass keine der beiden Geschlechtskrankheiten vorliegt, die das Handy melden kann (Chlamydien oder Gonorrhö). Diese Information nutzt er oder sie dann, um mit dem neuen Partner ungeschützten Geschlechtsverkehr zu haben. Genau das ist der wahre Marktwert dieses Produkts: Es macht es einfacher, über Sex ohne Kondom zu verhandeln. Das muss deshalb stimmen, weil die Übertragung dieser beiden Krankheiten durch die sachgerechte Verwendung eines Kondoms verhindert werden kann.

Die zweite Möglichkeit ist, dass er oder sie das Ergebnis erhält, mit einer Geschlechtskrankheit infiziert zu sein – spät abends, auf der Toilette eines Nachtclubs, unter Alkoholeinfluss –, während draußen vor der Tür ein hoffnungsvoller Mensch anderen Geschlechts, sein eigenes negatives Testresultat in Händen, ungeduldig auf sie oder ihn wartet. Natürlich ist dies nicht wirklich ein ökonomisches Thema, aber es scheinen mir doch höchst ungünstige Umstände, um zu entdecken, dass man an einer Geschlechtskrankheit leidet.

Wenn diese Technologie mehr junge Leute dazu ermutigt,

sich auf unsichere Sexpraktiken einzulassen, dann wird dieses Produkt – selbst wenn es zu 100 Prozent korrekt und wirklich immer angewendet wird – die Infektionsraten anderer Krankheiten erhöhen, die das Handy nicht prüfen kann (beispielsweise Syphilis oder HIV), sowie zu mehr ungewollten Schwangerschaften führen. Nicht korrekt angewendet könnte es zudem sogar Chlamydien- und Gonorrhö-Infektionen weiterverbreiten helfen.

In Kapitel 1 (siehe S. 28) habe ich vorausgesagt, dass die Verfügbarkeit von Verhütungsmethoden für den Mann die Möglichkeit der Frauen unterminieren würde, über die Verwendung von Kondomen zu verhandeln, und außerdem zu einem Anstieg der Verbreitung von Geschlechtskrankheiten führen würde. Nun glaube ich zwar nicht, dass diese Verhütungsmethode die Promiskuität in demselben Maße steigern werden, wie es die Verhütungsmittel für Frauen in den 1960er- und 1970er-Jahren taten, doch es gibt einen Markt, auf dem Menschen ihr Verhalten aufgrund ihrer Verfügbarkeit sehr wohl verändern könnten, und dies ist der Teenager-Sexmarkt.

Am besten erklärt man das so, dass jeder, der sich vorstellen kann, eine Tochter im Teenageralter zu haben, es versteht.

Stellen Sie sich also vor, Ihre Tochter hat einen Freund, der sie seit Längerem bedrängt, mit ihm zu schlafen. Sie ist jedoch noch nicht wirklich so weit, diesen Schritt zu tun, und konnte ihn bisher damit hinhalten, dass sie ihn daran erinnerte, wie sehr eine ungewollte Schwangerschaft ihrer beider Leben verkomplizieren würde. Eines Abends erzählt er ihr nun, er hätte eine Behandlung vornehmen lassen, die ihn mindestens für die nächsten sechs Monate absolut steril mache.

Welche Verhandlungsposition hat sie jetzt noch?

Wenn man männliche Geburtenkontrolle männlichen Teenagern zugänglich macht, könnte daraus resultieren, dass das Alter, in dem Teenager ihre ersten sexuellen Erfahrungen machen, sinkt. Ich habe gesagt, dass es keinen Beweis dafür gibt, dass der frühe Verlust von Jungfräulichkeit (ohne Schwangerschaft) in irgendeiner messbaren Weise schädlich wäre. Dennoch steht frühzeitiger Sex in enger Beziehung zu mehr sexuellen »Ereignissen« während der Schulzeit. Wenn jedes zusätzliche Sex-Ereignis ein erhöhtes Risiko für Ansteckung und Schwangerschaft birgt, dann haben Verhütungsmethoden für den Mann das Potenzial, sowohl die Erkrankungsraten als auch die Schwangerschaftsraten zu steigern. Und dies in einer Gesellschaft, die bereits jetzt schwer risikobehaftet ist, selbst wenn sich der Einsatz von Kondomen nicht ändert.

Natürlich hängt die Annahme, dass sich keine Änderungen bei der Verwendung von Kondomen ergeben, mit der Bereitschaft männlicher Teenager zusammen, diese auch dann zu benutzen, wenn sie wissen, dass die Gefahr einer Schwangerschaft gegen null geht. Und nun überlegen Sie einmal selbst, welcher Prozentsatz von jungen Männern sich dafür entscheiden wird.

Es liegt mir fern, gegen diese Technologien zu predigen. Ich bin nur einfach der Ansicht, dass wir uns, bevor wir neue Technologien aufgreifen, die entweder die Verbreitung von Geschlechtskrankheiten oder die Anzahl ungewollter Schwangerschaften zu mindern versprechen, darüber im Klaren sein müssen, dass die Bereitstellung neuer Technologien immer auch Auswirkungen auf das menschliche Verhalten hat. Wenn dieses neue Verhaltensmuster dem primären Ziel der neuen Technologien entgegenläuft, können sie nicht der Schlüssel zur Lösung von Problemen sein, zu deren Lösung sie eigentlich entwickelt wurden.

Wenn Sie das, was ich sage, in Zweifel ziehen, schauen Sie sich einfach einmal an, wie stark die Zahl außerehelicher Schwangerschaften in den Jahren nach der Bereitstellung wirklich sicherer Verhütungsmittel angestiegen ist.

Wachsende Bildungskluft zwischen Männern und Frauen

Wie wir alle wissen, begann Ende der 1980er-Jahre die Zahl weiblicher College-Studenten die ihrer männlichen Kommilitonen zu übersteigen. Und nichts weist darauf hin, dass sich dieser Trend – hin zu mehr Frauen, und zwar auf allen Bildungsebenen – in absehbarer Zeit ändern wird.

Da wir bereits darüber gesprochen haben, welche Auswirkungen dieses Geschlechter-Ungleichgewicht auf das Sexualverhalten auf dem College-Campus hat – eine wachsende Promiskuität und weniger traditionelles Dating-Verhalten –, dachte ich, wir sollten auch einmal darüber reden, wie dieses Ungleichgewicht eine andere Gruppe von Frauen beeinflusst, und zwar diejenigen, die keine höhere Schulbildung haben.

Die meisten Frauen und Männer schieben Heirat und Familiengründung auf, bis sie ihre Ausbildung abgeschlossen haben. Daher heiraten weniger gebildete Menschen im Durchschnitt früher als Menschen mit höherer Bildung. Heutzutage, wo mehr Frauen als Männer studieren, haben Frauen, die ihre Ausbildung mit der Highschool abschließen, einen anfänglichen Vorteil auf dem Heiratsmarkt. Das hängt nicht nur damit zusammen, dass sie auf den weitaus größeren Pool von weniger gebildeten Männern zurückgreifen können, sondern auch damit, dass die Geschlechter-Unausgewogenheit auf dem Nicht-Studierenden-Markt Frauen zunehmend Macht verleiht und – zumindest theoretisch – den Level traditioneller Dates auf diesem Markt erhöhen sollte.

Langfristig werden weniger gebildete Frauen jedoch deutlich häufiger geschieden und haben eine weitaus geringere Aussicht, nach Ende ihrer ersten Ehe eine neue Ehe einzugehen. Das heißt, dass zu der Zeit, zu der Universitätsabsolventinnen auf den Heiratsmarkt strömen, dieser Markt sowohl aus gebildeten Männern als auch aus denjenigen weniger gebildeten Männern besteht, die unverheiratet sind, weil sie entweder ledig geblieben oder bereits wieder geschieden sind. Und gebildete Frauen, das haben wir gesehen, beschränken ihre Suche heute keineswegs mehr auf Männer, die älter sind als sie selbst.

Angesichts der Tatsache, dass die Zahl gebildeter Frauen, die jüngere, weniger gebildete Männer heiraten, steigt, stehen junge Frauen, die nicht aufs College gehen, auf dem Heiratsmarkt heute in Konkurrenz zu älteren, besser ausgebildeten Frauen.

Wenn es stimmt, dass in unserem Wirtschaftsraum Familien mehr Wert darauf legen, eher gut ausbildete als viele Kinder zu haben, und dass gebildete Mütter eher dazu neigen, gut ausgebildete Kinder zu haben, dann fällt der Marktwert weniger gebildeter Frauen sogar noch weiter. Das hängt damit zusammen, dass gebildete Männer ihre Präferenz weg von jüngeren, fruchtbareren Frauen hin zu gebildeten, geringfügig älteren Ehefrauen verlagern.

Die Tatsache, dass mehr Frauen als Männer höhere Bildungsanstalten besuchen, macht es für weniger gebildete Frauen zunehmend schwerer, auf dem Heiratsmarkt zu konkurrieren, und zwingt sie dazu, sich entweder für einen Niedrig-Niveau-Partner zu entscheiden (das heißt, eine geringwertige Ehe einzugehen) oder unverheiratet zu bleiben. Da die Heiratsquote dieser Frauen bereits im Rückgang begriffen ist, scheint es, dass viele lieber Single bleiben, als sich auf eine nicht zufriedenstellende Ehe einzulassen – selbst wenn dies bedeutet, dass sie ihre Kinder als Alleinerziehende durchbringen müssen.

Wie wir gesehen haben, sind Frauen, die wenig Grund zu der Annahme haben, irgendwann einmal zu heiraten, eher bereit, sich auf riskanteres Sexualverhalten einzulassen. Diese Reaktion auf schlechte Heiratschancen erklärt, zumindest zum Teil, die zahlreichen Teenager-Schwangerschaften und die Verbreitung von Geschlechtskrankheiten unter wirtschaftlich an den Rand gedrängten Frauen.

Nichts von all dem Gesagten ist wirklich neu, doch es ist ein Fingerzeig hin zu einer Vorhersage, wie sich die gesellschaftlichen Normen in der Zukunft als indirekte Folge der wachsenden Bildungskluft entwickeln werden.

Der jüngste Anstieg bei der Bereitschaft gebildeter Frauen, weniger gebildete Männer, jüngere und/oder einkommensschwächere Männer zu heiraten, fördert die Entwicklung gesellschaftlicher Normen in demselben Maße, in dem sich gesellschaftliche Normen während der sexuellen Revolution ver ändert haben. Dieser Wandel gesellschaftlicher Normen, der direkt aus dem veränderten Einschreibeverhalten an Universitäten resultiert, hat das Potenzial, Geschlechterbeziehungen zu revolutionieren, und wird die traditionellen gesellschaftlichen Ansichten in puncto Männlichkeit und Weiblichkeit auf den Prüfstand stellen.

Doch während gebildete Frauen dadurch die Freiheit gewinnen zu heiraten, wen immer sie wollen, zieht dieselbe Entwicklung weniger gebildete Frauen vom Heiratsmarkt ab und führt unter Umständen dazu, dass mehr Kinder in Armut aufwachsen.

Eine mögliche Lösung besteht nun freilich darin, wohlhabenden Männern die Ehe mit mehreren Frauen zu gestatten – das heißt die institutionalisierte Polygamie.

Ich habe argumentiert, dass Ungleichverteilung zugunsten der Männer die Polygamie fördert, während Ungleichverteilung zugunsten der Frauen die Monogamie begünstigt, deshalb ist der Hinweis, dass Polygamie die Lösung für die wachsende weibliche Bildungsungleichheit sein könnte, unlogisch. Doch die Behauptung, dass Ungleichverteilung zugunsten der Frauen die Monogamie bekräftigt, hängt von der Annahme ab, dass gebildete Frauen relativ selten sind, was heute nicht mehr zutrifft. Und dies wiederum legt nahe, dass es sich wohlhabende Männer mit der Zeit werden leisten können, mehrere gebildete Frauen zu haben.

Die Bildung von Frauen in wirtschaftlich unterentwickelten Ländern zu fördern sollte der Polygamie entgegenwirken, doch wenn Frauen in einem weit höheren Maße Bildung genießen als Männer, könnte dies durchaus zu einer Bewegung führen, die die Institutionalisierung von Polygamie in Industrieländern unterstützt.

Eine letzte Folgerung dieser Geschichte ist, dass die wachsende Bildungskluft zu der ohnehin wachsenden Einkommenskluft zwischen Arm und Reich beitragen wird. Denn auch wenn Frauen eine höhere Bildung besitzen, werden Männer generell besser bezahlt als Frauen. Als Folge davon werden Haushalte, in denen die Frau besser ausgebildet ist als ihr Ehemann, gewöhnlich ein deutlich höheres Einkommen haben als Haushalte, in denen die Frau schlechter ausgebildet ist als ihr Ehemann, da im erstgenannten Haushalt zwei gut Verdienende zusammenkommen.

Da immer mehr Haushalte in die erste Kategorie fallen – in der die Frau höhergebildet ist als ihr Ehemann – wird auch die Schere zwischen Reich und Arm immer weiter auseinanderklaffen.

Zu guter Allerletzt

Ich habe argumentiert, dass nahezu jede Option, jede Entscheidung und jedes Resultat in Sachen Sex und Liebe leichter verständlich wird, wenn man es unter ökonomischen Rahmenbedingungen betrachtet. Egal ob Sie das überzeugt hat oder nicht, ich hoffe, dass das, was ich in diesem Buch erzählt habe – Fiktionales, Empirisches und Theoretisches –, Sie zumindest davon überzeugt, dass wir alle unser ganzes Leben lang auf unserem eigenen Markt für Sex und Liebe spielen. Schließlich und endlich hoffe ich, dass Sie auf Ihrem eigenen Markt einen Käufer gefunden haben, der Ihren Reservierungswert für einen Partner deutlich übersteigt. Nicht umsonst bin ich im Herzen eine absolute Romantikerin.

Da wir über makroökonomische Variablen gesprochen haben, dachte ich mir, ich könnte mit einer Idee abschließen, die eine Gruppe begeisterter Studenten meines »Wirtschaft, Sex und Liebe«-Seminars entwickelt hat. Dabei geht es nicht darum, wie makroökonomische Variablen das Sexualverhalten beeinflussen können, sondern darum, wie das Sexualverhalten makroökonomische Variablen leichter verständlich macht.

Sie haben vielleicht schon einmal vom Big-Mac-Index gehört, den die britische Wochenzeitschrift *The Economist* jährlich erhebt und veröffentlicht. Dahinter steht der Gedanke, die Wechselkurstheorie greifbarer zu machen, indem man den Lesern ein anschauliches Beispiel dafür präsentiert, wie Kaufkraftparität (die Theorie, derzufolge Wechselkurse zwischen Währungen schwanken, um Preisniveauunterschiede für bestimmte identische Waren und Dienstleistungen auszugleichen) weltweit funktioniert. Der *Economist* tut dies, indem er den Preis für ein einheitliches Handelsprodukt – einen Big Mac – in rund 120 Ländern vergleicht. Dahinter steckt der Gedanke, dass man wenn man den jeweiligen Preis für einen Big Mac in US-Dollar umrechnet, in der Lage sein sollte festzustellen, ob die Währung eines Landes gegenüber dem US-Dollar über- oder unterbewertet ist.

Und jetzt kommt die grandiose Idee: der Blowjob-Index.

Blowjobs (Fellatio) sind, so nehme ich jedenfalls an, eine relativ einheitliche Dienstleistung und sollten insofern mindestens ebenso handelbar sein wie ein Big Mac. Schließlich bin ich sicher, dass Prostituierte häufiger einer besseren Bezahlung wegen ins Ausland ziehen als McDonald's-Mitarbeiter. Und während Touristen bei einem Auslandsaufenthalt vielleicht bei McDonald's einkehren, werden sie sich mit Sicherheit nicht bevorzugt in die Länder begeben, in denen Big Macs am preisgünstigsten zu haben sind. Es gibt ungleich mehr Sex-Touristen als Big-Mac-Touristen. Die beiden ausschlaggebenden Faktoren – Angebot und Nachfrage – sollten den Preis eines Blowjobs also mindestens ebenso international vergleichbar machen wie den Preis eines Big Mac.

Bisher liegt noch kein Nachweis dafür vor, aber ich denke, wenn wir diesen Index erheben würden, würden wir herausfinden, dass die Preise für diese einheitliche Dienstleistung zwischen einzelnen Ländern gravierende Unterschiede aufweisen. Es mag bei der Produktion eines Blowjobs nur einen Input geben (die Prostituierte), doch tragen noch zahlreiche andere Faktoren dazu bei, wie teuer ein Blowjob in den einzelnen Ländern ist.

Beispielsweise sollten gesellschaftliche Normen rund um Gelegenheitssex den Marktwert eines Blowjobs beeinflussen, weshalb wir die Preise in Städten, in denen Gelegenheitssex kostenlos erhältlich ist, anpassen müssten. Auch Eheinstitutionen spielen sicher eine Rolle, weshalb wir die Preise in polygamen Gesellschaften anpassen müssten. Ebenso wenn ein Frauenüberschuss herrscht. Und wenn ausländische Ehefrauen kostengünstig eingeführt werden können. Und wenn Internettechnologie die Suche nach Blowjobs kostengünstiger werden lässt.

Ich denke, Sie haben verstanden, wie es funktioniert. Viele

der volkswirtschaftlichen Umstände, die die informellen Märkte für Sex und Liebe beeinflussen, über die wir gesprochen haben, beeinflussen auch einen anderen Markt für Sex – einen, in dem der Preis sehr viel leichter zu ermitteln ist – den Sex-Handel.

Vielleicht ein Thema, das wir ein andermal fortführen können.

Bibliografie

Abma, J. C., G. M. Martinez, C. E. Copen, »Teenagers in the United States: Sexual Activity, Contraceptive Use, and Childbearing, National Survey of Family Growth 2006–2008«, *Vital and Health Statistics* 23, Nr. 30 (2010), 1–47.

Adshade, Marina E., Brooks A. Kaiser, »The Origins of the Institutions of Marriage.« Queen's University, Department of Economics Working Paper Nr. 1180, 2012.

Alan Guttmacher Institute, »U.S. Teenage Pregnancies, Births and Abortions: National and State Trends and Trends by Race and Ethnicity«, www.guttmacher.org, Januar 2010.

Alterovitz, Sheyna Sears-Roberts, Gerald A. Mendelsohn, »Partner Preferences across the Life Span: Online Dating by Older Adults«, *Psychology and Aging* 24, Nr. 2 (2009), 513.

Alvergne, Alexandra, Virpi Lummaa, »Does the Contraceptive Pill Alter Mate Choice in Humans?« *Trends in Ecology & Evolution* 25, Nr. 3 (2010), 171–179.

American Society of Plastic Surgeons, »Plastic Surgery Rebounds Along with Recovering Economy«, www.plasticsurgery.org, 2011.

Anik, Lalin, Michael I. Norton. »The Happiness of Match-making«, unveröffentlichtes Manuskript 2011.

Arcidiacono, Peter, Ahmed Khwaja, Lijing Ouyang, »Habit Persistence and Teen Sex: Could Increased Access to Contraception Have Unintended Consequences for Teen Pregnancies?«, unveröffentlichtes Manuskript 2007.

Arcidiacono, Peter, Andrew W. Beauchamp, Marjorie B. McElroy, »Terms of Endearment: An Equilibrium Model of Sex and Matching«, National Bureau of Economic Research Working Paper Nr. 16517, 2010.

Ariely, Dan, George Loewenstein, »The Heat of the Moment: The Effect of Sexual Arousal on Sexual Decision Making«, *Journal of Behavioral Decision Making* 19, Nr. 2 (2006), 87–98.

Banerjee, Abhijit, Esther Duflo, Maitreesh Ghatak, Jeanne Lafortune, »Marry for What? Caste and Mate Selection in Modern India«, National Bureau of Economic Research Arbeitspapier Nr. 14958, 2009.

Baumeister, Roy F., and Juan P. Mendoza, »Cultural Variations in the Sexual Marketplace: Gender Equality Correlates with More Sexual Activity«, *The Journal of Social Psychology* 151, Nr. 3 (2011), 350–360.

Baunach, Dawn Michelle, »Decomposing Trends in Attitudes Toward Gay Marriage, 1988–2006«, *Social Science Quarterly,* 92, Nr. 2 (2011), 346–363.

Beach, F. A., L. Jordan, »Sexual Exhaustion and Recovery in the Male Rat«, *Quarterly Journal of Experimental Psychology* 8, Nr. 3 (1956), 121–133.

Becker, Gary S., *A Treatise on the Family,* Cambridge, MA: Harvard University Press, 1991.

Belot, Michèle, Jan Fidrmuc, »Anthropometry of Love: Height and Gender Asymmetries in Interethnic Marriages«, *Economics & Human Biology* 8, Nr. 3 (2010), 361–372.

Bertocchi, Graziella, Marianna Brunetti, Costanza Torricelli, »Marriage and Other Risky Assets: A Portfolio Approach«, *Journal of Banking & Finance* 35, Nr. 11 (2011), 2902–2915.

Blanchflower, David G., Andrew J. Oswald, »Money, Sex, and Happiness: An Empirical Study«, *Scandinavian Journal of Economics* 106, Nr. 3 (2004), 393–415.

Brooks, Taggert J., »In Da Club: An Econometric Analysis of Strip Club Patrons«, unveröffentlichtes Manuskript 2007.

Brown, Heather, »Marriage, BMI and Wages: A Double Selection Approach«, *Scottish Journal of Political Economy* 58, Nr. 3 (2011), 347–377.

Bruze, Gustaf, »Marriage Choices of Movie Stars: Does Spouse's Education Matter?«, *Journal of Human Capital* 5, Nr. 1 (2011), 1–28.

Buss, David M., *The Dangerous Passion: Why Jealousy Is as Necessary as Love and Sex.* New York: The Free Press, 2000.

Cameron, Samuel, »The Economic Model of Divorce: The Neglected Role of Search and Specific Capital Formation«, *Journal of Socio-economics* 32, Nr. 3 (2003), 303–316. »The Economics of Partner Out Trading in Sexual Markets.«, *Journal of Bioeconomics* 4, Nr. 3 (2002), 195–222.

Card, David, and Laura Giuliano, »Peer Effects and Multiple Equilibria in the Risky Behavior of Friends«, National Bureau of Economic Research Working Paper, Nr. 17088, 2011.

Center for Sexual Health Promotion, *National Survey of Sexual Health and Behavior (NSSHB),* www.national-sexstudy.indiana.edu/, 2012.

Central Intelligence Agency, *CIA World Factbook,* https://www.cia.gov/library/publications/the-world-factbook. Washington: Central Intelligence Agency, 2012.

Charles, Kerwin K., Erik Hurst, Alexandra Killewald, »Marital Sorting and Parental Wealth«, National Bureau of Economic Research Working Paper, Nr. 16748, 2011.

Charles, Kerwin K., Ming Ching Luoh, »Male Incarceration, the Marriage Market, and Female Outcomes«, *The Review of Economics and Statistics* 92, Nr. 3 (2010), 614–627.

Chesson, Harrell, Paul Harrison, William Kassler, »Sex under the Influence: The Effect of Alcohol Policy on Sexually Transmitted Disease Rates in the United States«, *Journal of Law and Economics* 43, Nr. 1 (2000), 215–238.

Chu, Simon, Danielle Farr, John E. Lycett, Luna Muñoz, »Interpersonal Trust and Market Value Moderates the Bias in Women's Preferences Away from Attractive High-Status Men«, *Personality and Individual Differences* 51, Nr. 2 (2011), 143–147.

Coleman, Martin D., »Sunk Cost and Commitment to Dates Arranged Online«, *Current Psychology* 28, Nr. 1 (2009), 45–54.

Coles, Melvyn G., Marco Francesconi, »On the Emergence of Toyboys: The Timing of Marriage with Aging and Uncertain Careers«, *International Economic Review* 52, Nr. 3 (2011), 825–853.

Cowan, Benjamin W., »Forward-Thinking Teens: The Effects of College Costs on Adolescent Risky Behavior«, *Economics of Education Review* 23 (2011), 133–141.

Cox, Donald, »The Evolutionary Biology and Economics of Sexual Behavior and Infidelity«, unveröffentlichtes Manuskript (2009).

Daneshvary, Nasser, Jeffrey Waddoups, Bradley S. Wimmer. »Previous Marriage and the Lesbian Wage Premium«, *Industrial Relations: A Journal of Economy and Society* 48, Nr. 3 (2009), 432–453.

DeSimone, Jeffrey S., »Binge Drinking and Risky Sex among College Students«, National Bureau of Economic Research Working Paper, Nr. 15953, 2010.

Dessy, Sylvain, Habiba Djebbari, »High-Powered Careers and Marriage: Can Women Have It All?«, *The B.E. Journal of Economic Analysis & Policy* 10, Nr. 1 (2010).

D'Orlando, Fabio, »Swinger Economics«, *Journal of Socioeconomics* 39, Nr. 2 (2010), 295–305.

Dupas, Pascaline, »Do Teenagers Respond to HIV Risk Information? Evidence from a Field Experiment in Kenya«, National Bureau of Economic Research Working Paper, Nr. 14707, 2009.

Edlund, Lena, »Sex and the City«, *The Scandinavian Journal of Economics* 107, Nr. 1 (2005), 25–44.

Edlund, Lena, Evelyn Korn, »A Theory of Prostitution«, *Journal of Political Economy* 110, Nr. 1 (2002), 181–214.

Elmslie, Bruce, Edinaldo Tebaldi, »So, What Did You Do Last Night? The Economics of Infidelity«, *Kyklos* 61, Nr. 3 (2008), 391–410.

Farnham, Martin, Lucie Schmidt, Purvi Sevak. »House Prices and Marital Stability«, *American Economic Review* 101, Nr. 3 (2011), 615–619.

Fernández-Villaverde, Jesús, Jeremy Greenwood, and Nezih Guner, »From Shame to Game in One Hundred Years: An Economic Model of the Rise in Premarital Sex and Its Destigmatization«, National Bureau of Economic Research Working Paper, Nr. 15677, 2010.

Fiore, Andrew, Lindsay Shaw Taylor, Gerald Mendelsohn, Marti Hearst, »Assessing Attractiveness in Online Dating Profiles«, Paper presented at Proceeding of the Twenty-Sixth Annual SIGCHI Conference on Human Factors in Computing Systems, 2008.

Fiore, Andrew, Lindsay Shaw Taylor, X. Zhong, Gerald Mendelsohn, Coye Cheshire, »Whom We (Say We) Want: Stated and Actual Preferences in Online Dating«, Poster, präsentiert auf der 11. Jahreshauptversammlung der Society for Personality and Social Psychology, Las Vegas, NV, 2010.

Fisman, Raymond, Sheena S. Iyengar, Emir Kamenica, Itamar Simonson, »Racial Preferences in Dating«, *Review of Economic Studies* 75, Nr. 1 (2008), 117–132.

Francis, Andrew M., Hugo M. Mialon, »Tolerance and HIV«, *Journal of Health Economics* 29, Nr. 2 (2010), 250–267.

Fry, Richard, D'Vera Cohn, »New Economics of Marriage: The Rise of Wives«, *Pew Research Center Publications,* 2010.

»Women, Men, and the New Economics of Marriage«, *Pew Research Center Publications,* 2010.

Furtado, Delia, Nikolaos Theodoropoulos, »Interethnic Marriage: A Choice between Ethnic and Educational Similarities«, *Journal of Population Economics* 24, Nr. 4 (2011), 1257–1279.

Gooding, Gretchen E., Rose M. Kreider, »Women's Marital Naming Choices in a Nationally Representative Sample«, *Journal of Family Issues* 31, Nr. 5 (2010), 681–701.

Gould, Eric D., Omer Moav, Avi Simhon, »The Mystery of Monogamy«, *American Economic Review* 98, Nr. 1 (2008), 333–357.

Greenwood, Jeremy, Ananth Seshadri, Mehmet Yorukoglu, »Engines of Liberation«, *Review of Economic Studies* 72, Nr. 1 (2005), 109–133.

Greenwood, Jeremy, Nezih Guner, »Social Change: The Sexual Revolution«, *International Economic Review* 51, Nr. 4 (2010), 893–923.

Hankins, Scott, and Mark Hoekstra, »Lucky in Life, Unlucky in Love? The Effect of Random Income Shocks on Marriage and Divorce«, *Journal of Human Resources* 46, Nr. 2 (2011), 403–426.

Haselton, Martie G., Geoffrey F. Miller, »Women's Fertility across the Cycle Increases the Short-Term Attractiveness of Creative Intelligence«, *Human Nature* 17, Nr. 1 (2006), 50–73.

Hassan, Mohamed A. M., Stephen R. Killick, »Effect of Male Age on Fertility: Evidence for the Decline in Male

Fertility with Increasing Age«, *Fertility & Sterility* 79 (2003), 1520–1527.

Hazan, Moshe, Hosny Zoabi, »Do Highly Educated Women Choose Smaller Families?«, Centre for Economic Policy Research, Discussion Paper, Nr. 8590, 2011.

Heckman, James J., Paul A. LaFontaine, »The American High School Graduation Rate: Trends and Levels«, National Bureau of Economic Research Working Paper, Nr. 13670, 2007.

Hellerstein, Judith K., Melinda S. Morrill. »Booms, Busts, and Divorce«, *The B.E. Journal of Economic Analysis & Policy* 11, Nr. 1 (2011), 54.

Herpin, Nicolas, »Love, Careers, and Heights in France, 2001«, *Economics & Human Biology* 3, Nr. 3 (2005), 420–449.

Hersch, Joni, »Compensating Differentials for Sexual Harassment«, *American Economic Review* 101, Nr. 3 (2011), 630–634.

Hitsch, Günter J., Ali Hortaçsu, Dan Ariely, »Matching and Sorting in Online Dating«, *American Economic Review* 100, Nr. 1 (2010), 130–163.
»What Makes You Click? Mate Preferences in Online Dating«, *Quantitative Marketing and Economics* 8, Nr. 4 (2010), 393–427.

Hogan, Bernie, Nai Li, William H. Dutton, »A Global Shift in the Social Relationships of Networked Individuals: Meeting and Dating Online Comes of Age«, *Feedback* 287 (2011), 211.

Janssens, Kim, Mario Pandelaere, Bram Van den Bergh, Kobe Millet, Inge Lens, Keith Roe, »Can Buy Me Love:

Mate Attraction Goals Lead to Perceptual Readiness for Status Products«, *Journal of Experimental Social Psychology* 47, Nr. 1 (2011), 254–258.

Kanazawa, Satoshi, Mary C. Still, »Why Monogamy?« *Social Forces* 78 (1999), 25–50.
»The Emergence of Marriage Norms: An Evolutionary Psychological Perspective«, in: *Social Norms,* Michael Hechter und Karl-Dieter Opp (Hg.), 274–304, Russell Sage Foundation, New York 2001.

Kearney, Melissa Schettini, Phillip B. Levine, »Early Nonmarital Childbearing and the ›Culture of Despair‹«, National Bureau of Economic Research Working Paper, Nr. 17157, 2011.

Kendall, Todd D., »Pornography, Rape, and the Internet«, Paper presented at Law and Economics Seminar Fall Term, 2006.
»The Relationship between Internet Access and Divorce Rate«, *Journal of Family and Economic Issues* 32, Nr. 3 (2011), 449–460.

Kerkhof, Peter, Catrin Finkenauer, Linda D. Muusses, »Relational Consequences of Compulsive Internet Use: A Longitudinal Study among Newlyweds«, *Human Communication Research* 37, Nr. 2 (2011), 147–173.

Kim, Jane, »Trafficked: Domestic Violence, Exploitation in Marriage, and the Foreign-Bride Industry«, *Virginia Journal of International Law* 51, Nr. 2 (2010), 443–506.

Kippen, Rebecca, Bruce Chapman, Peng Yu, »What's Love Got to Do with It? Homogamy and Dyadic Approaches to Understanding Marital Instability«, Arbeitspapier, präsentiert auf der Biennial HILDA Survey Research Conference, 2009.

Klofstad, Casey A., Rose McDermott, Peter K. Hatemi, »Do Bedroom Eyes Wear Political Glasses? The Role of Politics in Human Mate Attraction«, *Evolution and Human Behavior* 33. Nr. 2 (2012), 100–108.

Kopp, Marie E., *Birth Control in Practice: Analysis of Ten Thousand Case Histories of the Birth Control Clinical Research Bureau.* New York: Arno Press, 1972.

Kreider, Rose M., »Increase in Opposite-Sex Cohabiting Couples from 2009 to 2010«, *Annual Social and Economic Supplement (ASEC) to the Current Population Survey (CPS),* 2010.

Lagerlöf, Nils-Petter, »Pacifying Monogamy«, *Journal of Economic Growth* 15, Nr. 3 (2010), 235–262.

Lee, Leonard, George Loewenstein, Dan Ariely, James Hong, Jim Young, »If I'm Not Hot, Are You Hot or Not?« *Psychological Science* 19, Nr. 7 (2008), 669–677.

Lee, Soohyung, Muriel Niederle, Hye-Rim Kim, Woo-Keum Kim, »Propose with a Rose? Signaling in Internet Dating Markets«, National Bureau of Economic Research Working Paper, Nr. 17340, 2011.

Levine, Adam, Robert Frank, Oege Dijk, »Expenditure Cascades«, unveröffentlichtes Manuskript, 2010.

Logan, J. A., P. D. Hoff, M. A. Newton, »Two-Sided Estimation of Mate Preferences for Similarities in Age, Education, and Religion«, *Journal of the American Statistical Association* 103, Nr. 482 (2008), 559–569.

Luci, A., O. Thévenon, »La Fécondité Remonte dans les Pays de l'OCDE: Est-ce dû au Progrès Économique?«, *Bulletin Mensuel d'Information de l'Institut National d'Études Démographiques* 481 (2011).

Mather, Mark, Diana Lavery, »In U.S., Proportion Married at Lowest Recorded Levels«, Population Reference Bureau, Washington, 2010.

McIntosh, William D., Lawrence Locker, Katherine Briley, Rebecca Ryan, Alison J. Scott, »What Do Older Adults Seek in Their Potential Romantic Partners? Evidence from Online Personal Ads«, *The International Journal of Aging and Human Development* 72, Nr. 1 (2011), 67–82.

Mechoulan, Stéphane, »The External Effects of Black-Male Incarceration on Black Females«, *Journal of Labor Economics* 29, Nr. 1 (2011), 1–35.

Mialon, Hugo M., »The Economics of Faking Ecstasy«, *Economic Inquiry* 50, Nr. 1 (2012), 277–285.

Miller, Bonnie B., David N. Cox, Elizabeth M. Saewyc, »Age of Sexual Consent Law in Canada: Population-Based Evidence for Law and Policy«, *The Canadian Journal of Human Sexuality* 19, Nr. 3 (2010).

Negrusa, Brighita, Sonia Oreffice, »Sexual Orientation and Household Financial Decisions: Evidence from Couples in the United States«, *Review of Economics of the Household* 9, Nr. 4 (2011), 445–463.

Noordewier, Marret K., Femke van Horen, Kirsten I. Ruys, Diederik A. Stapel, »What's in a Name? 361 708 Euros: The Effects of Marital Name Change«, *Basic and Applied Social Psychology* 32, Nr. 1 (2010), 17–25.

Oreffice, Sonia, »Sexual Orientation and Household Decision Making: Same-Sex Couples' Balance of Power and Labor Supply Choices«, *Labour Economics* 18, Nr. 2 (2011), 145–158.

Oreopoulos, Philip, Kjell G. Salvanes, »Priceless: The Nonpecuniary Benefits of Schooling«, *Journal of Economic Perspectives* 25, Nr. 1 (2011), 159–184.

Padian, N. S., S. C. Shiboski, S. O. Glass, E. Vittinghoff, »Heterosexual Transmission of Human Immunodeficiency Virus (HIV) in Northern California: Results from a Ten-Year Study«, *American Journal of Epidemiology* 146, Nr. 4 (1997), 350–357.

Pillsworth, Elizabeth G., Martie G. Haselton, »Male Sexual Attractiveness Predicts Differential Ovulatory Shifts in Female Extra-Pair Attraction and Male Mate Retention«, *Evolution and Human Behavior* 27, Nr. 4 (2006), 247–258.

Previti, Denise, Paul R. Amato, »Is Infidelity a Cause or a Consequence of Poor Marital Quality?«, *Journal of Social and Personal Relationships* 21, Nr. 2 (2004), 217–230.

Puts, D. A., L. L. M. Welling, R. P. Burriss, K. Dawood, »Men's Masculinity and Attractiveness Predict their Female Partners' Reported Orgasm Frequency and Timing«, *Evolution and Human Behavior,* 33, Nr. 1 (2011), 1–9.

Regnerus, Mark, Jeremy Uecker, *Premarital Sex in America: How Young Americans Meet, Mate, and Think about Marrying.* Oxford: Oxford University Press, 2011.

Rotermann, M., »Trends in Teen Sexual Behaviour and Condom Use«, *Health Reports* 19, Nr. 3 (2008), 53–58.

Sabia, Joseph J., Daniel I. Rees, »Boys Will Be Boys: Are There Gender Differences in the Effect of Sexual Abstinence on Schooling?«, *Health Economics* 20, Nr. 3 (2011), 287–305.

Santelli, John S., Andrea J. Melnikas, »Teen Fertility in Transition: Recent and Historic Trends in the United States«, *Annual Review of Public Health* 31 (2010), 371–383.

Schick, V., D. Herbenick, M. Reece, S. A. Sanders, B. Dodge, S. E. Middlestadt, J. D. Fortenberry, »Sexual Behaviors, Condom Use, and Sexual Health of Americans over 50: Implications for Sexual Health Promotion for Older Adults«, *Journal of Sexual Medicine* 7 (2010), 315–329.

Schilt, Kristen, »Just One of the Guys? How Transmen Make Gender Visible at Work«, *Gender & Society* 20, Nr. 4 (2006): 465–490.

Schmitt, David P., »Sociosexuality from Argentina to Zimbabwe: A Forty-Eight-Nation Study of Sex, Culture, and Strategies of Human Mating«, *Behavioral and Brain Sciences* 28, Nr. 2 (2005), 247–275.

Sen, Anindya, May Luong, »Estimating the Impact of Beer Prices on the Incidence of Sexually Transmitted Diseases: Cross-Province and Time Series Evidence from Canada«, *Contemporary Economic Policy* 26, Nr. 4 (2008), 505–517.

Sen, Anindya, Marcel Voia, Frances Woolley, »The Effect of Hotness on Pay and Productivity«, Carleton University, Dept. of Economics Working Paper, Nr. 10–07, 2010.

Shaw, George Bernard, *Man and Superman; a Comedy and a Philosophy*. Cambridge, MA: The University Press, 1903.

Singh, S., G. Sedgh, and R. Hussain, »Unintended Pregnancy: Worldwide Levels, Trends, and Outcomes«, *Studies in Family Planning* 41, Nr. 4 (2010), 241–250.

Sinning, Mathias, Shane M. Worner, »Inter-Ethnic Marriage and Partner Satisfaction«, Ruhr Economic Working Paper, Nr. 221, 2010.

Skopek, J., F. Schulz, H. P. Blossfeld, »Who Contacts Whom? Educational Homophily in Online Mate Selection.« *European Sociological Review* 27, Nr. 2 (2011), 180–195.

Stevenson, Betsey, Justin Wolfers, »Marriage and Divorce: Changes and Their Driving Forces«, National Bureau of Economic Research Working Paper, Nr. 12944, 2007. »Bargaining in the Shadow of the Law: Divorce Laws and Family Distress«, *Journal of Economics* 121, Nr. 1 (2006), 267–288.

Stoker, Janka I., J. Jordan, Monique Pollmann, Joris Lammers, Diederik A. Stapel, »Power Increases Infidelity among Men and Women«, *Psychological Science* 22, Nr. 9 (2011), 1191–1197.

Taylor, Jacqueline Sánchez, »Dollars Are a Girl's Best Friend? Female Tourists' Sexual Behaviour in the Caribbean«, *Sociology* 35, Nr. 3 (2001), 749–764.

Toma, Catalina L., Jeffrey T. Hancock, »Looks and Lies: The Role of Physical Attractiveness in Online Dating Self-Presentation and Deception«, *Communication Research* 37, Nr. 3 (2010), 335–351.

Uecker, Jeremy E., Mark D. Regnerus, »Bare Market: Campus Sex Ratios, Romantic Relationships, and Sexual Behavior«, *Sociological Quarterly* 51, Nr. 3 (2010), 408–435.

United Nations, *World Fertility Report 2009,* United Nations Department of Economic and Social Affairs, Population Division, New York 2011.

Van den Bergh, Bram, Siegfried Dewitte, Luk Warlop, »Bikinis Instigate Generalized Impatience in Intertemporal Choice«, *Journal of Consumer Research* 35, Nr. 1 (2008), 85–97.

Vernon, Victoria, »Marriage: For Love, for Money … and for Time?«, *Review of Economics of the Household* 8, Nr. 4 (2010), 433–457.

Vespa, Jonathan, Matthew A. Painter, »Cohabitation History, Marriage, and Wealth Accumulation«, *Demography* 48, Nr. 3 (2011), 983–1004.

Westling, Tatu, »Male Organ and Economic Growth: Does Size Matter?«, Helsinki Center of Economic Research Discussion Paper, Nr. 335, 2011.

Dank

Ein Buch zu schreiben gleicht einer Geburt. Und das Kind zu bekommen ist ein noch sehr viel schöneres Ereignis, wenn man von vielen lieben Helferlein umgeben ist.

Meine lieben Helferlein waren bereits da, als das Buch noch nicht viel mehr war als eine Überlegung – nur so zum Spaß. Die Referenten und Besucher der allerersten Tagung zum Thema »Sex und Ökonomie« im Rahmen der Versammlung der ASSA in New Orleans 2008 halfen dabei, dass aus der Idee ein festes Vorhaben wurde, allen voran Taggert Brooks, der Veranstalter. Auf der abendlichen Party danach begannen die spontanen Ideen dazu nur so zu sprudeln, insbesondere bei Brooks Kaiser, Daniel de Munnik, Char Weise, Oleksiy Kryvtsov und Deirdre McCloskey.

In den Anfangstagen, als das Vorhaben langsam immer mehr Gestalt annahm, waren die wunderbaren Studenten in meinem »Wirtschaft, Sex und Liebe«-Seminar die Ersten, die klar erkannten, dass ich wohl irgendwann einmal ein Buch schreiben müsse. Und schlussendlich waren es die großartigen Menschen bei Big Think, Paul Hoffmann, um genau zu sein, die mir ein

positives Feedback gaben … und ich war Autorin. Dank an alle
Internet-Plattformen und die Unterstützung, die ich durch die
vielen Blogger erfahren habe – David Hirschman und Daniel Honan von Big Think, Rob Gilroy von Globe and Mail sowie Jordan Timm vom Canadian Business Magazine. Es gelang
mir, meine Online-Leserschaft ständig zu erweitern. Sie versorgte mich mit Tausenden von Kommentaren, von denen ich
enorm profitierte. Diese Erfahrung wurde einmal mehr bereichert durch all diejenigen, die sich die Zeit genommen haben,
mir Recherchematerialien zuzusenden: Ryan Davies, Frances
Woolley, Shoshana Grossbrad, James Fenske, Anatoliy Gruzd,
Niko Bell, Teresa MacInnis und Micheal Margoli.

Auf der Suche nach einer »Geburtshelferin« hatte ich das große Glück, auf die wunderbare Danielle Svetoch zu treffen, die
Elizabeth Fisher, Tim Levine und den Rest des Teams bei Levine Greenberg mit ins Boot holte. Viele Freunde hielten mir,
als ich in den letzten Presswehen lag, die Hand, insbesondere
Theresa Cyrus, meine erste Leserin, und mein ganzes Hebammen-Team: die Lektorinnen Jennifer Lambert, Leigh Haber,
Lisa Tauber, Jane Warren und meine Korrektorin Janet Silver
Ghent. Sie alle stellten sicher, dass die Geburt so perfekt (und
schmerzlos) wie möglich verlief, genauso wie all die anderen
lieben Menschen, die hinter den Verlagskulissen wirkten (Grafiker, Presseagenten, Verkaufsvertreter usw.) und mir zu einem
so wunderbaren Kind verholfen haben!

Register

379